민들레 홀씨

...

동부수필 제3집

2023

민들레 홀씨

1판 1쇄 발행 | 2023년 12월 26일

지은이 | 이희순 외 10인
발행인 | 이선우
펴낸곳 | 도서출판 선우미디어
등록 | 1997. 8. 7 제305-2014-000020
02643 서울시 동대문구 장한로12길 40, 101동 203호
☎ 2272-3351, 3352 팩스: 2272-5540
sunwoome@hanmail.net

13,000원

※ 잘못된 책은 바꿔 드립니다

ISBN 978-89-5658-727-1 03810

민들레 홀씨

동부수필 제3집

2023

동부수필문학회

∽

창조의 힘은

세월의 흐름에 연연하지 않습니다.

동부수필 작가님들은

따뜻하고 아름다운 휴머니즘의 별빛이 흐르는

청춘의 강입니다.

∽

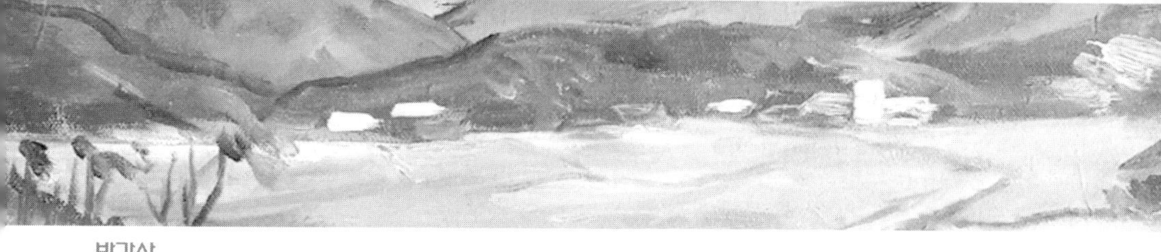

동부수필 제3집 『민들레 홀씨』 출간을 자축하며

지구의 자전과 공전을 이야기할 때, 태양의 공전은 우리의 생각 밖에 머물곤 합니다. 태양은 초속 220Km의 어마어마한 속도로 거대한 은하계를 공전합니다. 서울에서 2초 만에 부산에 도착하는 속도로 날아가지만, 은하계를 한 바퀴 도는 데는 2억 3천만 년이 걸립니다. 지구는 태양의 위성이기 때문에 태양을 따라 역시 초속 220Km로 은하계를 공전하고 있습니다. 매일 보는 하늘이 아니라 하루하루가 신세계입니다.

동부수필문학회의 작가님들도 날마다 새로워지고 해마다 변화를 통해 익어가고 있습니다. 은하계를 항해하는 지구처럼 끝없는 내일을 향한 탐험을 멈추지 않습니다. 별들의 위대한 여정입니다. 창조의 힘은 세월의 흐름에 연연하지 않습니다. 동부수필 작가님들은 따뜻하고 아름다운 휴머니즘의 별빛이 흐르는 청춘의 강입니다. 언제나 그리운 그 강에는 휴먼옛체의 고전미와 일백 년 농부의 어진 땀방울에 더불어 시의 물결이 수필의 윤슬 되어 반짝입니다.

그대는 도도한 남도의 맥박, 어느결에 슬픔과 고뇌가 정화된 의식의 흐름이 물안개로 피어오르면 꿈결인 양 들려오는 갈매기의 노래가 낯익은 포구와 고즈넉한 섬마을의 정경을 동화로 꽃피우는 무구한 이들의 처소, 여기는 동부수필문학회입니다.

2023년 12월. 동부수필문학회 회장 이희순

차례

발간사 | 회장 이희순
동부수필 제3집『민들레 홀씨』출간을 자축하며 ______ 5

[기다림의 계절]

송민석

가정방문과 통닭 ______ 12
승자독식의 '시험 공화국' ______ 15
남의 눈을 의식하는 사회 ______ 17
상대적 박탈감을 느끼지 않는 사회 ______ 19
아버지의 자리 ______ 21
기차여행의 추억 ______ 23
인구절벽 대한민국 ______ 25

김권섭

고향의 물난리 ______ 30
K형과의 인연 ______ 33
사과 두 개 ______ 36
정년 후 일과 ______ 39
재택치료 ______ 42
쑥떡 ______ 45
삶의 밑천이 뭐꼬 ______ 48

[회원 수필]

임병식

형님 임병옥 ______ 52
민들레 홀씨 ______ 56
화순적벽(赤壁) ______ 59
법망(法網)의 허점 ______ 62
유향종 민춘란 ______ 65
똥 이야기 ______ 69
해구신(海狗腎) 이야기 ______ 72

엄정숙

외할머니의 붕어빵 ______ 78
뒤늦은 안부 ______ 81
신발에 대한 나의 소견 ______ 84
어느 의자의 하소연 ______ 87
비누 냄새 ______ 90
감나무를 베끼다 ______ 93
말년 일기 ______ 96

곽경자

가족으로 산다는 것 ______ 100
고소동은 전쟁 중 ______ 103
내가 살고 싶은 집 2 ______ 105
담장 이야기 ______ 108
종포 앞바다에는 ______ 110
동백꽃의 사생활 ______ 113
여백 ______ 115

윤문칠

37년 만에 찾은 엄마의 표창패 ______ 118
꼬끼오 화음 소리 ______ 121
내 나이가 어째서 ______ 124
베레모 친구 ______ 127
사진 한 장의 추억 ______ 130
대봉감나무 70주 ______ 133
손녀가 선물한 목도리 ______ 136

이선덕

길을 가다가 ______ 140
서울 나들이 ______ 142
아버지 ______ 145
어느 봄날 ______ 147
어머니의 엿기름 ______ 149
흔적 ______ 151
제비꽃 ______ 153

이희순

아버지의 이름 ______ 156
여수의 섬 ______ 159
그 여름의 삽화 ______ 162
만추의 단상 ______ 165
깜짝이야 ______ 168
감셍이 몇 마리 다듬었네 ______ 171
한 오백 년 살자 하고 ______ 173

양달막

마트의 그 여자 ______ 178
정 나누기 운동 ______ 181
설렘의 묘약 ______ 184
빈손 ______ 188
바다에 세금을 내라 ______ 192
어디에나 사이비 ______ 195
두 소년 ______ 198

차상애

오래된 연애편지 ______ 204
공벌레 사색 ______ 208
눈 깜짝할 사이 ______ 211
딸막이 엄마 ______ 214
시장 풍경 ______ 218
인연 ______ 222
할아버지의 꽃상여 ______ 226

박주희

Cassie Logan에게 ______ 232
가사리에 가다 ______ 235
풍경에 대한 낱말 내지는 유추 ______ 237
시월의 퍼스낼리티 ______ 241
물 ______ 244
차 심부름 ______ 247
할머니와 툇마루 ______ 251

임경화

나의 소띠 친구들 ______ 254
6월 예찬 ______ 258
1948년 여수의 10월을 기억하며 ______ 261
나만의 여수 10경 ______ 265
아득한 나이 ______ 269
친정 부모님과 함께 책 읽는 시간 ______ 273
음식과 글쓰기 ______ 276

김종호

'엔진 달린 발' 면허증 갱신 ______ 282

동부수필문학회 연혁 및 기본현황 ______ 286

기다림의 계절

송민석

sms0505@hanmail.net

- 가정방문과 통닭
- 승자독식 시험공화국
- 남의 눈을 의식하는 사회
- 상대적 박탈감을 느끼지 않는 사회
- 아버지의 자리
- 기차여행의 추억
- 인구절벽 대한민국

〈오늘의 문학〉(1995), 〈문학춘추〉(2006), 〈한국수필〉(2010)로 등단.
고등학교 교장 정년/ 전남도교육청 고등학교평가 단장/ UNIST 대학입학사정관/ 검찰청 형사조정위원/ 광주일보 칼럼니스트/ 성균관 〈오늘의 스승상〉, 국민훈장 석류장, 옥조근정훈장, 대통령 표창, 국가보훈처 유공자/ 저서 『행복수업노트』 『은필세담』

가정방문과 통닭

초임 교사의 4월은 늘 고행의 달이었다. 담임의 역할 중 가장 힘든 것이 가정방문이 아닌가 싶다. 도회지에서야 교육열이 강한 학부모가 알아서 챙길 수 있다. 시쳇말로 '어머니의 정보력, 아버지의 무관심, 할아버지의 재력'이란 말이 유행한 적이 있지 않은가. 그러나 농촌은 다르다. 어려운 가정 형편에다 학부모의 낮은 학력 수준과 무관심 속에 자녀가 방치되기 쉬운 시골일수록 가정방문은 꼭 필요한 담임의 업무 중 하나일 것이다.

학생들에게 도움을 줄 수 있는 것이 무엇인가를 찾고자, 읍 단위 고등학교에 첫 발령을 받은 후 시작한 가정방문이었다. 학교가 안정되는 3월 중순부터 우리 반 가정방문이 시작된다. 이 기간에는 신들린 사람처럼 토요일, 일요일에도 매일 학생을 찾아 나섰다. 그래야만 4월이 끝날 무렵까지 60여 명의 가정방문을 마칠 수 있어서였다. 특히 농촌의 4월은 농번기의 시작이다. 학부모들이 다들 들에 나가 일을 하니 빈집이 많았다. 우선 학생의 공부방부터 살피는 게 순서다. 일요일 시골길에 식당은커녕 가게도 없어서 점심을 놓치고 거르기 일쑤였다. 70년대는 자동차도 흔치 않은 시절이었다. 일요일 종일 먼지를 뒤집어쓰면서 고난의 행군과 같은 4월이 지나고 나면 학생들이 한눈에 쏙 들어왔다.

신출내기 교사 시절, 남자 고교에 근무할 때였다. 토요일 오후에 학생과 함께 가정방문을 나선 길에 지인의 사망 소식을 듣고 가정방문을 취소할 수밖에 없었다. 그 후 이틀이 지난 월요일, 수업이 끝나고 그 학생의 집을 다시 찾아 나서게 되었다. 학생과 함께 엉덩방아를 찧어가며 덜컹거리는 시골 버스에서 내려 가쁜 숨을 몰아쉬며 두 시간 남짓 비탈진 산길을 올랐다. 그러고 보니 듬성듬성 대여섯 채의 작은 마을이 나타났다. 양철 갓을 씌운 싸릿대로 만든 사립문을 열고 들어서자 구멍이 숭숭 뚫린 초가 마루에 오후 햇살이 가득하였다. 나이 지긋한 어머니는 텃밭에서 일하다 말고 막내 아들의 담임을 보자 당황한 표정이 역력했다. 학부모의 속사정을 한참 지나서야 알 수 있었다. 토요일 교사의 가정방문 이야기는 들었으나 설마 했었다고 한다. 중·고 교사가 방문한 적이 한 번도 없는 오지마을이었기 때문이다. 그러나 우리 선생님은 남다르다는 막내의 성화에 못 이겨 닭을 한 마리 잡아 두었다고 한다. 토요일 오후까지도 기다리던 가정방문이 없자 그 삶은 닭을 우물 속 깊숙이 매달아 두었단다. 냉장고가 귀한 시절 음식이 상하지 않도록 하는 방법 중 하나가 우물 속 보관이었다. 일요일이 지나고 월요일 한낮이 되자 닭이 상할까 걱정이 되어 이웃과 함께 꺼내 먹었단다. 그러고 난 오후 늦게 담임이 나타난 것이다. 안절부절못하는 어머니의 자식 사랑이 깊은 감동으로 밀려왔다. 자식을 위해 겸연쩍어하는 어머니의 모습을 보면서 나는 말문이 막혔다. 그저 학생 손을 꼭 잡아 줄 뿐이었다.

자신은 굶어도 자식을 위해 등이 굽도록 헌신하다가 일생을 마치는 우리의 부모님들이다. 춥고 배고픈 시절에도 자식 교육에 열과 성을 다하였기에 오늘의 대한민국이 가능한 것이었으리라. 해방과 6·25의 격변기에도 허리끈을 졸라매면서 자식 교육열만큼은 세계 1위를 차지하는 희생적인 우리 부모들이 아닌가. 그날, 오후 늦게 오지마을 가정방문을 마치고 굽이굽이 산등성을 걸어 나와, 면 소재지에 도착해 보니 읍내로 나가는 마지막 버스는 이미 떠나고 없었다. 어쩔 수 없이 택시를 타고 밤늦게 광주 집에 도착했다. 그러나 담임으로서 할 일을 다 했다는 자부심과 뿌듯함으로 가슴 벅찬 하루였다. 통닭 열 마리를 대접받은 것보다 더 고운 마음씨를 가진 어머니를 만날 수 있었던 것은 내 생애 큰 보람이었다. 오래도록 지워지지 않는 아름다움으로 간직하고 싶다. 알량한 상품권을 넣어주고 교사의 동정이나 살피는 도회지의 일부 얄팍한 학부모에 비해 얼마나 순수하고 소박한가. 갈수록 인정이 메말라가는 세태에서도 초임교사 시절 그날의 가정방문을 생각하면 지금도 신선한 충격으로 다가온다.

(2021.06.16.)

승자독식의 '시험 공화국'

칭기즈칸은 이런 말을 했다. "길이 없으면 새길을 만들라." 굳이 이 말을 들먹일 필요도 없이 성을 쌓는 자는 길을 내는 자를 이길 수 없다. 역사를 살펴보면 성을 쌓는 자는 결국 망하고 말았다.

사람은 성을 쌓고 싶은 욕망이 있다. 성안에 머무르는 자들은 성 밖의 사람들과 구별되고 싶어 하고 성 밖의 '다름'으로부터 안전하게 보호받고 싶어 한다. 주변을 살펴보면 '과거의 벽돌'로 단단하게 뭉쳐진 학벌이라는 성이 있다. 10대 후반에 치렀던 시험 결과로 평생을 규정한다는 것이 얼마나 고착화한 비합리적인 사회의 모습인가. 사회의 구석구석까지 패거리 문화를 조장하고 있는 학연은 곧 학맥을 형성한다. 사람들은 누군가가 큰 벼슬을 하게 되면 그 사람의 출신학교가 어디인지부터 따진다. 그리하여 학교가 같으면 과거에는 서로 잘 알지 못했던 사이라도 금방 선배~후배, 형님~동생으로 이어져 사적인 연결망이 형성된다. 소위 줄 대기의 시작이다. 이런 것을 보면서 스포츠 경기에서 패자부활전 종목을 생각하게 된다. 주로 단판 승부 형식의 토너먼트 대회에서 사용되는 방식이 패자부활전이다. 진정한 성공을 위한 다양한 기회를 제공한다는 장점이 있다. 참가자들이 한 번의 성공이나 실패에 자만하거나 좌절하지 않고 끊임없이 노력하게 함으로써 사회 전체의 이익을 극대화할 수 있다는 점이다. 패자부활전이 성공적으로 정착될 수 있었던 가장 중요한 이유는 철저한 '실력 중심'의 평가시스템이다. 여기서는 나이, 성별, 소속 단체, 출신학교 등은 전혀 중요하지 않다. 오로지 경기장 안에서 실력으로만 대결하면 된다. 그런데 우리 사회는 선진국보다 패자에 대한 배려가 턱없이 부족하다. 공정 사회가 되려면 역경을 딛고 스스로 일어설 수 있도록 패자부활전이 보장되어야 하는 데 그렇지 못하다. 초등학교에서 대학에 이르기까지 모든 학생에게 패자부활전이 필요하다. 나아가 이러한 기회가 대학 졸업 후 취업과 승진에서까지 공정하게 보장될 때 정의로운 사회가 실현될 것이다.

교육은 그간 세대 간 계층이동의 통로 역할을 해왔다. 패자부활이 가능한 가교역할이었다. 그러나 '돈으로 성적 쌓기'와 같은 파행적인 교육 현실은 점차 계층상승의 유일한 수단인 교육 기회조차 박탈하면서 우리 사회 교육 불평등 문제가 갈수록 깊어지고 있다. 상위계층이 자신의 기득권을 수호하는 수단으로 교육이 변질되고 있는 것이다. S대 입학생이 수도권 특정 지역에 편중되어 있음은 무엇을 말하는가. 부의 대물림이 학력의 대물림을 낳고, 학력의 대물림이 다시 부의 대물림을 가져오면서 '개천의 용'은 사라진 지 오래다. 이른바 명문대 합격생의 학부모 대다수가 고소득 전문직 종사자로, 양극화가 심화하고 있다. 따라서 젊은이들이 '헬조선'이라 느끼는 큰 원인 중 하나가 이러한 상대적 박탈감이 아닌가 한다. 금수저나 은수저를 물고 태어난 것은 본인의 의지와는 전혀 상관없다. 그렇기에 패자부활전에서 강한 의지와 노력으로 자신을 금수저나 은수저로 만들 수 있어야 건강한 사회다. 실패한 경험이 있더라도 쉬지 않고 노력하면 계층이동이 가능한 부활의 기회가 보장되는 사회가 진정한 경쟁 사회라는 말이다.

신자유주의 경쟁 논리를 앞세운 무한경쟁 속에 사교육 시장이 날로 커지면서 시험 하나로 인생이 결정되는 '승자독식'의 세상이 된 지 오래다. 이를 타파하기 위해 나이의 많고 적음에 차별받지 않고 자신의 능력을 키우면서 패자와 승자가 끊임없이 경쟁하는 체제로 전환되어야 한다. 한 번의 실패도 용납되지 않는 '시험 공화국'이란 소모적 경쟁은 하루빨리 종식되어야 한다.

(2021.10.06.)

남의 눈을 의식하는 사회

해외 유명 관광지에서 한국인 단체 관광객 중 주위 사람들을 의식하지 않고 큰소리로 웃고 떠드는 사람들을 목격할 때마다 같은 한국인으로서 부끄러웠던 적이 있었다.

요즘도 버스나 지하철을 타면 큰 목소리로 휴대전화 통화를 하거나 일행과 떠드는 사람들이 있다. 무슨 중요한 일인가 싶어 살펴보면 별일도 아니다. 해도 그만 안 해도 그만인 허접스러운 잡담이 대부분이다. 조곤조곤 조용히 말해도 다 알아들을 텐데 왜 목소리를 높이는 것일까. 말의 내용이 부실하니 목소리라도 커야 설득력이 있을 수 있다고 생각하는 것일까. 목소리 큰 사람이 이기는 사회는 문명사회가 아니다. 이런 현상은 우리 사회 곳곳에서 발견된다. 광장에 나가면 집회가 열리는 곳마다 어김없이 등장하는 북소리, 노랫소리는 귀를 먹먹하게 만든다. “나의 억울한 사정을 당신은 들어야 한다”라는 강요가 여기서도 나타난다. 이를 거부하면 불통이라고 강변한다.

확실히 우리 사회는 시끄러운 사회다. 페이스북이나 트위터 같은 ‘사회관계망서비스(SNS)’를 봐도 목청 큰 몇 사람이 담론을 지배하는 구조다. 사회가 시끄럽다는 것은 그만큼 안정감이 없다는 뜻이다. 도란도란 얘기해도 소통할 수 있는 사회가 안정된 사회이고, 품격 있는 사회다. 이제부터라도 제발 목소리를 낮추고 좀 조용히 살자. 『멋지게 나이 드는 법』이란 책을 쓴 미국의 여류작가 도티 빌링턴은 “듣기보다 말하기를 좋아하면 늙었다는 증거”라고 말한다. 자기 생각과 다른 의견에 호기심을 갖고 귀 기울이기보다 상대방 의견에 토를 달지 못해 좀이 쑤시기 시작하면 나이가 든 징조라는 것이다. “내가 해봐서 아는데…”를 연발하며 자기 생각을 강요하려 해서는 환영받는 노인이 될 수 없다. 그게 어디 나이 든 사람들뿐일까. 자기 말 많이 하는 사람보다 남의 얘기 잘 들어주는 사람이 환영받는다. 상대방의 입장을 헤아리려고 애쓰는 사람, 한마디로 공감할 줄 아는 사람이 인기가 높다. 공감하기 위해서는 비판보다 상대방의 처지에서 생각하고 이해하려는 ‘적극적인 경청’이 필요하다고 전문가들은 조언한다.

이웃과 공감하는 삶이 더불어 살아가기 위한 필수조건이다. 그러나 요즘 우리 사회는 자기만의 과시욕이 점차 심화하고 있는 듯하다. 남에게 보여주기 위해 명품으로 치장하고, 더 큰 차, 더 넓은 아파트 따위의 물적 과시를 통해 타인으로부터 확인받고 싶은 인정욕구가 자리하고 있다. 자아가 공허할 때 흔히 나타나는 현상이다. 남보다 앞서야 하고 인정받아야 한다는 욕구가 스트레스의 최대 요인이다. 사회적 성공도 마찬가지다. 과도한 신분상승 욕구 때문에 타인에게 거짓말을 일삼다 결국은 자신마저 속이고 상습적으로 거짓 언행을 반복하는 반사회적 인격장애를 ‘리플리(Ripley)병’이라 한다. 사회적 성취욕은 강하나 성공 가능성이 낮을 때 점점 더 거짓말과 신분 위장을 하는 심리적 현상이다. 교수 채용 과정에 위조된 학력 증명서를 사용했다가 유죄판결을 받은 신정아 사건 후 화제가 되었다. ‘리플리’는 소설에서 시작한 이름이지만 1960년 영화 〈태양은 가득히〉의 주인공이다. 영화 속에서 리플리는 “초라한 현실보다 멋지게 꾸민 거짓이 낫다”라고 위로하지만, 그도 결국 현실로 돌아올 수밖에 없었다.

작금의 각종 학력 스캔들을 통해 보아왔듯 리플리증후군은 우리 사회의 고질병이다. 실력이 아니라 간판이 중요시되는 우리 사회가 만들어 낸 ‘괴물’이다. 학력 검증이 이어지면서 유명인 중에서도 고해성사를 하는 사람이 하나둘 늘고 있다. 요즘은 조사하면 다 나오는 세상 아닌가. 학력 중시와 극심한 경쟁 사회라지만 한심한 모습이다.

(2022.01.19.)

상대적 박탈감을 느끼지 않는 사회

보수든 진보든 상대의 씨를 말리겠다는 발상은 '복수(復讐)의 사회'로 퇴보하는 길이다. 아프리카에서 가장 널리 쓰이는 말 중 하나인 우분투(UBUNTU)는 반투족의 인사말이다. "우리가 함께 있기에 내가 있다"라는 말이다. 인간은 혼자서는 살아갈 수 없는 존재라는 것이 우분투의 핵심이다. 27년간의 감옥생활 끝에 남아공 최초의 흑인 대통령으로 선출되었고, 노벨평화상까지 수상한 넬슨 만델라가 복수에 방점을 뒀다면 남아공은 흑백 간의 갈등이 피의 보복으로 이어졌을 것이다. 정의는 권력을 가진 자가 독점하는 전유물이 아니다. 시공을 초월하여 우리가 모두 새겨야 할 대목이다.

우리 사회는 아직도 부의 대물림과 학벌의 대물림이 이어지는 현대판 신분 사회다. 이를 그린 드라마가 바로 2019년에 방영된 "스카이캐슬"이었다. 보통 사람들은 지배 엘리트의 부도덕하고 끝없는 욕망을 보면서 다다를 수 없는 좌절과 충격, 상대적 박탈감을 느꼈다. 사회 양극화는 일하지 않고도 신분의 대물림으로 이어져 계층의 고착화를 초래할 수 있다는 점이 큰 문제다. 부익부 빈익빈이 세계적인 현상이라지만 한국은 그 정도가 유독 심하다. 전문가들은 우리 사회 불평등의 근원은 부동산에 있다고 지적한다. 우리 사회의 부동산 양극화를 극명하게 보여주는 수치가 있다. 일본 대학의 한국인 이강국 교수는 한국은 상위 1%가 전체 부동산의 55%, 상위 10%가 전체 부동산의 96.4%를 소유하고 있다고 최근 발표한 바 있다.

우리 기업 중에 전설로 남은 유한양행 창업자 유일한 박사는 '기업의 주인은 사회'라는 신념의 소유자였다. 그는 1969년에 회사의 경영을 가족에게 상속하는 대신 전문 경영인에게 물려줌으로써 가족 세습 경영의 폐단을 최초로 끊었다. 전근대 사회인 17세기에도 부의 본질을 깨달은 경주의 최부자 같은 이들이 있었다. '사방 백 리 안에 굶어 죽는 사람이 없게 하라'는 한국판 '노블레스 오블리주(noblesse oblige)'를 실천했던 이들 말이다.

UN에서 발표한 '세계행복보고서 2016'에 따르면 행복지수 1위 국가는 덴마크다. 그들이 큰 행복을 누리고 있는 것은 평등사회라는 점이다. 덴마크는 빈부격차는 물론 직업의 귀천도 느낄 수 없는 '평등과 신뢰'가 깔린 사회다. 필자가 덴마크의 한 교장실을 방문했을 때 그들은 '교장 선생님'이란 호칭을 사용하지 않았다. 그저 미스터 토마스(Mr. Thomas)와 같이 교장의 이름을 부르는 것이 우리와 다르다는 점이다. 모든 기관장도 마찬가지다. 이렇듯 덴마크에서는 신분상 차별을 받지 않는다. 국회의원들도 손님이 방문하면 본인이 직접 접수대에 나와서 손님을 맞이하고 자신의 작은 방에서 음료수를 대접한다고 한다. 국회의원은 특별한 직업이 아니다. 택시 기사들도 자기 직업에 대한 자부심을 느끼고 의사, 변호사 친구들과도 주눅 들지 않고 잘 어울리며 살아가는 나라가 덴마크다.

그에 비해 우리 사회는 어떤가? 한국은 제도로서 민주주의는 배웠으나 일상생활 속에서 민주주의는 아직 정착되지 못한 상태에 있다고 본다. '내가 먼저'라는 강박관념이 깊이 자리하고 있어 상대방을 배려하고 존중하는 정신이 부족하다. 이처럼 수평적인 조직 문화를 정착시키지 못한 상태에서 아직도 '갑질 문화'가 곳곳에 남아 있다. "자신을 다른 사회 구성원과 끊임없이 비교해가면서 남을 이기는 것이 행복해지는 길이라고 생각하는 한국인이 많다"라는 게 행복 학자들의 지적이다. 상대적 박탈감을 느끼지 않는 사회가 건강한 사회다. 요즘 인사청문회를 보면 우리와 전혀 다른 세상이 있는 듯하다. 깊이 반성하고 성찰해야 할 부분이다.

(2022.05.11.)

아버지의 자리

각종 면접에서 지원자를 파악할 수 있는 중요 자료가 자기소개서이다. 인사담당자는 바쁘다. 성의 없는 자기소개서를 찬찬히 검토할 여유가 없다. "저는 엄격한 아버지와 자상한 어머니 밑에서 자랐습니다." 입사원서에 이런 내용을 쓰면 반드시 떨어진다는 마법의 문장이다.

필자는 대학에서 6년간 입학사정관으로 활동한 적이 있다. 면접관은 애매하고 추상적인 용어나 인터넷에서 떠도는 상투적인 표현이 나오면 표절부터 의심하게 된다. 취업준비생의 최종 목표는 취업이다. 자소서의 추세조차 파악하지 못하는 지원자를 기업체에서 어디에 쓰겠는가. '엄격한 아버지와 자상한 어머니'로 시작하는 자소서는 쓰레기통으로 직행이다. 물론 엄격한 아버지와 자상한 어머니는 죄가 없다. 아버지의 헌신적인 사랑을 담은 "가시고기"라는 소설은 2000년 초에 화제가 된 인기 도서였다. 백혈병에 걸려 죽음의 문턱까지 내몰린 어린 아들에 대한 시한부 인생을 산 부성애(父性愛)를 그린 눈물겨운 작품이다. 가시고기는 자식에 대한 아버지의 사랑이 강한 물고기다. 암컷이 산란 후 죽고 나면 수컷은 그때부터 아무것도 먹지도 않고 알 옆에서 보름 동안 지느러미를 계속 움직여 알에 맑은 산소를 공급한다. 다른 물고기들이 가시고기의 알을 먹기 위해 침입하면 피투성이가 되도록 싸워 그들을 내쫓는다. 이렇게 사투를 벌이다 체력이 소모되면 가시고기 수컷은 새끼들이 있는 쪽으로 머리를 향하고 일생을 마감하게 된다. 초등학교 과학 교과서에 소개된 가시고기의 육아일기는 아버지의 부재

시대를 고발하는 듯하여 감명을 주고 있다.

현대는 '아버지 부재의 시대'라 할 만큼 아버지의 역할에 관한 혼동과 갈등이 존재한다. 요즘 아이들이 생각하는 아버지는 과연 어떤 모습일까. '돈 벌어다 주는 사람' '눈뜨기 전에 나가고 잠든 후에 들어오는 하숙생' 모습으로 비치고 있는 것은 아닐까. 이러다 보니 온통 어머니만 있고, 아버지는 없는 세상인 듯하다. 그나마 매달 연금을 받는 아버지는 웬만큼 노후 생활을 즐길 수 있다. 그러나 그것조차 시원치 않은 아버지는 나이 들수록 아내의 사랑을 받는 애완견을 부러워하는 실정이다. 그렇다고 집안에 든든한 울타리가 되었던 아버지의 자리를 내려놓고 물러설 수도 없다. 그만큼 무겁고 어려운 자리가 아버지다. 농경시대부터 아버지는 삶의 경험을 전수하는 자상한 안내자였다. 아들은 아버지를 따라 파종하고 타작을 하는 등 농사요령을 배웠다. 농경시대에는 장유유서(長幼有序)가 삶의 지혜였고 세상 질서였다. 그 시절에는 '아버지의 자리'라는 게 있었다. 한국의 전통적 온돌문화에서 아랫목은 아버지만의 공간이었다. 그 자리는 아버지의 권위로 상징돼 그 누구도 아랫목에 앉을 수가 없었다. 그러나 농경사회에서 산업사회로 바뀌면서 아버지들의 자리가 점차 사라지고 있다. 특히 디지털시대가 되면서 변화 속도는 상상을 초월할 정도로 빠르다.

먼저 배웠다는 것이 반드시 경쟁력으로 이어지지는 않는다. 현대인들은 자유시간 대부분을 인터넷과 함께 보내고 있다. 세상 누구와도 실시간 교류가 가능한 세상이 되었다. "아빠는 몰라도 돼"라는 자식들의 말투에 우울해하면서 골방으로 밀려나고 있는 건 아닐까. 아버지의 부재 현상이 확산하는 것은 바람직하지 않다. 가정의 균열은 곧 사회 붕괴로 이어질 수 있기 때문이다. "아이들은 아버지 등을 바라보면서 자란다"라고 하지 않는가. 비행청소년 대부분은 사실상 이런 아버지의 부재로 인한 심리적 방황을 겪고 있다. 힘들 때나 기쁠 때나 언제든지 찾아가도 변함없이 맞아주는 고향의 느티나무 같은 존재가 아버지의 자리다.

(2022.08.24.)

기차여행의 추억

'여행'하면 기차여행이 떠오른다. 친숙한 교통수단으로 기차가 가장 먼저 등장한 까닭이다. 기차의 규칙적인 덜컹거림이 심장의 고동처럼 들렸던 초등학교 시절 열차 여행은 얼마나 설레었던가. 도회지에서 고등학교에 다닐 때였다. 자취하면서 먹거리가 동나면 친구와 교대로 시골집에 다녀왔었다. 매월 두 차례 토요일 수업이 끝나면 4시간 남짓 열차를 타고 집에 갔다가 일요일에 돌아오곤 하였다. 꿈 많던 시절, 양손에 쌀자루와 보자기에 싼 김치단지를 들고 플랫폼에 나가 기차를 기다리곤 하였다. 연착이 잦던 시절, 기다림 끝에 저 멀리서 시커먼 기차가 지축을 울리며 기적소리와 함께 내 가슴 속으로 들어서는 것만 같아 설레던 기억이 새롭다. 그 기억 때문에 성인이 된 지금도 열차를 타게 되면 가벼운 흥분이 앞서는 것은 여전하다.

돌이켜보면 열차는 느리고 덜컹거리던 완행이었으나 엄청난 문명의 이기였다. 도로가 형편없고 고속버스도 없던 시절 아니던가. 그러다 보니 완행열차는 늘 만원이었다. 특히 서울행 야간열차는 객실과 객실 사이를 잇는 공간과 출입문까지도 가득 차서 신문지를 깔고 자리를 잡아야 했다. 가난을 물리치기 위해 난간도 두려워하지 않고 매달려가던 시절이었다. 열차 안에서는 남녀노소 가릴 것 없이 짐을 베개 삼아 기차의 흔들림에 몸을 맡기고 기대어 가기 일쑤였다. 생면부지의 갖가지 사연을 지닌 사람들과 부대끼며 가는 길이었지만, 함께 간다는 공감대가 형성되어 기차여행은 불편하긴 했어도 힘든 줄 몰랐다. 운 좋게 좌석이라도 잡게 되면 주섬주섬 삶은 밤이나 고구마를 꺼내 옆 사람에게 나눠주고, 누군가는 이야기보따리를 풀어내어 객석의 무료함을 달래주기도 했었다. 그 시절을 생각하면 가슴이 따뜻해진다.

필자는 정년 후 1년 동안 매주 수요일 기차여행을 한 적이 있다. 새마을호를 타고 2시간 남짓 걸리는 여수–전주 간을 오고 갔다. 그러기 전에는 가벼운 마음으로 자동차를 운전하였으나 기차를 이용하는 것이 여유가 있다는 것을 알게 되었다. 게다가 예기치 않은 도로 사정이나 날씨에도 영향을 받지 않는다는 점이 좋았다. 전라선 열차를 타고 가노라면 봄이면 기적소리에 놀란 벚꽃들이 차창 밖에서 눈송이처럼 날리고, 가을이면 코스모스의 깔깔대며 웃는 모습이 모두를 들뜨게 했다. 그뿐인가, 열차 카페에 앉아 커피 향과 함께 굽이굽이 섬진강 변을 따라 사색에 잠기는 행복 또한 금상첨화였다. 일상에서 벗어나 조용히 책을 읽는 재미도 여간 쏠쏠한 게 아니었다.

1960년대의 기차는 모두 시커먼 연기를 내뿜는 증기기관차였다. 열차가 달리다가 중간역에서 석탄과 물을 공급받기 위해 쉬어가던 시절이었다. 터널을 지날 때 창문을 닫지 않아 콧구멍이 시커멓게 될 때도 있었다. 1980년대에는 디젤기관차로 발전하더니 요즘은 숨 한번 쉴 때 300m씩 내닫는 엄청난 속도의 한국형 고속열차(KTX)가 달린다. 간이역에 내려 다음 열차가 지나갈 때까지 한참을 기다리던 때를 생각하면 금석지감을 금할 수가 없다.

내 의식은 나이 들수록 아직도 전근대에 머무는 듯하다. 초고속 인터넷처럼 빠른 속도의 문화도 한몫한 것이 아닐까 싶다. 시간에 쫓겨서 인간 본래의 모습을 자꾸 잃어가는 것 같아 가슴 아프다. 고속열차의 등장으로 창문을 열지 못하게 된 지 오래다. 차창 밖의 경치를 즐길 수 있는 '느림의 아름다움'이 사라져 버린 것이다. 길 위의 경험도, 차창 밖의 풍경도 상실의 시대를 맞고 있다. '속도는 기계의 시간, 느림은 자연의 시간'이라 하는데, 놓치고 사는 부분이 많다. 그래서인지 자꾸만 속도에 밀려 사라져 가는 간이역 풍경이 그립다. 이는 우리의 마음 둘 곳이 하나둘 사라져 감을 말해주는 것이 아니겠는가. 더 늦기 전에, 많은 사람이 머물다 간 삶의 흔적을 찾아 은행잎이 곱게 물든 간이역에 한 번쯤 내리고 싶다.

(2022.11.23.)

인구절벽 대한민국

오늘의 7080세대가 태어나던 시절은 부귀다남의 시대였다. 농사 기술이 발달하지 않은 농경시대에 생산력을 결정하는 중요한 요소는 노동력, 그것도 남성 노동력이었다. 그 때문에 여성에게 다산, 다남이 강요될 수밖에 없는 조건이었다. 부부의 베갯모에 부귀다남(富貴多男)이란 글씨를 수놓아 아들 많이 낳기를 권했던 시절이었다. 1960년대까지는 비록 먹을 것이 없어도 출산을 곧 축복으로 받아들인 세월이었다. 필자는 8남매의 맏이로 심한 보릿고개를 겪는 농촌에서 태어났다. 부친은 외아들이었으나 7남 1녀의 자녀를 두어 증손주까지 모두 60명이 넘은 자손을 두고 88세에 작고했다. 한국전쟁 이후 집마다 그렇게 아이를 낳는 것을 당연하게 여겼다.

한 여성이 평생 출산하는 아기의 수를 '합계출산율'이라고 한다. 출산율은 1960년 초까지는 6.0명을 넘었으나 2022년 출산율은 0.78명으로 세계 최하위 국가가 되었다. 현재의 인구를 유지하는 데 필요한 출산율을 유엔은 2.1명으로 추산한 바 있다. 대한민국은 세계에서 유일한 출산율 0명대 국가가 되었다. 우리에게 익숙한 '58년 개띠'는 100만 명 넘게 태어났으나 2022년생은 24만 명으로 줄어들어 인구재앙이 현실화하고 있다. 인구 부족으로 지구상에서 가장 먼저 사라질 나라로 한국을 꼽았다는 영국 '옥스퍼드 인구문제연구소'의 전망이 허황하게 들리지만은 않는다.

국토의 12%인 수도권에 전체 인구 50% 이상이 몰려있는 지나친 인구

쏠림 현상이 바로 지방 소멸의 원인이다. 이대로 가다간 수도권과 지방에서도 대도시만 살아남는 극한사회로 치달을 것이 뻔하다. 지방 소멸은 우리 사회의 붕괴를 의미한다. 시급한 건 도시의 아파트 공급이 아니라 인구 분산 정책이다. 수도권과 지방의 기회 불균형이 유지되는 한 인구 감소는 막을 수 없다. 지역 균형 발전은 우리 사회의 명운이 걸린 문제다. 지방이 살아야 모두가 산다. 1960년 52세였던 우리나라 평균 기대 수명은 2023년 83.6세가 되었다. 지방으로 갈수록 젊은이들은 떠나고, 고령화에 따른 죽음이라는 마지막 잔치를 둘러싼 산업이 활발하게 진행 중이다. 한때 예식장이었던 곳이 장례식장으로 바뀌고 있다. 그 지역의 가장 큰 건물이 요양원으로 바뀌거나 새로 지어지는 큰 건물은 대체로 요양원이다. 아기 울음소리가 끊겨버린 인구절벽의 지방에서 우리의 삶도 소멸할 수밖에 없다. 오죽하면 "우리 동네 아이가 태어났어요"라는 현수막이 걸리겠는가.

외국인 근로자들이 우리를 먹여 살리고 있다고 해도 과언이 아니다. 우리 농사가 외국인들에게 매달린 지 한참을 지났다. '농자천하지대본(農者天下之大本)'이라는 말이 무색하다. '외국인 계절노동자'가 없으면 우리 농촌은 당장 지탱하기 힘들다. 도시에서 일자리를 구하지 못하는 내국인들이 농업 분야에 취업하면 문제는 간단하다. 그러나 우리의 젊은이 중에는 농촌 취업 희망자가 드물다. 인구절벽, 7080세대의 눈으로 보면 만감이 교차한다. 식량이 모자랄 때 먹을 입만 늘어나는 다산(多産) 시대의 배고픔과 오늘의 윤택한 생활 속에서 저출산이 극단적으로 대비되기 때문이다. 나라가 앞장서서 외치던 "아들딸 구별 말고 둘만 낳아 잘 기르자"라는 구호가 엊그제만 같아서 격세지감이 느껴진다.

인구절벽과 지방 소멸로 인한 국가 존립을 위협하는 경고음과 징후들이 쓰나미처럼 몰려오고 있다. 출생아 수가 40만 명대에서 20만 명대로 급감하면서 10년 후 초등학생 수는 절반으로 줄어들게 된다. 따라서 통폐합되는 학교가 해마다 늘고 있다. 인구절벽의 첫 번째 신호탄은 교육대학교 졸업생 임용 대란이다. '벚꽃엔딩'에 비유되는 "벚꽃 피는 순서대로 대학이 문을 닫는다"라는 대학가의 자조가 이제 현실이 되었다. 이처럼 출생아 감소 쓰나미는 어린이집과 유치원, 그리고 초등학교와 중·고등학교 그리고 대학교를 휩쓸면서 우리 교육계를 쑥대밭으로 만들 것이 자명하다.

(2023.03.22.)

김권섭

kwonseop@daum.net

고향의 물난리

K형과의 인연

사과 두 개

정년 후 일과

재택치료

쑥떡

삶의 밑천이 뭐꼬

전남 곡성 출신/ 〈한국수필〉 등단(2012). 〈현대문예〉 〈문학저널〉 신인상. '사이버 광장' 산문 우수상 수상/ 전북대 법정대 졸업. 중등학교 교장으로 퇴임. 녹조근정훈장 수훈 한국수필작가회 회원. 한국수필가협회 회원/ 수필집 『원두막』. 철학서 『덕론연구』

고향의 물난리

내 고향은 전라남도 곡성군 곡성읍 신리로 섬진강 하류에 있는 마을이다. 2020년 8월 초 54일간 장마와 한 번에 1,069mm의 비가 쏟아지자, 환경부 산하 수자원공사 섬진강댐 측이 일시에 많은 양의 물을 방류, 500년 만에 온 동네가 물에 잠겼다. 그간 비가 많이 오면 상류에 있는 섬진강댐이 초당 100~600톤을 방류했는데, 그날 2020년 8월 8일에는 초당 1,868톤을 방류하여 결국 하천 둑이 무너졌다. 수자원공사 섬진강댐지사 측은 '예상치 못한 집중호우에 따른 천재'를 주장하고 있다. 그러나 일원화 정책 이전같이 치수, 홍수 관리를 국토부가 맡았다면 이런 일은 없었을 것 아닌가 하는 아쉬움도 남는다. 난생 이런 물난리는 처음 봤다.

황토물이 집 처마 밑까지 넘실거려 마치 굶주린 독사가 먹잇감을 찾는 듯했다. 흙, 나무, 짚으로만 지어진 7칸 행랑채는 나무 기둥만 남아 추사 김정희의 세한도를 보는 것 같았다. 다행히 본채는 백회로 벽이 쌓여 건물은 성한듯하나, 건물 안에 있는 집물은 오물이 뒤덮어 더 이상 쓸 수가 없게 되었다. 싱크대는 폭삭 주저앉고, 장롱 속의 이불은 흙탕물을 흠씬 먹어 짱뚱어 눈처럼 툭 비어져 나와 있다. 침대는 네 다리가 주저앉고 매트리스와 쿠션은 마치 이빨 빠진 사자 같이 보인다. 조상 대대로 물려받은 족보는 흙에 범벅이 되고 물에 젖어 종가의 체통에 말이 아니다. 냉장고, 세탁기, TV, 에어컨은 탁류에 잠수하더니 기능이 멈췄다. 홍수에 젖은 가구, 이불은 무거워서 꿈쩍도 않는다. 어찌할지 몰라 전전긍긍하던 차 구세주가 나타났다. '곡성' 출신들로 구성된 군 장병들이 자원봉사대로 왔다. 열 명이 와서 손발을 걷어붙이고 감쪽같이 다 치워 주었다. 우리 집에서 나온 것이 화물 자동차로 몇 차 분량이다. 동네 각각 집에서 나온 쓰레기가 길가에 산을 이루었다.

쓰레기를 치우고 나니 설상가상으로 지붕이 샌다. 세종 때 우의정 유관은 집에 살면서 비가 오면 우산을 받치고 "우산도 없는 사람은 이 우중에 얼마나 힘들까!"하고 남 걱정했다지만, 나는 견딜 수가 없어 눈을 뜨고 있어도 걱정, 잠을 자도 걱정이었다.

국가 재난 지역이 되어 정부, 구호단체, 적십자사로부터 의연금이 나왔다. 가장 시급한 지붕을 고치려 하니 받은 돈으로는 반도 안 된다. 하지만 집을 새로 지을 수도 없고 지붕만은 새로 할 수밖에 없었다. 지붕을 하고 나니 도배, 장판, 싱크대도 해야 하고, 이불 같은 필수품은 꼭 구입해야 했다. 5, 60년대 다리 밑에 사는 사람같이 바가지와 수저만 가지고 살 수 없지 않은가!

내 위에 누님이 계신다. 슬하에 딸 하나가 있다. 매형은 경제적으로 유복한 편이다. 그러나 나에게는 그간 '거지 꿀 얻어먹기'였다. 내가 매형을 만난 지 56년이 지났지만, 고교 때부터 지금까지 그래 왔다. 그런데 이번에 예상외의 수재의연금을 보내왔다. '나무는 큰 나무 덕을 별로 못 봐도, 사람은 큰 사람의 덕을 볼 수 있음'을 깨달았다. 하도 고마워 '오늘을 위하여 이렇게도 그간 무정했는가!' 하는 생각까지 들었다. 평소 요양원 계신 어머니가 격월로 집에 오실 때면 겨울에 창문으로 바람이 들어와 매우 추웠다. 그래서 단열재 커튼과 창문도 교체했다. 집을 수리하고 나니 수해 전보다 온화한 집이 되어 전화위복이 되었다. 특히 매형에 대한 섭섭한 마음이 봄날에 눈 녹듯이 사라져 버렸다. 그 후 매형이 묘지(墓地) 일을 한다고 연락이 왔다. 옛날 같으면 어림도 없었는데 기쁨을 주려고 백방으로 동분서주했다. 묘지에 가서 열심히 일도 했다.

같은 마을에 부자로 소문 난 'D'라는 사람이 있었다. 그는 6, 70년대 권력 기관에 있으면서 갑자기 부자가 된 사람이다. 나와는 열두 살 띠동갑이다. 그런데 D는 많은 재산을 남겨 놓고 몇 년 전 작고했다. 그는 슬하에 4남매를 뒀다. 어찌 된 영문인지 막내를 제외하고는 다른 자녀들은 수십 년간 고향 집에 한 번도 오지를 않아 나는 단 한 번도 보지 못했다. 들었던 동네의 소문에 의하면 D의 부동산은 대부분 막내아들이 이어받았다고 한다. 그러나 막내아들은 그 후 빚보증과 이혼으로 가정이 풍비박산 났다. 이번 수해에 그는 50대에 유일하게 동네에서 운명을 달리했다. 동네 사람들은 홍수를 피하여 모두 무사했는데 50대의 건장한 사람이 세상을 하직했다. 이제 고향 집에는 D의 아내만 혼자 거처하고 있다. 유일하게 수해 난 집을 고치지도 않고 산다. 밖에서 보면 담이 헐어서 넘어져 있고, 창문의 유리창은 여기저기 깨져 있다. 영화 속의 유령 집처럼 보인다. 일부 남 말하기 좋아하는 사람들은 "덕은 닦은 대로 가고 ㅇ는 지은 대로 간다."라고 말한다. D가 재산을 많이 남겨 놨지만 제대로 써 보지도 못하고 자식 대에 와서 빈털터리가 되었으니 양지가 음지 되고, 음지가 양지 되었다. 이번 수해로 인하여 그간 섭섭했던 매형은 동네 D 같은 사람이 되지 않고 고마운 분이 되었으니 천만다행한 일이다.

K형과의 인연

내가 어렸을 적 한마을에 살았던 K형이 있었다. 다섯 살 많은 형뻘이다. 초·중학교 다닐 때까지는 별로 가까이하지 않은 사람이다. 고등학교에 들어가니 가까이하고 집에 종종 오기까지 했다. 당시 마을에는 초등학교 동기 동창은 열두 명이 있었다. 그중에서 중학교는 넷, 고등학교는 셋이 진학했다. 고교에 간 두 친구 아버지들은 국가공무원이다. 시골에서 농사도 짓고 외 수입이 있는 집이라 여유가 있었다. 우리 집은 오로지 농사에만 의지하니 삶이 팍팍했다. 그런 중에도 유일하게 나만 타지의 고등학교로 가게 되었다.

농촌에선 땅을 많이 가진 사람을 부자라 한다. 농사는 부자라고 해서 팔짱을 끼고만 있을 수 없다. 모두 다 열심히 일을 해야 한다. 주인도 머슴과 진배없다. 뙤약볕에 비지땀을 흘리면 누구라도 "아이고!" 하며 힘겨워한다. 평소 건장한 사람도 지치고 힘들어한다. 일하다 보면 허리도 아프고 다리도 아파 나중에는 녹초가 된다. 그런데 공부하러 객지에 간다고 하니 누님은 "권섭아! 너는 좋겠다. 일 안 하고 광주에 가서 공부만 하니 얼마나 좋냐!" 하며 부러워서 물끄러미 먼 산을 바라봤다.

K형은 어느 날 내가 자취하는 방에 군인이 되어 찾아왔다. 광주의 한 군부대에서 복무 중이었다. 당시 광주에서 곡성까지는 3시간 버스를 타야 했고, 오고 갈 때마다 버스 안은 콩나물시루 같았다. 꾸불꾸불한 자갈 밭길에 버스 타이어가 펑크 나는 것은 다반사였는데 고치려면 2~3시간 기다리기 예사였다. 실컷 고생하고 집에 가서 잠만 자고 올 바엔 차라리 인근에서

편히 쉬고 오는 편이 낫겠다 싶어선지 K형은 내 자취방으로 온 것이다.

나는 고향 부모님으로부터 매달 먹을 쌀과 부식을 가져와 생활했다. 살림 도구는 매우 간소했다. 불시에 손님이 오면 주인아주머니에게 수저를 빌리기도 했다. 그러니 손님이 오면 반가움보다 부담이 앞섰다. 평소에는 밥상에 김치와 된장국뿐이지만 콩나물, 두부 반찬도 내놓았다. 같이 자취하는 상채 친구에게 눈치가 보이고 미안한 마음이 들었다. 대개 오랜만에 친구를 만나면 "언제 식사라도 한번 하자."라는 말로 인사를 한다. 이런 경우 관심과 친밀감이 있다는 말이다. 그런데 초대도 하지 않았는데 불쑥 찾아왔으니 어찌할 것인가! 그러나 싫은 기색 없이 정성껏 맞이했으니 지금 생각해도 나 자신이 대견했다.

우리 마을은 110호 가구에 700여 명이 살았다. 친족들은 일곱 가구였다. 군에 입대하려고 하니 아버지께서 용돈을 주셨다. K형도 천 원짜리 한 장을 주었다.

"권섭아, 군대에 가서 맛있는 것 사 먹어."

1960년대는 전쟁의 후유증으로 거리에 상이용사들이 많이 돌아다녔고 군 생활에 대한 두려움이 컸던 시절이었다. K형한테 돈을 받았을 때 마치 먼 길 가는 노잣돈으로 여겨졌다.

고향을 떠나 맨 처음 자취할 때 병국이라는 친구와 지냈다. 그는 군대를 제대하고 결혼한 상태에서 고교에 왔었다. 그는 군에 입대할 때 여러 사람으로부터 많은 용돈을 받았다고 자랑했다. 차라리 병국이의 말을 안 들었으면 기대를 하지 않았을 것이다. 안 좋은 말은 가시와 같아서 가까이하면 할수록 상처를 준다. 이런 중에 유일하게 K형이 돈을 주었으니 고마운 마음이 컸다. 세상에는 공짜가 없다는 것을 느꼈다. 『장자』 도덕경에 "오이 씨앗을 심으면 오이를 얻을 것이고, 콩을 심으면 콩을 얻을 것이다. 하늘의 그물은 넓고 넓어 듬성듬성 한 것 같아도 빠져나가지 못한다.(種瓜得瓜 種豆得豆 天網 恢恢 疎而不漏)"라는 말이 있다. 사람은 무엇으로 심든지 그대로 거둔다. 큰돈이 아니라 불과 지폐 한 장이었지만 아버지 외에 유일하게 받은 돈이었으니 오랜 세월이 지났어도 기억에 남는다. 물질이 있는 곳에 마음이 있다. 돌이켜 보니 저간에 나는 많은 은혜를 입었다. 살아 있는 동안 갚아야겠다고 다짐하면서 산다. 생전에 선행에 힘씀이 큰 공덕이라 여긴다.

사과 두 개

아내가 새로 산 옷을 입고 교회 여전도회 야유회를 다녀왔다. 내가 티셔츠 하나만 사 입어도 "입을 것이 많이 있는데 무엇 하려 샀느냐"라며 잔소리를 하더니 전날에는 자기 옷을 두 개나 사 와서 입어보고 거울 앞에서 갖은 행동을 취한다. 그런데 다녀와서는 화색도 좋고 기분이 밝아 보였다. 그러니 나도 기분이 좋았다.

집에 오자마자 희희낙락하며 L 여전도회장이 주었다며 인절미 한 팩과 빨갛게 잘 익은 사과 두 개를 내놓는다. 나는 사과를 보고, '아, 우리 부부 하나씩 먹으라고 사과 두 개이구나!' 뒤러의 명화 〈아담과 하와〉에서 둘이 들고 있는 사과와 영락이 없다. 사과가 탐났다. 뒤러의 그림에는 남자와 여자가 각자 사과를 들고 있다. 그런데 아내는 식탁에서 사과 두 개를 자기 앞에 놓는다. 볼수록 사과는 먹음직도 하고 보암직도 했다. 사과 두 개를 가져왔을 때 이미 '우리 부부 하나씩 먹으라고 주어진 것이 아니냐!' 하는 생각을 했다. 사람에게 유혹보다 달콤한 것은 없다. 유혹이 크면 클수록 당도가 높은 법이다. 유혹에 지지 않고 물리치려면 늘 소박한 평상심으로 살아야 한다. 사과를 먹고 싶은 생각밖에 없는데 아내는 한사코 나에게 인절미를 먹으라고 한다. 먹고 싶은 것은 오로지 사과인데 내 의사와는 상관없이 떡만 권한다. 야심하여 떡은 소화가 안 될 것 같아 머무적거리는데 자꾸 권한다. 아내는 반복하여 "지금 떡이 물컹하니 굳기 전에 잡수시오" 한다. 하도 권해서 할 수 없이 먹었다. 떡을 먹으니 사과 생각이 더 간절했다.

그런데 아내는 내가 그렇게 먹고 싶었던 사과 두 개를 내가 보는 앞에서

다 먹어 버린다. 어찌나 서운하던지 머리가 쭈뼛하다. 침이 일시에 말라 떡이 잘 넘어가지를 않는다. 잠자는 한 밤에 도둑놈이 나타나 소름이 돋는 심정이다. 좋은 만남은 콩 한 조각도 나눠 먹는다고 했는데 묻지도 않고 혼자 다 먹다니 도저히 이해할 수가 없다. 울화가 치밀고 열이 났다. 그렇다고 화를 밖으로 낼 수 없어 꾹 참았다. 할머니, 어머니가 떠올랐다. 두 분은 할아버지, 아버지가 언제나 우선이었다. 자신을 다독였다. '부부는 의로써 화친하고 사랑으로써 화합한다. 서운한 일이 있다고 바로 꾸짖으면 무슨 장부(丈夫)라 하겠는가!' 하며 참았다.

인절미는 억지로 먹었지만 먹고 싶은 사과를 못 먹으니 기분이 영 상한다. 침을 삼키며 일언반구 없이 내 방으로 들어와 책을 봤다. 서재에서 위로를 찾고자 법정의 『무소유』와 피천득의 『인연』을 뒤적였다. 법정 스님의 책을 통해 평정심(平靜心)을 찾았다. 글 중에 "우리의 영혼을 뒤흔드는 말은 장엄한 음악처럼 침묵에서 나와 침묵으로 사라져 간다"라는 구절이 와 닿았다. 화가 난다고 중언부언하느니 침묵을 약으로 삼키었다.

이튿날 아내는 아유회 여운이 남았던지 인근 산을 가자고 한다. 여수에 있는 봉화산 산림욕장을 찾았다. 평소 밖에 나가기를 싫어하던 아내가 밖에 갔다 오더니 달라졌다. 모처럼 여수에서 순천까지 다녀오고 바깥바람을 쏘이더니 활기가 넘친다. 나는 어제 독감 예방 접종을 해 눕고 싶은 상태였다. 가고 싶은 마음이 없었으나 아내 기분을 맞춰 주기 위해 나선 것이다. 산림욕장에 당도하니 울울창창한 편백 숲, 저수지의 맑은 물, 물속에서 유영하는 팔뚝만 한 비단잉어, 맑은 공기, 아름다운 꽃을 보는 것으로 가슴이 설렜다.

10월에 피는, 엉거시과에 속하는 상록 다년초 털머위가 방상화수(房狀花穗) 노란 꽃으로 만개하여 장관이다. 그 외에 꽃무릇, 맥문동, 원추리가 지천으로 널려있고 편백 숲에서 나온 피톤치드가 은은하게 코끝을 찡하게 한다.

산림욕장에서 집안 대소사, 자녀들의 얘기도 실컷 나누고 귀가하기 위하여 차에 탑승했다. 차에 오르더니 아내는 뜬금없이, 남편이란 처자식을 잘 양육하는 것이 가장 중요한 본분이라고 말한다. 함께 사는 동안 나 혼자 직장에 다녀 아내와 자녀들 삼 남매를 양육했는데, 아내의 도리는 일언반구도 없이 남편 책무만을 말하니 '이런 오라질' 했다. 더 무엇을 잘하란 말인가! 어젯밤 사과가 떠올랐다. 하루가 지났어도 괘씸하고 서운한 마음은 여전했다. 나는 조심스럽게 사과에 대한 섭섭한 마음을 말했다. 그랬더니 '긴 혀로 재빠르게 파리를 낚아채는 개구리처럼' 의기양양하며 장광설을 한다. 본전도 못 챙기고 창피만 당했다. 이런 위인인데 나는 참으로 어리석었다고 생각했다. 이런 사람과 수십 년을 살았지만 그 속마음을 몰랐으니 참으로 한심한 생각이 든다.

나는 어제 야유회에서 돌아오는 아내를 위하여 그녀가 좋아하는 밤, 고구마도 삶아 놓고 밥도 지어 기다렸다. 그런데 미안한 마음도 없이 자기만 잘한 것같이 하니 야속한 생각뿐이다. 나는 참으로 순진한 바보인가 보다. 아내에게서 할머니 어머니의 할아버지, 아버지에 대한 생각만 했으니 착각이었다. 왜 사과도 떡도 절반씩 못 나눴던고. 후회가 막심했다. 고 김수환 추기경의 『바보가 바보들에게』에서 "내가 제일 바보같이 산 것 같아요."라는 말이 떠올랐다.

칼릴 지브란은 부부에 대하여 말한다.

"너희는 함께 만났으니, 영원히 함께하라. 그러나 너무 가까이는 말라. 사원의 기둥들도 서로 떨어져 서 있고, 참나무와 삼나무는 서로의 그늘 속에선 자랄 수 없으니…"

아내는 야유회를 가기 전에는 머리가 아프다, 다리 관절 통증이 온다고 말했는데 이젠 조용하다. 야유회에서 가져온 사과 두 개를 혼자 다 먹어서 그런가. 그게 약이었나 하는 생각을 하니 마음이 놓인다. 아내가 아파서 병원에 갔더라면 사과 두 개 값만 들었겠는가!

정년 후 일과

아침저녁으로 인근 운동장을 찾는다. 하루 일만 보를 걷기 위해서다. 걷기만 하면 지루하여 낮에는 복지관에서 친구들과 탁구를 한다. 탁구는 아무리 오래 해도 운동 신경이 둔하면 발전이 없다. 같이 탁구를 하는 사람 중에는 N, Y가 있다. N은 교직에서 퇴임한 사람인데 나보다 먼저 탁구장에 왔다고, 자기가 탁구 국가대표 코치나 되는 것처럼 입을 가만히 두지 않고 가르치려고 한다. 실제로 같이 경기를 해 보면 그렇게 잘 치는 것도 아닌데 주제 파악을 못 하는 것 같다. 반면에 Y는 방송국에서 퇴임한 사람인데 경기 중에는 일체 말이 없다.

탁구장에는 웃음꽃이 떠나지 않는다. 잘해도 웃고 실수해도 웃는다. 이만큼 웃을 만한 곳도 드물 것이다. 공격할 때면 통쾌함을 느낀다. 탁구장에는 여자들이 간식을 자주 가져온다. 한두 번 얻어먹다 보니 은근히 기다려진다. 남자들은 어쩌다가 한두 사람 가물에 콩 나듯 가져온다. 나도 모처럼 전남 해남의 '화산 고구마'를 길가에서 구매하여 손수 삶아 식지 않은 상태로 가져갔다. 무더운 날씨임에도 따뜻한 고구마를 다들 좋아한다. 대부분 떡이나 구하기 쉬운 바나나를 가져오는데 나는 색다른 간식을 내고 싶었던 거다. 땀 흘리고 나서 먹는 간식은 뭣이나 맛이 있다. 어떤 사람이 건네는 캔 음료수를 사양했을 때다. 먹기 싫어서가 아니라 주지 못하면서 얻어만 먹는 것이 편치 않아서였다. 그날 N은 내가 사양하자 옆에서 "그럼 나 줘" 한다. 그래서 주었다. 기관의 장을 했다는 사람이 그러니 눈에 거슬렸다. 점잖을 법한데 그러하니 여타 사람까지 싸잡아서 "선생 한 사람들은 조잡스럽다."라는 말을 듣게 된 것이 아니냐 하는 생각이 들었다. 장(長)을 한 사람이라면 그에 어울리는 행동을 보여주는 것이 세상인심의 바람일 것이다. 그런데 오히려 손가락질 대상이 되니 한심스러웠다.

또 한 사람, 탁구는 안 해도 복지관 다니는 H가 있다. 기관의 장을 했는데 베풀 줄을 모르고 얻어먹기만 한다. 퇴임 후에도 아내에게 경제권을 안 주니 아내가 이혼했다. 이혼당한 후 혼자 살면서 라면과 빵을 거의 주식으로 하고 점심만 복지관에서 주는 밥을 먹었다. 그러던 어느 날 한 번도 빠지지 않던 H가 복지관 식당에 보이지를 않는다. 속으로 궁금하게 여기던 차 그를 잘 아는 사람이 "H는 고인이 되었다."라고 말한다. 이웃에 사는 사람이 H가 며칠 안 보여 문을 두드려도 소리가 없어, 119에 연락하여 대문을 부수고 들어가 보니 화장실에 꼬꾸라져 의식이 없었다고 한다. 그렇게 생을 마감했다.

죽으면 빈손으로 갈 것을 한 치 앞도 모르고 살았으니 어리석은 것이 인간이다. 죽음을 살아생전에 느꼈다면 그럴 수 있겠는가. 그렇게 쉽게 죽을 줄 알았다면 그렇게 살지는 않았을 것이다. 인간은 평소 사생관을 가질 때 비로소 깊은 생을 살 수 있다고 본다. 나는 탁구장에 다른 사람들이 오기 전, 혼자 일찍 도착했을 때는 탁구대를 걸레로 닦고 바닥도 쓸고 닦는다. 먼지가 많다. 마음이 순해진다. 나이 들수록 마음에 여유가 없으면 어린애들처럼 욕구가 직선적이고 저돌적으로 행동하기 쉽다. 탁구장에는 '쌈닭'으로 불리는 사람들이 몇이 있는데 이들의 공통점은 눈에 섬뜩함이 있고 시비 걸기를 예사로 한다. 이런 사람들은 현실만 볼 뿐 마음에 여유가 없다.

『장자』에 '호접지몽(胡蝶之夢)'이라는 말이 있다. "내가 꿈을 꿔서 호랑나비가 된 것인지 호랑나비가 꿈을 꿔서 지금의 내가 된 것인지 알지 못하겠구나! (不知周之夢爲胡蝶 胡蝶之夢爲周與)". 인생은 한바탕 꿈이라고 한다. 100년을 살더라도 지나고 보면 잠깐 잠든 꿈속의 한 장면에 불과하다는 것이다. 그토록 많은 일과 사건이 일어났음에도 지나고 보면 마치 한여름 밤의 꿈 같은 인생. 이런 찰나에 가까운 인생을 표현한 말이다. 꿈속에서

장자는 호랑나비가 되었다. 즐겁게 날갯짓하며 꽃 사이를 날아다니는 호랑나비가 된 장자는 자신이 진짜 나비인 양 너무나 행복했다. 그러다가 문득 깨어보니 별 볼일 없는 자신이었다고 생각한다. 세상에는 영원한 것이 없다. 자기는 영원한 자기라 생각하고 자기만 옳고, 남은 다 그릇되었다는 생각에서 미움도 다툼도 생긴다.

'코로나19'로 복지관 탁구장이 폐쇄되어 집에서 3~4Km 떨어진 도심 속에 있는 사설 탁구장에 다닌 적이 있다. 그곳에는 젊은 시절에 선수였던 탁구인도 있다. 그러나 연로한 그는 그 좋았던 기능이 떨어지고 쓸쓸하게 소파에 앉아 구경만 한다. 나는 그래도 아직은 훨훨 나는 나비처럼 즐겁게 탁구를 할 수 있으니 얼마나 다행인가. 허허연호접(栩栩然胡蝶). 칠십 후반의 나이이니 건강하게 살날이 얼마나 될지 모르겠지만 지금이 가장 좋다. 직장에서 퇴직하여 자유롭고 자녀들은 성장하여 제 갈 길을 스스로 가고 있으니 참으로 후련하다. 지금이 내 일생 중 가장 좋다. 탁구 치고 귀가 시 걷기 싫으면 버스 탑승하고, 친구와 걸으며 세상사 얘기하다 보면 어느덧 집에 도착하여 땀에 젖은 옷을 손수 세탁하고 샤워하는 맛은 얼마나 좋은가!

재택치료

노인 일자리에서 만난 여수에 사는 J라는 분이 있다. 어느 날 서울에 다녀왔다는데 심하게 기침을 한다. 나도 J도 코로나19 백신 3차를 이미 맞았다. 몇 주 전에 보건소에서 PCR 검사를 함께 받았는데 음성이었다. 근무일지에 이름을 쓰는데 볼펜을 빌려 달라 한다. 속으로 꺼림칙했으나 안주면 너무 야박할 것 같아서 할 수 없이 주었다. 그날 귀가하여 저녁밥을 먹고 30분쯤 지나서 기침이 나온다. 기침이 갑작스럽게 나와 커피 보트에 물을 끓여 마셨다. 그래도 기침이 멈추지 않고 심하게 나오니 어찌할 바를 몰랐다. 몇 년 전에 먹고 남았던 기침약을 먹었다. 생강, 대추, 쌍화차를 타서 마셨다. 그래도 반응이 없어 꿀을 정신없이 여러 숟가락 퍼서 맨 꿀을 마구 입에 넣었다. 몸이 차서 그러나 하고 뜨거운 물로 샤워도 했다.

잠을 일찍 잤다. 자는 중에는 기침이 없었다. 같이 일하는 사람들에게 기침이 혹시 옮길 봐 이튿날 '신태호이비인후과'에 갔다. 오전 아홉 시 도착했는데 벌써 여남은 분이 대기하고 있다. 한참 후에 불러서 진료실에 들어갔더니 내 바로 앞 환자에게 "보건소 선별진료소로 가셔요." 하면서 코로나19 검사의뢰서를 건네준다. 40대로 보이는데, 하필 코로나19 환자로 의심되었구나 하고 속으로 측은하게 생각했다. 또래의 자녀들이 생각났다.

의사가 나에게 "어떻게 오셨습니까?" 하고 묻기에 "기침이 나와서 왔습니다" 했더니 긴 면봉으로 왼쪽 콧속을 쑤시더니 "잠깐 밖에서 대기하세요." 한다. 얼마 후 불러서 진료실에 들어갔더니 "코로나19 신속항원검사 결과 의심이 되니 보건소 선별진료소를 가세요" 한다. 불과 얼마 되지 않은 때에 앞사람을 측은하게 여겼는데, 나도 그 신세가 되니 두려움이 봄밤의 습기처럼 스며든다. 일자리에 다니는데 어쩌면 좋다는 말인가! 옆 사람들에 대한 걱정이 되었다.

의원에서 써준 '코로나19 검사의뢰서'를 가지고 보건소에 갔다. PCR 검사를 받으려는 사람들이 백 미터는 되게 줄 서 있다. 검사원 앞에 앉으니 젊은 여자분이 눈, 코, 입도 다 가리고 방호복 차림으로 긴 면봉으로 오른쪽 콧속을 마구 쑤셔댄다. 상당히 아팠으나 차마 뭐라고 할 수도 없었다. 어린 애들이 울어 엄살인 줄 알았는데 그럴 법도 해 보였다. 눈물이 찔끔 났으니 말이다. 옛날 며느리들이 시집살이가 녹록하지 않으면 아궁이에서 밥을 하다가 '매겁는 부지갱이로 화풀이를 한다'는 말이 생각났다. 검사원은 노약자나 아이들은 조심스럽게 살살 다루어야 할 것 아니냐! 아무리 반복되는 일로 짜증이 나도 직업에 대한 사명감을 가진다면 그렇지 않을 텐데 하는 마음을 가져봤다. 온갖 봄꽃이 만발한 이 계절에 젊은 여인이 잠시도 쉬지 않고 똑같은 일을 하니 짜증도 나고 힘들 법도 해 보였다.

코로나19가 유행되면서 전염이 우려돼 노인복지관만 다녔다. 복지관은 백신 3차 접종자만 다닌다. 운동도 걷기를 위해 복합운동장만 다녀 코로나19를 조심한다고 애써왔는데 참으로 어이가 없다. PCR 검사를 받은 그 이튿날 핸드폰에 보건소 재택치료센터에서 격리 통지서가 왔다. 7일간 격리 기간에 집에만 있어 달라고 보건소에서 문자도 왔다. 감염병의 예방 및 관리에 관한 법률에 준수 사항을 어기면 1년 이하의 징역이나 1천만 원 이하의 벌금도 부과할 수 있다고 겁을 준다. 재택치료 병원은 여수전남병원이다. 진료라는 것은 오로지 오전에 전화로 "안녕하세요, 식사는 잘하세요. 기침이나 고열은 없어요" 이것이 전부다. 내가 '생활치료센터 비대면 서비스'에 들어가 체온, 산소포화도, 맥박, 정신건강 상태. '건강정보기록'을 남긴다.

재택치료 일주일 기간에는 그간 봄 가뭄으로 비를 몹시 기다리는 중이었는데 비도 자주 내리고 기온이 뚝 떨어져, 없는 병도 생길 눅눅한 날씨였다.

동해안의 강원도와 경상도 일대에서 산불이 났었는데 모처럼 비가 자주 와 다행히 진화됐다. 재택 동안에는 비가 자주 내리니 평소의 일요일처럼 느껴졌다. 간혹 기침이 나왔다. 보건소에서 정해준 재택치료 병원은 전남병원이다. 여수에서는 2차 의료기관이라 손님이 많아서인지 전화를 하면 통화할 수 없었다. 할 수 없이 집과 가장 가까운 인근 '제일의원'(50m 거리)에 연락했다. 통화가 돼 비대면 상담·처방으로 약을 무료로 받았다. 약은 인근 '비타민약국'에서 가져왔다. 아내가 받아 온다. 약은 드로니즈정, 뮤테란캡슐, 포타리온정, 코데신정, 미피드정, 록소론정, 시네츄라시럽이다. 약명은 모두 외래어다. 아내가 약을 타온다. 아내는 약국에서 약을 타가지고 와 나에게 전한다. 아내는 물약인 시럽을 꺼낸다. "당신은 기침이 다 나았으니까 시네츄라시럽은 먹을 것 없고 내가 먹겠다."라고 하면서 알약만 나에게 넘긴다. 아내는 기침도 없고 아무렇지도 않다. 시네츄라시럽이 마치 기침 예방약이나 되는 것처럼 시럽을 챙긴다. 다른 알약보다 시럽은 먹기도 좋고 맛도 있다. 나도 알약보다는 실은 시럽이 먹고 싶었다.

아내가 여러모로 신경을 써 준 것은 고마웠으나 내 약을 자기가 먹겠다고 하니 어이가 없고, 서운한 생각이 들었다. 하지만 나를 대신해 약을 타왔으니 어쩌겠는가! 의사가 약을 처방할 때는 그대로 복용했을 때 나을 것을 생각하고 처방해준 것이 아니겠는가! 아내가 시럽을 가져가는 바람에 알약만 먹었지만 기침이 나았다. 기침이 싹 낫고 나니 마치 새봄을 맞이한듯하다. 다 나아서 복지관 가는데 파릇파릇한 보리밭 위를 자유롭게 날아다니는 한 마리의 종달새가 된 듯하다. 인터넷뉴스를 보니 모 장관, 서울시장, MBC 기자도 걸려 무려 40만 7,017명(2022.3.18.)이다. 일주일 내내 집안에만 묶여 있는 동안 매일 보건소, 전남병원과 연락하면서 독서와 페북도 하고 친구들과 통화하다 보니 어언 일주일이 지나갔다.

쑥떡

객지에 살다가 고향 어머니를 뵈러 갔다. 어머니와 며칠 보내고 내가 거처하는 집에 오려고 하니 어머니께서 쑥떡을 싸 주신다. 콩고물도 빼놓지 않고 챙겨주신다. 어머니는 갑자기 아파 119구급차를 타고 병원에 갔었다. 아무래도 중한 병인 것 같아 서울대 부속 병원에 갔다. CT, MRI 검사를 했다. 검사 결과, 외상으로 머리 안에 피가 엉기었다. 암인 줄 알았는데 한숨을 놓게 되었다. 얼마 전 새벽에, 창고 안에 들어가려다 어두워 분간을 못 해 창고 벽에 부딪혔던 것이다. 그런데 아직 몸도 성하지 못한 노인이 아들을 위하여 쑥떡을 만들어 준 것이다.

내가 고향에 갔다 집에 오니 아내는 무슨 소중한 것이라도 가져온 줄 알고 눈이 휘둥그레하다. 선친이 계실 땐 온갖 농산물을 많이 가져왔었다. 선친이 가시고 난 다음 어머니 혼자 사시니 모든 것이 휑하다. 가방을 여니 못생긴 쑥떡들만 가득하니 실망한 눈초리로 아내가 하는 말이, "웬 쑥떡을 이렇게도 많이 가져왔느냐"라며 못마땅한 태도이다. 그간 자녀들이 가져온, 시중에서 판매한 모양 좋고 달콤한 것만 먹다가 보기도 이상하게 생긴 쑥떡이니 실망한 것이다.

가져온 쑥떡은 생긴 것도 마치 연 방죽에서 캐낸 거친 연뿌리 같고, 덜 다듬어진 방망이 같아 볼품이 없었다. 솥에다 삼발이를 놓고 쪘다. 나는 어렸을 적 입맛이 돋아나 설렌다. 큰 접시에 고물을 깔고 묻혀 냈다. 그런데 웬일인지 맛도 없고 심심하다. 아내는 하나 맛을 보더니

"나는 이제 안 먹을 테니 당신 혼자 다 먹어요!" 한다.

못마땅해 짜증 난 태도다. 보기도 안 좋은 것이 맛이 없으니, 자기 예감과 맞았던 모양이다.

아내는 "여보! 콩고물이 오래되어 변질된 것 같으니 고물은 버립시다. 나중에 재래시장 떡집 가서 콩가루를 사다가 쑥떡을 쪄먹읍시다." 한다.

다음 날 모 중학교 운영위원회 회의가 있어 위원으로 참석하기 위해 집에서 몸을 씻으려 하니 아내는, "당신 대중탕을 다녀오세요." 한다. 콩고물을 살 수 있는 기회라 생각하고 속으로 좋아했다. 목욕탕보다 먼저 재래시장 떡집을 갔다. 떡집에 가서 "콩고물을 한 그릇만 파세요" 하니, 주인이 하는 말이 "쑥떡이나 인절미는 팔 수 있어도 콩가루는 안 팔아요. 가공비가 비싼데 시세대로 팔면 손님들은 비싸다고 투정해요" 한다. 나는 사정사정했다. 그러니 주인은 한참 망설이더니 조그마한 바가지로 듬뿍 콩고물을 비닐봉지에 담아준다. 받고 보니 내 예상보다도 많아 흐뭇했다.

목욕하고 좀 늦게 집에 도착했다. 아내가 늦게 왔다고 할 것 같아 긴장했다. '도둑이 제 발 저린다.'고 가슴이 콩닥거린다. 평소 목욕한 시간보다 늦게 와 뭐라고 잔소리할까 봐 조마조마했다. 그래서 미리 변명할 궁리도 하고 있었는데 아내는 아직 잠이 덜 깼는지 내가 오랜 시간 보내고 온 것을 모르는 상태였다. 다행이라 생각되어 시치미를 떼며,

"여보! 이제야 보니 콩가루가 가방 안에 있소."라며 사 온 콩가루를 내놓으니 비몽사몽간에 손으로 찍어 맛을 본다.

"이것도 진짜배기 콩가루는 아니지만 이전 것보다는 고소한 냄새가 좀 더 나는 것 같소."

'아내가 이번에는 마음이 돌아왔구나'하고 생각하니 후련하고 안심이 되었다. 아내가 하는 말,

"지금까지 어머니께서 주신 것 중에서 제일 많이 주었소." 한다. 나는 속으로 '얼씨구나!'하고 장단 맞춰 한 수 더 떠서 "쑥떡이 많으니 콩고물도 많이 주셨지! 그러면 그렇지, 콩고물을 안 보낼 리가 있겠는가!" 했다. 어머니에 대한 아내의 불신이 조금은 사그라진 것 같아 그제서야 "후유" 했다.

가만 생각해 보니 어머니께서 콩가루를 주신다는 것이 그만 미숫가루를 주셨던 것이다. 아내의 감사할 줄 모르는 소행을 생각하면 차라리 가져오지 말 것을 하고 후회했다. 그러나 말랑말랑하게 찐 쑥떡을, 사 온 콩가루에다가 찍어 먹으니 그나마 옛날 맛이 난다. 구순이 넘은 어머니께서 5월에 손수 쑥을 뜯어말리고, 추운 섣달에 손을 후후 비벼가며 가마솥에 삶아서 손질하고, 절구통에 무거운 절굿공이로 힘들게 절구질하여 만든 것을 생각하니 눈시울이 뜨거워진다. 그러나 이젠 어머니가 만들어준 쑥떡도 내 생전에는 없을 것 같다. 저승에나 가서 먹을 걸 생각하니 지나온 세월이 그립다. 어머니의 정성을 홀대하는 아내를 바라보니 『사기』〈진섭세가(陳涉世家)〉의 제비나 참새 따위가 어찌 기러기나 고니의 뜻을 알겠느냐는 "연작안지홍곡지지재(燕雀安知 鴻鵠之志哉)"라는 말이 떠오른다.

삶의 밑천이 뭐꼬

나는 갑자기 아파서 인근 병원에 갔다. 그런데 치료가 불가하니 3차 의료기관에 가라는 권고를 받았다. 병원에 가기 직전 창가에 앉아 있으니 30여 년 전 일이 생각났다. 큰애가 열 살, 둘째가 아홉 살, 막내가 다섯 살. 겨울방학 중이라 추워서 밖에 나가지 못하고 집에만 있을 때다. 당시 우리 집에는 컴퓨터는 물론 텔레비전도 없었다. 아내는 아이들이 웬만큼 자라니 시내 학원에 나가 기술을 배우고 있었다. 아내가 없을 때 나는 아이들과 집에 있었다. 내가 생각해 낸 놀이가 볼링이다. 인근 산에서 나무를 베어 와 나무토막으로 볼링 핀 네 개를 만들고, 테니스공으로 볼링 놀이를 했다.

잘하는 아이에게는 상금을 주었다. 아이들은 상금을 주면 동네에 있는 수산협동조합에 달려가 저금을 했다. 은행 창구에 발꿈치를 치켜들고 고사리 같은 손을 내밀며 "저금하러 왔어요."라고 하면 보기가 좋았다. 통장을 만들어 놓으니 시골에서 설날 받은 세뱃돈도 저금하였다. 적은 돈을 가지고 은행에 함께 오고 갈 때마다 즐거운 시간이었다. 아이들이 저금을 하면서 "큰돈이 모아지면 좋은 옷도 사 입고 상급학교 진학할 때 입학금도 내겠다."라고 하였을 때, 참 기특하다 여겼다.

장녀는 동생들에게 지지 않으려고 열심인 것이 눈에 띄었다. 어려도 사내아이라고 누나들에게 뒤처지지 않으려 하는 막내의 모습이 귀여웠다. 삼남매는 무엇을 하나 막상막하였다. 간혹 동네에 있는 수산대학 운동장에 데리고 가서 달리기를 시켜도 막상막하였다. 나중에는 붓글씨를 가르쳤는데 큰애가 가장 잘 썼다. 하지만 둘째 셋째도 나의 칭찬을 들으려고 많이 못지않게 열심히 글씨본대로 잘 썼다. 셋에게 똑같이 붓을 사서 붓대에다가 각자 이름을 써서 붙여주었다. 이름을 붙여주니 스스로 제 것에 애착심을 가지고 붓 관리를 잘했다.

이제 30년이 훨씬 지났는데, 유심히 붓 통에 꽂혀있는, 붓대에 붙여진 자녀들 이름을 보니 그때가 생각난다. 그 시절이나 똑같은 마음인데 몸은 부쩍 노화했다. 울울창창한 머리카락의 숱도 줄어들고 어느새 백설이 차지했다. 산의 숲은 갈수록 울창한데 나의 정수리는 듬성듬성 사막이 되어간다. 운명은 숙명으로 다가오는 것만 같다. 요석(尿石)으로 일주일 입원을 하고 대장에 용종이 있어 제거했는데, 몇 달 후 건강검진 결과 혈관종이 생겼다. 나의 상태를 사위는 심각하다고 말한다. 내가 거주하는 곳에서는 가장 큰 의료기관인데 3차 의료기관에 가서 재검을 해야 한다는 소견이 나왔다. 사위는 인근 중소도시 병원에 근무한다. 사위가 근무하는 병원에서 검진을 했더니 똑같은 결과가 나왔다. 사위는 3차 의료기관인 전남대학교 의과대학 부속병원에 예약을 했다.

사위의 전화를 받고 바로 가겠다고 했다. 입원 준비를 하고 이튿날 병원에 가려고 하니 아내는 나에게 뜻밖의 말을 한다. 나는 정작 위로의 말을 듣고 싶었는데, 돈도 없으면서 무슨 병원에 가겠다고 하느냐 한다.

"병원에 가려면 쌈짓돈 모아둔 것 다 내놓고 가라."고 한다. 이 말을 들으니 기가 막혀 어이가 없었다. 봉하산 '부엉이바위'라도 찾아가랴 싶었다. 내가 직장에 다닐 적에도 봉급은 아내가 관리했다. 나는 하릴없이 이래 죽어야겠다고 생각하고 사위에게 전화로 "병원에 못 가겠다."라고 했다. 사위는 깜짝 놀라 "아버님 그러시면 안 돼요. 아버님의 상태를 보니 간에 혈관종이 커서 심각해요."라고 한다. 사위는 서울에 있는 제 처형에게 알렸다. 맏딸은 제부의 말을 듣자마자 자기가 근무하는 병원에 바로 예약을 하곤 비행기로 내려왔다. 큰딸을 따라 서울에 가게 되었다. 어려서 시골 어른들은 "첫딸은 세간 밑천."이라고 했는데 이 말이 실감이 났다. 장녀가 발 벗고 나서서 병원에 가게 되었다. 어린애로 생각했는데 벌써 커서 아빠인 나를 돌보게 되었구나!

나는 장녀가 어렸을 적 그를 위해서라면 가장 좋은 것을 사는데 내 비상금을 다 썼다. 명절이 돌아와 고향에 갈 때면 제일 고운 한복을 사서 입혔다. 장녀에게 드는 돈은 전혀 아깝지 않았다. 고운 옷을 입혀서 가면 기차 안에서 젊은 청년들이 예쁘다고 서로 껴안아 주려고 경쟁을 했다. 요즘은 남의 어린 애들을 함부로 만질 수도 없지만 당시는 껴안아 주는 것은 예사였다. 서너 살 먹을 때니 기억력이 전혀 없을 터인데 장녀는 마치 보답이라도 하는 것처럼 발 벗고 나서니 '심청이 환생한 듯' 여겨진다. 딸이 나에게 스마트 폰을 통해 "저는 아빠가 치료 잘 받고 완쾌되었으면 좋겠어요, 치료비 걱정은 하지 말아요"라고 했을 땐 당장 죽어도 여한이 없을 것 같았다. 드디어 병원에 입원하고 치료했다. 딸은 치료비도 혼자 다 냈다. 자식을 둔 보람을 느꼈고, 천군만마를 만나는 기분이 들었다. 큰딸이 내 회갑, 고희 때도 일본 홋카이도, 타이베이를 보내주어 멋진 추억을 남겼다.

나는 공직에서 37년간 최선을 다하고 은퇴 후 아내를 믿었는데 참으로 어이가 없었다. 그런데 장녀를 통하여 삶의 빛을 보았다. 나는 취업하고 나서 10여 년은 월급봉투를 직접 받았으나, 통장으로 입금된 후로는 아내가 경제권을 행사해 왔다.

어려서부터 자녀들에게는 저축을 하게 했으면서 나는 정작 병원 갈 비용도 저축하지 못했으니 이런 등신도 세상에 없다. 어리석고 미련함이 바보온달이다. 온달은 나중에 평강공주를 만나 '온달장군'이 되어 나라에 동량이 되었으나, 나는 뭐란 말인가! 아내의 패장(敗將). 장녀는 삶의 밑천이 되었고 기쁨이요 희망이었다.

회원
수필

임병식

rbs1144@daum.net

형님 임병옥

민들레 홀씨

화순적벽(赤壁)

법망(法網)의 허점

유향종 민춘란

똥 이야기

해구신(海狗腎) 이야기

한국문인협회 회원. 한국수필가 협회 이사. 한국수필작가회·동부수필·여수수필 회원 문협여수지부장 및 한국수필작가회 회장 역임/ 〈한국수필〉 등단(1989년)/ 저서(수필집) 『지난 세월 한 허리를』 『인형에 절 받고』 『방패연』 『아름다운 인연』 『그리움』 『꽃씨의 꿈』 『왕거미 집을 보면서』/ 수필작법서 『수필쓰기의 핵심』 『수필쓰기핵심 증보판』/ 테마수필집 『수석이야기』, 80년대 작가 6인 수필집 『여섯 빛깔 숲으로의 초대』 『빈들의 향기 백비』 『오직 수필 하나 붙들고』/ 전남문학상·한국수필문학상·한국문협작가상 수상/ 2019년 중학교 국어2-1 교과서에 수필 〈문을 밀까, 두드릴까〉 수록

형님 임병옥

상재(桑梓)의 땅인 고향을 굳건히 지켜온 병옥 형님이 세상을 떠났다. 향년 82세이다. 그만큼 파란만장한 생애를 사셨다. 그런 형님이 막상 세상을 떠나니, 마치 살던 고향을 잃어버린 것 같은 상실감이 밀려온다. 서둘러 장례식장을 다녀온 후, 아직 제정신을 차리지 못한 상태로 하루를 보냈는데 사촌 매제로부터 감격어린 조사(弔詞)가 도착했다.

내 절친 처남 林秉英, 세상 순수, 소박한, 정직한, 다정한, 근면한, 검소한, 순진한 한 사람을 뽑는다면? 세상, 평생 선산 보존, 영농 귀재, 소지(掃地) 달인, 청정한 한 사람을 뽑는다면? 그가 바로 나의 절친 처남 임병영.

이렇게 시작되는 추도사였다. 그것을 보면서 내가 감격한 것은 두 사람이 갑장이고 처남 매제지간이라는 인연도 있지만, 글이 전하는 진솔함이었다. 무엇보다도 눈 여겨지는 것은 두 사람 간 대비되는 신분상의 차이이다. 형님은 어릴 때 고열을 앓아 귀가 약청(弱聽)인 심신미약자이다. 거기다 배움이라고는 초등학교 문턱도 들어선 적이 없다. 그런 데다 평생 시골에서 흙을 일구고 농투성이로 살아왔다. 반면에 매제는 교수 출신에다 호남 굴지의 사립 대학교에서 이사장을 지낸 사람이다. 그런 그가 처가에 내려가면 한 방에서 같이 잠자고 먹으며 산소도 함께 둘러보고 여행도 같이 다니는 등 추억을 쌓았다는 것이 아닌가. 얼마나 흐뭇한 이야기인가. 정황상 짐작은 가지만 내가 미처 몰랐던 일이다. 그런 데는 내가 20대 중반에 고향을 떠나서 타지 생활을 해 온 때문이다.

내가 모르는 사이에 그토록 살가운 인연을 쌓고 살아왔다니, 큰 감동으로 다가왔다. 어디 그리하기가 쉬운 일인가. 눈높이 맞춰서 대화하기도 어렵거니와 예사 사람 같으면 터놓고 무시는 하지 않더라도 상대하기를 꺼려할 것이다. 그런데 그렇지 않고 남다른 우애로 살아왔다니 고맙고도 놀라웠다. 물론, 절친한 유대를 유지한 것은 매제의 살갑고 따뜻한 인품이 작용했을 것이다. 그렇지만, 한편 생각하면 형님의 티 없이 맑은 순진무구함도 그런 관계를 유지하는 데 한몫을 했지 않았나 생각된다.

나는 형님의 부음을 듣고 앞뒤 돌아볼 새 없이 서둘러 장례식장으로 달려갔다. 광주는 내가 거주하는 여수에서 만만치 않은 거리이고, 중환자를 집에 두고 있는 입장에서는 쉽지 않은 발걸음이다. 장례식장은 호젓한 변두리에 있었다. 입구에 들어서며 호실을 알리는 알림판을 살피는데 내걸린 형님의 사진이 보였다. 그걸 보니 정말 돌아가셨구나 하는 실감이 밀려왔다. 모셔진 곳을 찾아가 분향재배하고 영정을 대하니 그간 함께해온 세월의 편린이 주마등처럼 뇌리를 스쳤다. 자연스레 울컥해지면서 콧등이 시큰해지며 눈시울이 뜨거워졌다.

최근래 내가 형님을 뵌 것은 7, 8년 전이다. 아들이 변호사 시험에 합격한 것을 기념하여 고기를 사 들고 고향에 찾아가 마을 사람들을 모셨다. 그때 형님을 뵈었다. 이미 70 중반을 넘어선 형님은 전보다 많이 수척해 있었다. 그런 가운데서도 얼굴 가득 웃음을 지으며 나의 손을 붙잡고 한동안 놓지 않았다. 힘든 일로 거칠어진 손에서는 따뜻한 온기가 전해졌다.

그 후, 형수님이 돌아가셔서 아우가 먼 나라 카자흐스탄에서 일시 귀국을 했다. 그때 형수님 산소를 둘러보면서 고기를 사 들고 형님 집을 방문했다. 그런데 형님은 그간 치매가 발병하여 집에 계시지 않았다. 광주 요양병원에 입원을 했다는 것이다. 사 들고 간 소고기만 혼자 외롭게 집을 지키는 형수님에게 드리고 돌아왔다. 그러고 나서 한 달 만에 돌아가신 것이다. 그러니까 뵌 지는 수년이 지났다.

형님은 나보다 네 살이 위다. 그러나 나이 터울과는 다르게 어렸을 적에 친구처럼 지냈다. 그런 만큼 공유한 추억이 많다. 가장 오래된 추억은 6 · 25 때 큰집이 지방 폭도들에게 불살라지는 참화를 당했던 일이다. 그때는 어려서 본채가 타는 것은 보지 못하였고, 나중에 불에 탄 폐허에서 형과 함께 호밋자루를 들고 나가 무엇을 캐냈던 생각이 난다. 엽전이 아니었던가 싶은데 그것을 같이 캐내며 시간을 보냈다.

그런 우리들과는 달리 큰아버지와 아버지는 허탈한 모습으로 먼 곳을 바라보며 망연하게 서 계시던 생각이 난다. 그때가 내 나이 여섯 살, 형이 열 살이었다. 그 후로 함께 꼴을 베러 다니고 산에 올라 땔감용 솔방울을 주워 날랐다. 고기잡이도 늘 함께했는데 한번은 형이 가장자리가 일그러진 냄비로 물을 푸다가 내 눈자위를 타격하는 바람에 그만 살이 찢겨서 피를 엄청 흘렸다. 그때 나는 눈알이 빠져버린 줄 알았다. 아프고 피가 많이 나 엉엉 울고서 돌아온 기억이 생생하다. 그때 입은 상처는 지금도 훈장처럼 왼편 눈자위 위에 희미하게 남아 있다.

예전에 내가 한 번씩 고향을 들르면 가장 반기는 사람이 형님이었다. 그렇게 나를 반갑게 맞으며 아껴 주었다. 그 이야기는 장례식장에서도 화제에 올랐다. 형수님 말씀과 조카의 말에 따르면 내가 왔다는 말을 들으면 보려고 제일 먼저 달려갔다는 것이다. 그만큼 평소에 나를 믿고 신뢰했다는 이야기다. 한데 그런 형님이 세상을 뜨신 것이다. 돌이켜보면 한평생 힘든 농사지으며 얼마나 고생하며 애로가 많았을까. 문맹으로 살면서 농사짓고 살기가 얼마나 고달팠을까. 그러나 주위 사람들의 걱정과는 달리 형님은 타고난 농사꾼이었다.

눈으로 익힌 영농기술로 거뜬히 농사를 지었다. 거기다가 농기계도 못 다룬 것이 없었다. 기상도 누구보다 더 잘 살피고, 농약이며 논의 복토작업이며 볏섬을 수매하는데도 차질이 없었다. 그런 형님은 치명적인 신체의 결함에도 불구하고 나중에는 한글을 읽혀서 읽고 쓰는 데 불편함이 없게 되었다. 그런 것을 생각하면 타고난 영민함이 있는데 일찍이 가르침을 받지 못한 것이 안타깝다. 말년에는 딸이 사드린 라디오로 노래도 즐겨듣고, 텔레비전도 즐겨 보았다는데 그만한 문화생활을 즐긴 것도 다행이라고 할까.

오늘이 출상 날인데, 가족들은 고인을 일단 모시고 고향 집을 둘러본다고 한다. 잘한 일이다. 평생을 고향을 지키고 살았고, 선산을 돌봐왔는데 얼마나 가고 싶은 고향 집이었으랴. 그렇지만 가족들은 모여 살고 있는 광주 근교에 모시기로 했단다. 한 번씩 찾아보려면 그것이 나을지도 모르겠다. 형님의 한 생애를 돌아본다. 병옥이(본명 병영) 형님, 한 세상을 누구보다 정직하게 사셨고 맑은 영혼으로 피땀 흘려 열심히 사신 형님. 그렇지만 애잔한 마음이 가시지 않는 형님. 이승에서의 고달픔 다 내려놓으시고 하늘에서 편히 쉬시길 빕니다.

(2023.)

민들레 홀씨

민들레는 꽃이 지고 나면 하얀 날개에 달린 씨앗을 멀리 날려 보낸다. 그런 씨앗은 땅에 떨어져서 새로운 자리에 터를 잡는다. 그 광경을 연상하면 옛날 한양의 사대부 출신으로 시골 오지 낯선 고을에 귀양 와서 기약 없는 세월을 보내다 간 인물들이 생각난다. 그들은 대부분이 억울한 누명을 쓰거나, 급격한 정세의 변화로 하루아침에 처지가 곤두박질쳐진 경우였다. 그런 분으로 우선 생각나는 사람은 1895년에 벌어진 역변(逆變)과 경복궁 화재와 관련해 연루가 되었다는 이완용 등의 모함으로 10년 넘게 낙도 진도에서 귀양살이를 한, 조선의 문형(文衡)이라 평을 받은 무정(茂亭) 정만조(鄭萬朝 1858-1936) 선생을 비롯해, 영재(寧齋) 이건창(李建昌) 선생, 강진 고을에 귀양 온 다산(茶山) 정약용(丁若鏞) 선생 등이 있다.

먼저, 무정 선생은 진도로 귀양을 와서 허백련 선생을 가르쳐 유학의 길을 터주고, 손재형 선생을 지도해 서예의 대가로 만들었다. 또한, 이건창(1852-1898) 선생은 한말에 척양척왜(斥洋斥倭)를 주장하다 고종의 미움을 사 1892년 보성 고을에서 귀양 생활을 시작했다.

이때 송명회와 설주(雪舟) 송운회(宋運會) 형제를 가르쳤다. 그들은 선생에게 경서와 서법을 익혀 크게 이름을 떨쳤다. 이건창 선생은 보기 드문 수재였다. 그는 일찍이 15세 때 강화도에서 치러진 문과별시에 급제했다. 당시는 나이가 어려서 벼슬길은 18세가 되어서야 홍문관 주서로 입직을 했다. 그는 문장이 출중해 청나라에 동지사 서장관으로 갔을 때 비록 나이 23세의 약관이었으나 접빈사를 감동시켰다. 한편, 그는 성품이 청렴 강직하여 공무를 봄에 있어서 한 치의 부정 비위도 눈감아 주지 않았다고 한다. 그러한 기준에는 친척과 친구도 예외를 두지 않았다.

그는 앞을 내다보는 통찰력이 있었다. 당시, 청국인과 일인들이 조선에 들어와 부동산을 사들이려는 움직임을 보이자 이를 금지시키라는 상소를 올리기도 했다. 이를 두고 그들은,

"조약상, 외국인에게 가옥이나 토지매도를 금하는 조항이 없는데 왜 금지를 시키려 하느냐?"라고 따졌다. 이에 이건창 선생은,

"우리가 우리 국민을 금지 시키는데 조약이 무슨 상관이냐"라며 일축했다고 한다. 선생은 한때 고종의 신임을 받았다. 나랏일이 난관에 봉착할 때마다 임금이 나서서 "내가 그대를 아니 전과 같이 잘하라"라고 힘을 실어 주었다. 그러나 선생은 외세를 등에 업은 모리배들의 모함으로 유배 길에 오르지 않으면 아니 되었다. 그때는 고종도 변심하여 지켜주지 못했다. 선생은 귀양지에서 후학을 지도했다. 그때 가르침을 받은 두 형제가 크게 이름을 떨쳤으니 선생의 빛나는 업적이라고 하지 않을 수 없다.

생각나는 또 한 분은 윗세대를 거슬러 올라 다산 정약용(1762-1836) 선생이 있다. 이때 만난 수제자 치원(巵園) 황상(黃裳)과는 각별한 관계였다. 1801년, 선생이 강진 땅으로 유배를 오자 몇 명의 아전 자식들이 배움을 청했다. 해서 어렵게 주막집 봉놋방에 서당을 열게 되었는데 거기에 15세인 황상이 끼어 있었다. 황상은 선생으로부터 삼근계(三勤戒. 부지런하라)를 받고, 선생이 18년 유배 생활을 마치고 한양으로 떠날 때까지 배움을 멈추지 않았다. 그러는 사이에 학문은 깊어질 대로 깊어졌다. 그런 그를 두고 사람들은 "벼슬길에 나가지도 않으면서 무엇 하려 공부를 계속하느냐"라고 했지만 한 귀로 흘려버렸다. 그는 다산의 수하에서 공부하며 선생의 두 아들과도 깊이 우정을 쌓았다. 나중에는 정황계(丁黃契)를 만들어 이어갈 정도였다. 그런 황상을 추사도 높이 인정했다. 그 정황은 1848년 추사가 귀양에서 풀려나 뭍으로 나오면서 먼저 황상을 만나려고 백석동까지 찾아간 행적에서도 알 수 있다. 그러나 그때는 만나지는 못했다. 그 아쉬움은 추사가 다산의

장남인 정학연에게 보낸 편지에 나타난다.

“황상의 시를 음미해보니 두보를 골수로 하고 한유를 근골로 한 것이었습니다. 다산의 제자를 두루 꼽아보아도 이청 이하 모든 사람이 대적할 수가 없습니다. (중략) 서울로 갔다고 하여 구슬피 바라보며 돌아왔습니다. 이제 내가 서울로 오니 그는 이미 고향으로 돌아갔다고 하는군요. 제비와 기러기의 어긋남과 같아서 혀를 차며 안타까워할 뿐입니다.”

그러한 황상은 어느 날 주민의 참상을 목격하고 스승에게 알렸다. 때는 1803년 봄, 바닷가 노전리에 사는 어느 백성이 군정(軍政)의 횡포로 살 수 없게 되자 자기의 남근을 잘랐는데 그 사실을 말한 것이다. 이것을 보고 다산이 지은 시가 그 유명한 애절양(哀絕陽)이다.

한편, 황상은 거문도의 대문장가 귤은(橘隱) 김류(金瀏) 선생과도 교류하면서 지대한 영향을 끼쳤다. 귤은보다 26세가 많았던 황상은 이 밖에도 호남의 영재들과도 두루 교류하며 학문과 시문을 전파했다. 실로 민들레가 홀씨를 뿌려 곳곳에 꽃을 피우는 것과 같은 모습이었다.

이를 생각하면 귀양 와서 고생한 당사자는 낯설고 물선 머나먼 객지에서 고통이 많았겠지만 문명의 혜택을 받지 못한 지역민에게는 새로운 세계에 눈을 뜨는 더없는 배움의 기회이지 않았나 한다. 그런 것을 생각하면 당신들의 불행은 또 다른 면에서는 학문의 전수, 문화의 전파자로서의 귀한 역할을 톡톡히 하지 않았나 생각한다.

(2023.)

화순적벽(赤壁)

일전에 화순지방으로 문학기행을 다녀왔다. 내가 소속해 있는 지역 문학단체 회원들과 함께한 동행이었다. 마침 화순적벽과 인접한 곳에 있는 고인돌 유적지도 돌아본다기에 출발 때부터 마음이 설레었다. 사실 적벽 구경은 이번이 처음은 아니다. 10여 년 전에 퇴임한 직장 옛 동료들과 함께 들른 적이 있다. 그러나 그때는 상수도 보호를 위해 철저히 통제하는 바람에 가까이는 가보지 못하고 먼발치에서만 보고 돌아왔다. 더구나 고인돌 유적지는 일정에도 잡혀있지 않았다. 그런 만큼 기대도 되고 눈에 담아올 것이 많지 않을까.

우선 마음에 드는 것은 새 집행부가 출범하고 첫 번째 문학기행인데, 준비를 철저히 한 점이다. 사전답사를 하고 세밀한 일정 조정과 음식 준비, 의미 있는 이벤트 행사도 마련했다. 문학기행 행사인 만큼 7, 8명씩 그룹으로 나누어 4행시 짓기를 한 것이다.

이날 나는 문학기행에 나서기는 다소 무리였다. 전일에 무릎을 다쳤는데 여간 통증이 엄습하는 게 아니었다. 하는 수 없이 병원에서 통증 완화제인 스테로이드제 주사를 맞았다. 그렇게까지 하면서 따라나선 건 확인할 것이 있어서였다. 직접 눈으로 어떤 실체를 똑똑히 확인하고 싶었다. 그건 다른 것이 아니다.

나는 외람되게도 기존에 구축되어 있는 수석의 분류명칭에다 나름대로 하나를 더 추가한 바가 있다. 그것은 절벽경. 이전에는 산수경석의 명칭은 단봉형과 쌍봉형, 그리고 원산경과 평원석, 섬형과 토파형, 폭포석이 거의 다였다. 그런데 어느 날 집에 있는 수석 중에 절벽경이 보이는 것을 연출해 보니 색다른 맛이 있었다. 전면이 단애가 있고 그 외에 약간의 첩경이 보이는 것이다. 그것을 보면서 생각했다. 이것을 분류하는 항목으로 넣으면 어떨까. 예전에 먼발치서나마 보았던 화순적벽이 영감을 주었던 것이다. 지금은 이것이 국가지정문화재 명승 112호로 지정되어 있는데 뭇사람의 발길을 이끌고 있다. 이것은 바로 볼만한 데가 있다는 말이 아닌가. 그렇다면 충분히 그 축소경을 수석으로 대접할 만한 것 아니겠는가.

그 생각을 하면서 나름대로 갖추어야 할 조건을 생각해 보았다. 그냥 밋밋한 절벽보다는 그것을 보완하는 무엇이 있어야 할 것이다. 과연 거기에는 그런 것이 있을까. 그 적벽에 일정한 경을 품고 있는지 확인하고 싶었던 것이다. 먼저 찾아간 곳은 노루목적벽이었다. 이곳을 볼 수 있는 전망대에서는 3개 이상의 절벽경을 볼 수 있다. 먼저 타고 간 대형버스를 입구에 세워두고 20인승 봉고차로 갈아탔다. 그렇게 하지 않으면 출입도 되지 않거니와 좁은 비포장 길에다 굴곡이 심해 위험 구간이 너무 많았다. 드디어 마주한 전망대. 눈 앞에 펼쳐진 선경을 보니 탄성이 절로 나왔다. 위로는 산세에 따라 나무들이 우거졌고 아래에는 절벽이 병풍처럼 드리워져 있는데, 그 밑에는 흰 모래밭이 펼쳐지고 있었다. 과연 승경이요 절경이라 할 만했다. 맨 처음 이곳을 알아본 이는 기묘사화 때 귀양 온 최산두(崔山斗) 선생이다. 그는 이곳에서 14년간 귀양 생활을 하다가 해배가 되었는데도 계속 유배지를 떠나지 않고 눌러살았다.

그다음 코스로 들른 곳은 '勿染亭'이란 현판 글씨가 선명하고 김삿갓 선생의 조형물과 시비가 대여섯 개가 세워져 있어 풍미를 더하였다. 물염정이라는 문구는 예스러운 멋을 풍겼다. 이 정자의 주인공은 조선 명종 때 사람으로 예조정랑과 구례, 풍기군수를 지낸 송정순 선생이다. 물염(勿染)은 바로 그분의 아호. 세상의 어느 하나 물들지 않고 티끌 하나 속됨이 없이 살겠다는 뜻으로 그 안에는 네 가지가 담겼다고 한다. 첫째, 산수의 즐거움과 풍류를 즐기되 미혹에 빠지지 않고, 둘째, 혼탁한 시류에 물들지 않고, 셋째, 화려한 복식을 멀리하며, 넷째, 청렴한 생활을 하겠다는 다짐이란다. 새겨보면 얼마나 자기 절제와 당당한 품위를 담고 있는 말인가.

한편, 김삿갓은 화순을 사랑하고 적벽을 아낀 나머지 유리걸식을 하면서도 세 번이나 이곳을 들렀다고 한다. 그리고 마침내는 고종명도 여기서 했다고 한다. 그 초장지가 지금도 남아 있다. 그런데 그가 적벽을 다녀간 흔적은 보이는데 이곳의 풍광을 읊은 시는 보이지 않는다. 오직 하나, '無等山高/松下在 /赤壁江深 /砂上流' 즉, "무등산이 높다 하되 소나무 아래에 있고, 적벽강이 깊다 하되 모래 위로 흐른다."라는 시구만 보일 뿐이다. 와서 구경하고 즐긴 것은 확실해 보이는데 이곳을 보고 시 한 수가 없는 건 아쉬움이 컸다. 물염정에서 이루어진 이벤트 행사는 내가 조장을 맡은 팀이 장원을 하게 되어 기분을 한껏 올려주었다.

귀로에 청동기시대를 대표하는 화순 고인돌 군도 보게 되어 뜻깊은 문학기행이 되었다. 그것을 보면서 무엇을 남긴다는 것. 그것은 세월이 흘러도 잊히지 않고 의미를 더해준다는 점에서 많은 것을 생각하게 하였다. 사람은 백 년을 살지 못하지만, 남긴 유적은 찬란하게 빛나니 세상의 오묘한 이치가 아닌가 생각되었다.

(2022.)

법망(法網)의 허점

법과 관련하여 만들어진 신조어 중에는 '법꾸라지'라는 말이 있다. 미꾸라지처럼 손이나 그물에 걸려도 잘도 빠져나가는 것을 비유적으로 이른 비속어이다. 비속어인 만큼 이것은 칭찬의 뜻을 나타낸 말은 아니다. 그 반대의 뜻으로, 못마땅하거나 비위에 거슬려 눈을 흘겨보며 하는 말이다. 고대에는 그런 법꾸라지는 없었다. 생각을 단순하게 하며 살아가기도 했지만, 사람들 자체가 영악하지 않았던 것이다. 여러 사람이 어울려 집단을 이루고 살기는 했지만 통제가 어렵지 않았다. 그때도 규범이나 규칙이 없었던 건 아니었다. 그즈음 서구에서는 벌써 함무라비 법전이 생기고, 우리나라 고조선에서도 '8조 금법(八條禁法)'이 시행되었다. 우리가 흔히 알고 있는 '눈에는 눈, 이에는 이'라는 징벌 조항이 그것이다.

당시 사회는 복잡하지도 않았지만 고도로 머리를 써서 법망을 빠져나가려는 사람도 많지 않아서, 위정자들은 단순한 법 적용만으로도 통치하는데 별 어려움을 겪지 않았다. 그런데 오늘날은 사회가 지극히 복잡해지고 사람들의 지능도 높아져서 그에 따라 법망도 촘촘하게 짜여진 세상에서 산다.

그렇지만 그게 능사는 아니다. 아무리 법망을 촘촘하게 짜놓아도 이를 역이용하여 빠져나갈 사람은 다 빠져나간다. 그 일례로 크게 이슈가 된 대형개발사업과 관련하여 거액의 뇌물을 수수한 사건을 들 수 있다. 한 퇴직자가 6년을 근무하고 거금 50억 원의 퇴직금을 받았는데 그것이 문제가 되어서 고발이 되었다. 그런데 결과는 무혐의였다. 그야말로 '태산명동 서

일필(泰山鳴動 鼠一匹)'로 소리만 요란한 결과였다. 그렇다고 문제를 삼지 않을 수는 없었는지, 별건으로 입건한 불법 정치자금을 문제 삼아 얼마간의 벌금만 부과했을 뿐이다. 이를 두고 국민들이 얼마나 납득할지 의문이다. 이는 누가 보나 법의 잣대가 느슨하거나 노회한 법꾸라지의 장단에 놀아난 결과임을 부인하기 어렵다. 왜냐하면 뇌물죄의 입증 책임은 검사에게 있는데 그 그물이 허술하여 단죄를 하지 못했기 때문이다. 국민의 상식에 어긋난 결과는 앞으로 어떤 후유증을 몰고 올지 모른다.

법꾸라지들은 도처에서 활동 중이다. 그들이 주 무기로 내세우는 방패막이는 몇 가지가 있다. 즉, "기억에 없다." "매뉴얼대로 했다." "그렇게 들었다." 등등이 그것이다. 거기에다 법 자체의 구성 요건이 허술하여 눈앞에서 놓치는 범인도 있다.

먼저 언급하는 "기억에 없다"라는 말은 다분히 치매성 면피형에 속한다. 잠시 부족한 사람, 모자란 사람으로 비난을 받더라도 죄는 피하고 보자는 뻔뻔한 생각이 자리를 잡아 이를 적극 활용한다. 이렇게 심적인 무장을 하여 작정하고 나오면 제아무리 '증언감정에 관한 법률'을 들이대도 책임을 물을 수가 없게 된다. 인지 능력이 작동하지 않아 기억이 나지 않는다는데야 어찌할 도리가 없다. 흔하게 주변에서 목도하는 광경이다.

두 번째는 "매뉴얼대로 했다"라는 것이다. 이것은 참으로 편리한 자기 보호 수단이다. 각 지자체, 병원들에서 널리 활용되는 것인데, 이것 뒤에 숨으면 어지간한 것은 책임이 면해진다. 사람이 죽어도 가벼운 조치로 끝난다. 이것이 우스운 것은, 형사책임은 물론 징계책임을 따질 때도 매뉴얼대로 하지 않는 것이 문제가 되지, 그대로 적용했다면 면책이 된다는 것이다. 이것은 대체 누가 만든 것이며, 누가 권능을 부여한 것인가. 병원에서는 누가 보나 의료과실이 있어 보이는데도 매뉴얼대로 했다고 하면 책임을 묻지 못한다.

그다음 것으로는 "그렇게 들었다"라는 것이 있다. 소위 그렇게 들었다는 '전문증거(傳聞證據)'는 법에서 문제를 삼지 않는다. 이것을 아는 사람들은 그 공간을 적극 활용한다. 남의 명예를 훼손해놓고도 "내가 직접 보거나 본인에게 들은 게 아니고 누가 한 말을 들었다"라는 말로 법망을 빠져나간다.

이런 경우 말고도 법조문 자체가 허술한 구석이 있는 것도 있다. 최근에 알게 된 내용이다. 우리 형법은 '강간죄'를 가해자의 유형력 행사로 한정하고 있다. 그래서 폭행이나 협박이 없는 상태에서 이루어진 것은 강간죄로 의율하지 못한다. 그러나 현 실태는 어떤가. 강간은 교묘한 방법과 수단에 의해 이루어진다. 어느 신문 보도에 따르면 국민 1만 명을 상대로 한 조사에서 직접 폭행 협박을 당한 것은 9.8%에 지나지 않았다. 그 외의 교묘한 방법으로 당한 경우가 많았다. 상대를 믿게 하여 부지불식간에 당한 그루밍 범죄가 많았다. 이에 따라 여성계에서는 '비동의 강간죄'도 동일하게 처벌하자는 논의가 활발해지고 있다. 합법을 가장해 저질러지는 범행을 막고자 함이다. 이렇듯 도처에서 남을 속이면서 미꾸라지처럼 빠져나가는 일이 비일비재하게 일어난다. 이를 근본적으로 제재할 방법은 없을까.

죄를 부인하는 것은 자기 행위가 고의가 아니라고 하고 싶어서지만, 옛날처럼 죄인을 불러 "네 죄는 네가 알렸다!"하고 마구잡이식으로 문초를 할 수 없는 세상에서는 다른 방법을 강구해야 하지 않을까 한다. 지은 죄가 확실해 보이는데도 빠져나가게 하는 것은 문제가 있기 때문이다. 이와 관련하여 생각할 때 불가에서 말하는 우치(愚癡)가 떠오른다. 탐욕, 진에와 함께 삼독(三毒)의 하나인 어리석음은 '모름'에 다름 아니다. 그런데 자칭 모른다고 부정하는 것은 그 어리석음을 가장하는 속에 숨어든 것이 아닌가. 이렇듯 행동하면서도 "몰랐다" "기억이 안 난다"라고 하는 행위를 어떻게 볼 것인가. 무턱대고 감싸주고 옹호만 할 것인가. 손쉽게 "모른다"라는 방패 뒤에 숨어서 양심 따위는 헌신짝처럼 내팽개친 가운데 무죄를 이끌어낸 신통방통한 판결 소식을 접하면서 가슴 밑바닥으로부터 밀려오는 허무감을 떨쳐버릴 수가 없다.

(2023.)

유향종 민춘란

고향 친구가 장인의 산소 주변에서 캐왔다는 춘란 사진을 단체 카톡방에 올렸다. 활짝 개화가 된 난이었다. 대개 자생란은 3월 중순이 되어야 꽃을 볼 수 있는데, 이것은 양지에 자라서인지 아직 3월 초인데도 꽃대를 실하게 올려서 꽃을 피우고 있었다. 그걸 보노라니 새삼스레 영춘(迎春)의 의미가 느껴졌다. 나는 그 사진을 보자마자 친구에게 전화를 넣어서 얼른 향기를 맡아보라고 했다. 대답이 돌아왔는데 향기는 나지 않는다고 했다. 그렇다면 그것은 유향종은 아니고 주위에서 흔히 보는 민춘란인 것 같다. 내가 친구에게 서둘러 향기를 맡아보라고 한 것은 다른 것 때문이 아니었다. 그걸 우리 고향 쾌상리에서 산채를 했다면 그것은 내가 전에 그 인근에서 만났던 것과 같은 종가 아닐까 싶었던 것이다.

30여 년 전이다. 나는 봄날 친구들과 고향으로 산행을 한 적이 있다. 일행 중에는 다리가 아픈 사람이 있어서 높은 산은 택하지 않고 비교적 야트막한 기러기재 옆의 발전소가 있는 야산에 올랐다. 높은 산이 아닌데도 풍치가 볼만했다. 우선 가로수로 심어 놓은 벚꽃이 흐드러지게 피어서 눈길을 끌고, 다문다문 피어있는 진달래꽃이 보석처럼 박혀서 시선을 붙잡았다.

그곳엔 민춘란이 많았다. 별것 아니겠지 하고 무심결에 꽃대를 하나 꺾어 향기를 맡아보았다. 그런데 향기가 났다. 반가우면서도 신기했다. 그간 과문하여 춘란이 향기가 난다는 말은 들어보지 못했는데 예사롭지 않다는 생각이 들어서 두 포기를 캐어 가방에 담았다. 집에 가져온 나는 그것을 근 6, 7년을 길렀다. 그러고 나서 지금의 아파트로 이사 오면서 한 포기를 가져왔다. 그러나 주위 환경이 바뀌어서인지 시나브로 야위어 가더니 결국 말라 죽고 말았다. 그런 안타까운 일이 있었다.

그러니까 내가 친구에게 향기를 맡아보라고 한 것은 당시의 일을 떠올린 것이었다. 난을 캐왔다는 그곳은 전에 내가 만난 발전소와는 그리 멀지 않은 곳이다. 그런데도 자생란이 무향종과 유향종으로 갈린 것은 풍토의 영향과 함께 형질이 다르기 때문이 아닌가 한다.

문헌에 보면 지구상에 난은 모두 3천여 속에 3만 종 이상이 분포되어 있다고 한다. 그러므로 보기에는 비슷해 보여도 형질은 같지 않다. 우리가 통상 귀품으로 여기는 서양란 말고도 산야에 자생하는 춘란 중에는 잎의 가장자리를 노랗게 둘러싼 복륜과 잎 중앙으로 노랗게 무늬가 번지는 중투가 있다. 그리고 이파리에 점이 박힌 사피란도 있다. 이것들은 모두 귀히 여긴다. 꽃은 황화나 홍화, 하얀 백색인 백화소심이 사랑받는다. 그렇지만 그것에 들지 않고 비록 이름은 없지만 향기 나는 유향종도 가치가 있지 않은가 한다. 유달리 향기를 내는 것이 어디 흔한가. 어딘가 특별한 데가 있어서 그런 향기를 내뿜는 것이다.

나는 난 향기를 생각하면 속담 하나가 떠오른다. 바로 "향을 싼 종이에서는 향내가 나고 비린 생선을 묶은 새끼줄에서는 비린내가 난다"라는 말이다. 한데 나는 여기서 한발 더 나아가 마음이 비뚤어진 사람에게서는 악취가 난다는 말도 하나 추가하고 싶다. 그럴 필요가 있어서다. 내가 사는 고장에서는 악취를 풍기고 떠나간 사람이 있었다. 한 사람은 다른 고장에서 살기 위해 이사 간 사람이고 또 다른 사람은 명을 다하여 세상을 하직한 사람이다. 그런데 두 사람은 심한 악취를 남기고 고장을 떠났다.

먼저 이사 간 사람은 자기가 살던 곳에 침을 내뱉고 떠났다. 무슨 억하심정인지 무시를 당했다며 "촌놈들에게 서러움을 당했다"라며 독설을 내뱉었다. 고장에서 십 년쯤 머물며 글을 쓰다가 떠난 사람인데, 같은 문인들에게 모욕적인 험담을 남겼다. 그것도 몇 사람 모인 곳에서 욕을 한 것이 아니라 아예 유명 잡지사에다 투고를 하여 지역 문인을 비난했다. 나는 그 글을 보면서 '꽤나 대접을 받으려 했나 보다'하는 생각을 금할 수가 없었다. 그러지 않고서야 어찌 그런 모욕을 안길 수가 있겠는가. 나는 그 말을 듣고 곰곰이 생각해 보았다. 결론은 아무리 생각해도 그에게 신세 진 것이 없고, 단지 소홀한 것은 그를 자주 모시고 대접하지 못한 것밖에 없었다. 그것도 청첩장을 보냈는데 부조를 외면해 버려 거리를 좀 두었던 것뿐이다.

또 한 사람은 몸담고 있는 문학단체 회원들을 바보로 만들어 놓고 떠났다. 왜냐하면 그는 회비를 관리하면서 보이스피싱 사기를 당했는데, 회원들을 향해서 가당치 않은 말을 했다.

"이 일은 천재지변이므로 나에게는 책임이 없고 따라서 사기당한 돈은 결손처리를 하겠어요."

이게 말이나 되는가. 그가 법을 모르는 사람이라면 그냥 넘어갈 수 있다. 그런데 그는 법대 출신에다 사법시험도 1차를 패스했던 사람이다. 그런 사람이 회원들에게 자기가 보이스피싱을 당한 것을 천재지변이라고 하다니, 어이가 없고 괘씸한 생각이 들었다. 하나, 그 말을 듣고서 이의제기나 반박을 하는 사람이 한 명도 없었다. 평소에 바른말을 잘하는 사람도 이날은 꿀 먹은 벙어리가 되어있었다. 아무리 같은 고향에 살며 선후배 사이라고 해도 잠자코 있어야 할까. 보다 못한 내가 토를 달고 나섰다.

"그 말씀은 심히 부당합니다. 천재지변이라니요. 천재지변을 몰라서 거기다가 붙이는 겁니까? 솔직히 과오를 인정하고 양해를 구하면 절반이라도 봐줄 수 있는 일 아닙니까?"

그러자 그는, "나는 변제 못 해요. 절대로" 하면서 버럭 성을 내는 게 아닌가. 그런 일이 있고 얼마 지나서다. 회원 연간집을 출간하게 되었는데, 할당된 부수에 비해 봉투가 턱없이 부족하게 배정되었다. 평소 책이 나오면 타지역 회원에게 많이 부치는 나는 그것을 감안하여 10장을 더 가져왔다. 그랬더니 그가 전에 항의한 것에 대한 보복이라도 하듯이 작정하고 모욕적인 말을 내뱉었다.

"회원 중에 못된 버릇을 한 사람이 있어요. 누가 봉투를 많이 가져갔는데, 나는 누가 가져간지를 다 압니다. 승낙받지 않고 가져간 건 도둑이에요. 도둑."

참으로 저열하다는 생각을 지울 수 없었다. 아니, 그보다는 어처구니가 없었다. '당신이 나를 이런 식으로 보복을 하는구나' 하는 생각이 들었다. 그에 대한 후일담이다. 그는 끝내 사기당한 회비 500만 원을 변제하지 않고 뭉개고 말았다. 이에 속을 상한 나는 '절 보기 싫으면 중이 떠난다.'는 심정으로 20여 년간 몸담고 있던 모임에서 나와 버렸다. 그러다가 다시 들어간 것은 2, 3년 전이다. 새로운 회장이 뽑혔던 것이다. 얼마 전에는 그랬던 그가 세상을 떠났는데 부음을 들으니 맨 먼저 스치는 것은 바로 그 악취가 나는 기억이었다. 그런 의미에서 향기를 내뿜는 유향종은 가치가 있지 않은가 한다. 향내를 풍긴다는 것은 얼마나 귀한 일인가. 사람도 인성이 바른 사람만이 향기를 내지 않던가. 친구가 올려놓은 민춘란을 보면서 나는 또 다른 유향종을 떠올리며 스스로의 몸에서 발산하는 향기의 의미를 새삼스레 생각해 본다.

(2021.)

똥 이야기

똥과 사람은 떼려야 뗄 수 없는 관계이다. 모든 동물은 먹은 만큼 반드시 배설한다. 그런데 입으로 들어간 것이 부족하거나 부실해도 문제가 되지만 먹은 것이 잘 소화가 되지 않고 장 속에 오래 머물러 있는 것도 문제가 된다. 적당한 시차를 두고 원활히 배출되어야 한다.

흔히 건강의 3원칙으로 쾌식(快食), 쾌면(快眠), 쾌변(快便)을 드는데 여기에서도 변(便) 문제는 빠지지 않는다. 그만큼 배설은 필요하면서 중요함을 보여준다. 물과 음식을 섭취하면 그것은 오줌과 똥으로 배출된다. 그것을 일상으로 하고 있어서인지 속담에도 똥과 관련된 것이 많이 보인다. "똥 싼 주제에 매화 타령한다. 제 똥 구린 줄 모른다. 똥 묻은 놈이 겨 묻은 놈을 나무란다. 상추밭에 똥 싼 개는 저 개 저 개 한다. 여물 많이 먹은 소, 똥 눌 때 알아본다." 등등이 그것이다.

달포 전에 '똥 방' 문제가 크게 방송뉴스를 탔다. 어느 신축아파트 입주자가 방안에서 고약한 냄새가 나서 천정을 뜯어보니 똥자루가 들어있었다. 그걸 보고 처음에는 어이없어하다가 나중에는 누군가가 해코지를 한 것으로 여겼단다. 그런데 알고 보니 그게 아니었다. 외부로 드러나지 않은 문제가 있었다. 공사장 인부들이 먼 곳까지 용변을 보러 갈 수가 없어서 그렇게 한 것이었다. 문제가 되자 들통이 나게 됐는데, 이것은 건설현장에서 공공연히 벌어지는 일이라고 한다. 아파트를 지을 때는 작업 효율성을 높이기 위해서 불가피하게 중간쯤에 '똥 방'을 지정해 놓고 사용한다는 것이다. 그러니까 그 아파트 입주자는 운 없게도 하필 그런 똥 방이 걸려든 것이다.

대개는 마무리 작업을 하면서 치우게 되는데 그 집은 뒤처리를 못 하고 그것을 천정에다 쑤셔 박아 놓은 것이다.

똥은 사람 몸속에서 나오는 것이지만, 대단히 불결한 것으로 취급받는다. 그래서 문학작품에서도 보면 더러운 것, 저주, 해코지의 수단으로 묘사된다. 김지하의 시 〈똥 바다〉가 그렇고 양귀자의 단편 〈지하 생활자〉가 그러하다. 그리고 하근찬은 단편 〈분(糞)〉에서 부잣집 아들이 면장에게 뇌물을 써 징집에서 빠지고 가난한 제 아들이 군에 끌려가게 되자,

"문둥이 자식, 내일 출근하다가 저걸 물컹 밟아야 할 낀데…"라며 분노를 표한다. 이렇듯 똥은 작품에서 약방의 감초처럼 등장한다.

똥을 소재로 하는 글은 200여 년 전 박지원이 쓴 『양반전』에도 등장한다. 북곽 선생이 줄행랑을 치다 그만 똥 구덩이에 빠져서 엉금엉금 기어 나오자 호랑이가 가로막고서 힐난한다.

"선비는 깨끗하다더니 몸에서 구린내가 나고 꼴이 정말 더럽구나."

그 형상을 상상하면 웃음밖에 나오지 않는데, 그래도 그는 양반이라고 엎드려 있다가 지나가는 농부가 보고 "왜 그러고 있냐"라고 하니 위선을 떤다.

"하늘이 높으니 감히 몸을 굽히지 않을 수가 없고, 땅이 두터우나 조심히 걷지 않을 수 없다."라고 한다. 그 꼬락서니에 그래도 입은 살아서 허세가 등등하다.

문학작품이 아닌 똥바가지의 백미는 다음의 사건이 아닌가 한다. 때는 1966년, 모 재벌의 자회사인 한국비료에서 건설자재를 가장해 일본에서 사카린 밀수를 했다. 그 분량이 무려 4kg들이 2천 포나 되었다. 이 사건은 나중에 드러났고 국회에서도 큰 논란이 되었다. 그런 가운데 세칭 '장군의 아들' 김두환 의원이 국회로 보자기에 싼 두 개의 통을 들고 와 그것을 책상 위에 올려놓고 말했다.

나는 항일투쟁, 반공 투쟁 경력을 가진 사람으로서 5.16군사혁명을 일으킨 현 정권이 민주주의를 파괴하고 국민의 참정권을 박탈한 것까지는 용서

할 수 있으나, 전 국민의 대다수를 빈곤으로 몰아넣고 몇 놈에게만 특혜조치를 준 것은 용서할 수 없습니다. 대통령이 여기 나왔다면 한번 따지고 싶지만 그렇게 할 수 없으니 국무총리를 대통령 대리로 보고, 또한 부총리와 장관들은 몇 개월 동안 부정과 부패를 합리화한 피고로 보고 다루겠습니다.

그러고 나서 그는 "나는 배운 게 없어서 말을 잘할 줄 모르지만, 다른 사람이 할 줄 모르는 행동을 잘할 수 있습니다."라고 말한 후, 그 통을 들고서 국무위원석으로 갔다. 그러면서,

"이것은 재벌이 도둑질해 먹은 것을 합리화시켜 주는 내각을 규탄하는 국민의 사카린 올시다."라고 크게 외치면서 통 안에 들어있는 내용물을 흩뿌렸다. 그러고 나서 일갈했다.

"이것이나 처먹어 자식들아. 고루고루 좀 맛을 봐야지."

국무위원석에 앉은 정일권 국무총리, 장기영 경제기획원 장관을 비롯한 재무부 장관, 법무부 장관, 상공부 장관에게 무차별적으로 인분을 뿌렸다. 그 바람에 참석한 국무위원들은 아닌 밤중에 난데없이 인분을 뒤집어썼다. 이것은 아마도 헌정사상, 가장 고위직에게 치욕을 안긴 모욕적인 사건이 아닌가 한다. 그 사건을 떠올리면 씁쓸하지만 그다운 결기로, 그만이 보여줄 수 있었던 행동이 아니었던가 싶다. 결코 찬성을 할 온당한 방법은 아니었지만 생활고에 찌든 국민의 가슴에는 한 가닥 카타르시스를 느끼게 해준 일이 아니었나 생각한다.

(2022.)

해구신(海狗腎) 이야기

자고로 '남녀상열지사'만큼 세인의 관심을 끌며 회자되는 이야기도 드물 것이다. 세상을 살면서 고상한 것을 꿈꾸지만 통속적인 생각도 떨치지 못한다. 긴긴밤 어지러이 일어나는 상념으로 인해 전전반측하다가 불현듯 스치는 화두를 붙잡고서 시간여행을 해 본다. 좀 망측한 해구신(海狗腎)을 떠올리자니 들었던 이야기가 두서없이 뒤엉키며 꼬리를 물고 일어선다. 그중에서 유달리 어떤 이야기가 뇌리에 꽂히니 픽 웃음부터 나왔다. 먼저 스치는 것은 얻어들은 말장난 같은 이야기다.

가내 수공업을 하는 한 업소에서 신입을 뽑는다는 광고를 내자 묘령의 한 아가씨가 지원했단다. 사장은 그녀에게 필이 꽂혀서 하룻밤을 같이 자자며 거금 백만 원을 제안했다. 승낙을 받은 사장은 일을 치른 후 돈 봉투를 건넸다. 그런데 그 속에는 당초 약속한 금액이 아닌, 그 절반만 들어있었다. 화가 치민 아가씨가 따졌다.

"왜 계약한 방값을 제대로 안 줍니까?"

이에 사장이 이유를 설명했다.

"새 방인 줄 알았더니 헌 방인 것은 차치하고 첫째, 잔디밭이 지극히 부실하고 둘째, 방이 아담하지도 않고 휭허케 커서 그랬소."

듣고 있던 그 신입이 말했다.

"잔디밭이 부실한 것은 손님이 자주 들락거려서고, 방이 좀 크게 느껴진 건 사장님 가구가 너무 작아서인데, 왜 그런 것을 탄하는지요?"

그 이야기를 떠올리자니 또 다른 이야기가 꼬리를 잇는다.

어느 날 임금님이 이조판서를 만나 요즘 기력이 쇠하여 밤이 두렵다고 하소연했다. 눈치 빠른 이조판서, 바로 강원 목사에게 파발을 띄워 해구신 두 개를 급히 구해 달라고 기별을 넣었다. 기별을 받은 강원 목사, 양양군수에게 그 말을 알리며 한 개를 보태 3개를 요구하고, 그 기별은 속초 현감에게 전달되어 최종적으로 어부에 이르러서 도합 다섯 개가 되었다. 지시를 받은 어부는 한껏 노력했지만 단 한 개만을 구했을 뿐이었다. 그는 진품은 따로 금박지로 싸고, 다른 것은 은박지에 싸서 현감에게 올렸다. 현감은 그 금박지에 싼 진품은 자기가 차지하고 다른 것 하나를 금박지에 싸서 보냈다. 그렇게 위로 올라가면서 금박지는 매번 바뀌고 마침내 가짜 금박지가 마지막으로 임금님에게 도달했다. 임금님은 그것을 고아 먹고 나서 무슨 '플라시보 효과'가 있었던지 효험을 보았단다.

다음은 그 물개와 관련된 실화 한 토막.

그 첫 번째는 물개를 직접 잡아 고아 먹은 사람의 이야기이다. 주인공은 내가 근무하던 곳에서 예비군 중대장을 하는 사람이었다. 그는 군 복무 시 백령도에서 장기복무를 한 하사관 출신인데 그를 처음 보았을 때 좀 이상했다. 평소에 늘 예비군 복장을 하고 지내는데, 바지통의 넓이가 유달리 넓었다. 펑퍼짐한 카고바지처럼 그렇게 헐렁했다. 그 이유는 금방 밝혀졌다. 음경이 고장 난 기계처럼 제어가 되지 않고 무시로 발기가 되어서 그 남세스러움을 감추기 위해서였던 것이다. 그에게는 전설적인 이야기가 따라붙었다. 발기력과 오줌을 눌 때 보이는 경이로운(?) 사출 능력인데, 거기다가 그는 이야기 속 변강쇠도 저리 가라 할 정도로 호색한이었다. 그는 평소에 인근의 다방을 생쥐 풀방구리 드나들듯 돌아다녔다. 대여섯 곳을 수시로 돌며 새로운 레지가 들어오면 반드시 맨 첫 번째로 차지해 잠자리를 가졌다. 그러던 중 한번은 대도시 화류계를 주름잡던 낫살깨나 먹은 마담이 새로 왔는데, 그녀는 천하의 옹녀로서 어지간한 남자에게서는 만족을 못 느낀다고 소문이 파다한 여인이었다.

그런데 그 여인이 중대장과 하룻밤을 지내더니 바로 살림을 차렸다. 하루는 내가 그 중대장 부인을 만나 농 삼아서 물어보았다.

"중대장님이 요새 바람피우느라 집에 안 들어온다는데 괜찮나요?"

하니 대답이 의외였다.

"씨언(시원)하네요."

"왜요?"

"말도 마시오. 어찌나 밤마다 괴롭히던지. 인제는 발 뻗고 잔다니깐요"

그 말에 놀라고 말았다. 하루는 실제로 그의 탁월한 능력을 목격한 적이 있다. 떠도는 말에, 그가 오줌을 누면 담장 너머 윷 방석이 젖는다고 들었는데 아니나 다를까, 낭설이 아니었다. 어느 날 산속에서 예비군동원훈련이 있어 가서 보니 중대장이 아직 도착을 않고 있었다. 한참 만에 나타난 그는 전날 밤 시내 특정 가에서 자고 오느라 늦어버렸다고 했다. 한데 그가 도착하여 오줌을 누는데 눈이 휘둥그레질 정도였다. 마치 소방관이 소방 호스를 겨누고 불을 끌 때처럼 양물을 쥐고 전방을 겨냥하는데 그 오줌 줄기가 크게 포물선을 그으며 저 멀리 나가떨어졌다. 군 복무 시에 물개를 잡아 해구신을 먹은 후 그리되었다는 것이었다. 그런 중대장을 본 후, 나는 한 번도 해구신을 본 적이 없지만 그 놀라운 효능을 믿는다. 아니 나만 그런 것이 아니고 다른 이들도 동의할 것이다. 그러기에 다음의 이야기도 실화로서 지역에서 일어나 화제가 된 일이다.

어느 날 시집간 딸이 모처럼 친정집을 방문했는데, 처마에 보니 전에 없이 웬 짐승 내장 같은 것이 흉측스럽게 내걸려 있는 것이었다. 영문을 모른 딸이 친정어머니에게 물었다.

"저게 뭐예요?"

"해구신이란다. 네 아버지가 얼마나 애지중지하는지, 하루에도 몇 번씩 들여다보며 간수를 하는구나."

한데 어느 순간 그것이 감쪽같이 사라져 버렸다. 집에 돌아와서 없어진 것을 확인한 남편이 아내에게 불같이 화를 냈다. 그러자 부인은 역정을 들으며 푸념처럼 한마디 내뱉었다.

"요상도 해라. 누가 가져갔을꼬. 당최 모르것네."

"그간 누가 다녀간 사람 없었소?"

그 말에 다녀간 딸 생각이 떠올랐다.

"당신 딸이 다녀가기는 했지라."

아울러 설명까지 한 것이 생각났다.

"허 참!"

남편의 입에서는 실망 가득한 허탈한 말이 흘러나왔다. 이쯤 되면 누가 행한 범행이고 그것을 누구에게 먹이려고 한 것인지 불문가지의 일이다. 그러니 그 일은 바로 수습이 되었다. 그렇지만 부인은 입을 잘못 놀린 것을 크게 후회하지 않았을까.

이렇듯 해구신은 남자의 양기를 북돋는 데 더없이 좋다는 것이 널리 알려졌다. 아무튼 이런 이야기는 흥미를 끌면서도 미소를 짓게 만든다. 이렇듯 세상에는 우습고 재미난 얘기가 많다. 이런 것들이 잠시 잠깐 힘든 일상을 견디며 살게 하는지 모른다.

(2021.)

엄정숙

sorige2@daum.net

외할머니의 붕어빵

뒤늦은 안부

신발에 대한 나의 소견

어느 의자의 하소연

비누 냄새

감나무를 베끼다

말년일기

2002년 여수해양문학상 대상 수상/ 2006년 『매일신문』 신춘문예 수필 당선/ 『에세이스트』등단, 캘리포니아 여성문학상 수상, 『시를 사랑하는 사람들』등단, 『창조문학신문』신춘문예 당선, 2015년 목포문학상 남도작가상 시 부문 당선/ 시집 『갈매기 학습법』/ 동부수필문학회 초대회장(2010~2022), 문협여수지부 부지부장 역임

외할머니의 붕어빵

추억 속의 겨울은 언제나 따뜻하다. 오래된 추억일수록 온기가 그대로 남아 있다. 자주 꺼내 보지 않은 흑백사진을 보면, 배경이 된 벽이나 마루에 따사로운 햇살이 있다. 사는 일이 이도 저도 마땅치 않은 날은 나도 모르게 어린 시절의 한 모퉁이를 더듬더듬 찾아가는 버릇이 생겼다.

엄동이었다. 동네 한가운데 있는, 호수보다 작고 웅덩이보다는 큰 연못에도 얼음이 얼었다. 아이들도 냇물처럼 시퍼렇게 얼어서 웃어도 우는 것처럼 보였다. 오빠는 인근 학교에서 내다 버린 나무 의자를 거꾸로 눕혀서 썰매를 만들었다. 의자 썰매에 나를 태우고 겨울 한복판을 쌩쌩 달리면 동네 아이들도, 겨울바람도 길을 터주었다. 든든하고 따뜻했던 오빠의 등 뒤에서 세상 물정 모르고 보낸 한 시절이 어제처럼 선명하다. 지칠 때까지 놀고 싶지만, 집으로 가야 하는 날이 있었다. 외할머니의 붕어빵을 사러 가야 했다.

다시 붕어빵의 계절이다. 사람들의 왕래가 많은 길모퉁이에 일 년 내내 붕어빵 부스가 있었던 것 같은데, 내 눈에는 겨울이 되어서야 보이기 시작한다. 싸한 바람결에 붕어빵 익는 냄새가 발길을 멈추게 한다. 구태여 사지 않아도 나는 그 앞을 그냥 지나치지 못한다. 어김없이 내 어린 시절의 한 부분이 생각나고, 외할머니의 적막한 시간을 염려하던 어머니의 마음이 이제야 제대로 읽어진다. 외할머니를 떠올리기에는 너무 많은 세월이 흘러가 버렸다. 내게도 외할머니가 계셨는지 잊고 있다가도 붕어빵을 보면 외할머니의 존재가 확실히 떠오른다. 외갓집은 우리 집과 아주 가까운 곳에 있었다. 별로 크지 않은 동네여서 큰 기와집이 더 크게 보였다. 외삼촌의 살림살이가 기울어질 때쯤인가, 근방에 있는 15 육군병원의 군의관이 식구들을 데리고 아래채에 세 들어 살았던 기억이 난다. 내 또래의 경수라는 도시 아이는 카스텔라나 양갱을 먹었다. 나는 볼일이 없는데도 외갓집을 들락거렸다. 경수가 건네주는 양과자를 맛볼 수 있기도 했지만, 그보다는 내가 다른 애들보다 그 아이와 친하다는 걸 보여주고 싶어서였다. 경수와 친구가 되었지만, 동네 아이들만큼이나 친하지는 못했던 것 같다.

그때만 해도 외할머니는 마루에 나와 햇볕 가운데 앉아 계셨다. 경수와 나는 나무 그늘에서 그림 숙제를 하곤 했다. 나는 몽당이가 된 크레용을 썼지만, 경수는 일제 크레파스를 썼다. 좀 써도 된다고 해서 덧칠할 때 살짝 써 보기도 했다. 바로 그때쯤 외할머니가 마루를 탕탕 치시는 동시에 손짓으로 우리를 불렀다. 높은 마루를 기다시피 올라가면 곶감이나 전병 같은 파삭파삭한 과자를 주셨다. 입이 합죽하고 은색 머리를 쪽진 외할머니는 경수 보는 데서 나를 쓰다듬거나 과자를 더 주시거나 하지는 않으셨다. 다행이었다. 그런 면이 외할머니와 어머니, 그리고 나의 내력에서 애써 찾아낸 닮은 점이라고 생각하면 따뜻한 물 한 잔 마신 것처럼 마음이 편하다.

외할머니가 손수 방문을 여닫지 못하고 놋요강이 있는 방안에만 틀어박혀 사신 지가 얼마나 길었는지 나는 잘 모른다. 외숙모와 어머니가 번갈아가며 외할머니의 방안을 드나들더니, 어느 날 외갓집 밭이 있는 구봉산 언덕으로 꽃상여가 요란한 선소리를 따라가는 걸 보았다. 외할머니에 대한 기억이 여기까지가 전부인 것은 쓸쓸한 일이다. 어머니 살아 계실 때 외할머니의 이야기를 하신 듯도 한데 귀담아들어 두지 않은 것은 순전히 나의 실수요 불찰이다. 그리움의 끈을 잘라버린 꼴이 되었다. 뚝뚝 부러진 추억의 조각들을 애써 주워 보아도 외할머니의 붕어빵만 떠오른다.

붕어빵은 맛이 있다. 외할머니의 붕어빵은 더 맛이 있었다. 천방지축 앞뒤 가리지 않고 뛰놀던 내가 가장 성실하게 책무를 다한 것은 어머니가 시킨 붕어빵 심부름이었다. 그중에서도 가장 뚜렷하게 남아 있는 기억은 비오는 날 붕어빵을 사러 다니던 일이다. 신작로가 되기 전의 큰길은 비만 오면 질퍽거렸다. 15 육군병원으로 오가는 지프가 가끔 흙탕물을 튀기며 지나다녔다. 유독 비가 오는 날에 어머니는, 입이 궁금한 외할머니를 위해 붕어빵을 사 오게 하셨다. 그 일을 내가 도맡아 했다. 길에서 태어나서 길엽이라는 이름을 가진 먼 친척 언니가 붕어빵 장사를 했다. 밀가루 포대 종이에 붕어빵을 싸주며, "꽉 보듬고 가거라."하면 나는 "예"라고 대답했다. 가슴에 품은 붕어빵의 온기가 으슬으슬한 몸을 따뜻하게 해주었다. 그리고 참기 어려운 고소한 냄새, 그것은 경수가 주던 고급 과자와는 비교가 되지 않았다.

그때 그 냄새가 내 걸음을 붙잡고 있는 길모퉁이에서, 나는 먼 데 어머니 심부름 갔다 오듯 추억 속으로 들어간다. 어김없이, 햇살 바른 대청마루에서 붕어빵을 오물오물 씹고 있는 외할머니를 만난다.

뒤늦은 안부

여기저기서 꽃소식이 들려오는 삼월이다. 오동도에서는 어제부터 동백꽃 축제를 열어 바다와 섬과 동백꽃의 어우러진 모습을 보러 오라 한다. 어느 핸가 이맘때 오동도를 제목으로 쓴 시 한 편을 새삼 읽어보며 문득 동백꽃을 보러 가야겠다는 생각을 한다.

이른 봄날이면/ 감감무소식의 사람들이/ 관제엽서처럼 날아드는 곳/ 뱃길 말고는 이정표가 없는/ 종착역을 빠져나오면/ 스치는 사람마다 동백꽃으로 피어나는/ 섬이 있다. (졸시 '오동도' 중에서)

오동도에서 동백꽃 소식이 들려오면 우리 동네 수선집 앞 옹색하게 생긴 목련에는 조등처럼 생긴 서러운 꽃이 대낮에도 불을 밝힌다. 소풍 가는 아이들처럼 개나리 진달래 피면 산수유 소식이 닿는다. 벚꽃 보려면 봄이 더 가까이 와야 한다.

오늘은 동백꽃을 보러 가기에는 틀린 것 같다. 봄을 시샘하는 겨울의 뒤끝이 곱게 물러가지 못하고 마지막 심통을 부리고 있다. 하릴없이 일요일 11시 뉴스를 본다. 아프리카 3개국을 순방 중인 대통령이 알제리를 방문하는 모습이 화면을 가득 채운다. '알제리'라는 나라 이름을 듣는 순간 나는 까맣게 잊고 있었던 사람의 이름이 떠올랐다.

무슈 페레즈! 무슬림의 부모를 따라 프랑스에 정착해 프랑스의 교육을 받은 알제리 사람이다. 사회보장제도가 잘 되어있는 프랑스의 생활이 아무리 편안해도 은퇴하면 고향 알제리로 돌아가 여생을 보내고 싶다고 했다.

여천공업단지에 호남화력발전소를 건설하던 해였다. 프랑스의 알스톰사에서 터빈발전기의 제작과 설치를 위해 많은 프랑스인이 와 있었다.

나는 기본적인 영어 실력 몇 마디를 가지고 그 회사에 취직했다. 모자란 능력을 채우기 위해 밤늦게까지 혼자 남아 텔레타이프로 국제전송문을 보내는 기술부터 익혔다. 그리고 프랑스어를 공부하고 영문 타이핑을 손가락 끝에 불이 나도록 연습했다. 내 속의 가능성을 실험해 보던 당찬 시절이었다. 그러나 수많은 시행착오 끝에 얻어지는 능력엔 한계가 있었다. 그때 서투른 나의 업무를 도와주던 사람이 무슈 페레즈다. 그는 내가 모르는 것에 대해 몇 번을 물어도 친절하게 가르쳐 주었다. 무슬림의 아들답게 모든 일에 철저했지만, 의심도 많았다. 특히 건설현장에서 부딪치는 이방인들을 경계했다. 사람에 대한 것은 애써 내게 물어서 판단하는 것 같았다. 나는 그가 믿는 유일한 한국인이었다.

현장소장인 듀보 씨의 지극한 배려도 지금까지 잊지 못하고 있다. 그것은 내가 만난 어느 누구보다 짧은 시간에 나를 인정하고 믿어 준 사람이었기 때문이다. 나는 세월이 흐를수록 그분들이 큰 나무나 산처럼 내 곁에 늘 살아 있는 것처럼 느끼곤 한다.

현장 일이 끝나고 한국을 떠나면서 그들은 "아듀!"하면서 손만 흔들고 가지 않았다. 프랑스 대사관 상무관실에 새 직장을 마련해 주고도 섭섭했던지 '라퐁텐 우화집'을 내게 안겨 주었다. 나는 몇 차례 거처를 옮기면서 그 책들을 잃어버린 것을 몇 년 전 책 정리를 하면서 알아차렸다. 너무 아쉽고 허전했지만 똑같은 전집을 구할 수가 없었다. 할 수 없이 예전 것과는 사뭇 다른 '라퐁텐 우화집'을 새로 주문해서 머리맡에 두고 조금씩 읽고 있다.

아침마다 자신의 승용차와 운전기사를 보내 내 출근길을 편하게 해준 일도 내게는 그 당시의 큰 호사였다. 회사의 출퇴근 버스가 있는데도 한사코 그런 배려를 아끼지 않은 사람을 나는 그 후로 만나 본 적이 없다. 내 인생의 한 가운데 밝은 색조를 마음껏 칠해 주고 떠난 그분들의 따뜻한 마음과 고집스러운 나를 신뢰해주던 고마운 정이 새삼 눈시울을 뜨겁게 한다. 다시 만나기 어려운 인연인데도 끝까지 친절을 베푼 사람들, 나는 프랑스의 지명만 읽어도 몇 번 다녀온 곳처럼 그립고 가슴이 저려온다.

이렇게 늦게 그들의 안부를 물어도 되는지 모르겠다. 듀보 씨는 그때도 연세가 많았으니까 돌아가셨을 것 같다. 그러나 무슈 페레즈는 어쩌면 그가 소원했던 대로 고향으로 돌아가 여생을 보내고 있을지도 모를 일이다. 그렇다면 한국의 대통령이 알제리를 방문한 기사를 보았을 테고, 보았다면 틀림없이 여수반도에서 만난 당돌한 아가씨를 기억할 것이다.

내 젊은 날의 갈피마다 많은 기쁨과 슬픔이 묻어 있겠지만, 그 가운데서 첫 번째 들춰보고 싶은 갈피는 내가 낯선 이방인들과 건설 현장에서 알아듣는 말보다 못 알아듣는 말이 더 많은 소통으로도 대접을 받던 때인 것 같다.

'오동도'의 뒷부분을 읽으며 꽃샘바람 덕분에 건진 소중한 추억 한 편을 붙잡고 그리움을 달래본다. 그리고 생사도 모르는 무슈 듀보, 무슈 몽타뇽, 그리고 무슈 페레즈에게 내 사색과 짧은 글 한 편으로 안부를 대신한다.

먼 길 돌아와/ 더 이상 탕진할 것도 없는 나는/ 동박새 놀다간 동백나무 가지 끝에/ 탁본한 생을 조등으로 걸어놓고/ 매기지 못하는 선소리 한 마당/ 동박새 울음으로 풀어놓는다 ('오동도' 중에서)

신발에 대한 나의 소견

새벽 기차 타고 서울 가는 날이다. 그런 날이면 옷차림보다 신발을 먼저 생각한다. 구두보다 운동화, 운동화 중에서도 가장 편한 신발을 신는다. 동네 한 바퀴 돌고 올 것처럼 가볍게 집을 나선다. 어둠이 발에 밟히는 소리가 내 귀에만 들린다. 새벽어둠은 이런 날 아니면 만나기가 어렵다.

5시 6분에 출발하는 KTX는 8시 16분에 서울역에 닿는다. 지방에서 서울로 출퇴근하는 사람들이 대부분이다. 속도에 중독되어 풍경도 보지 못한 무표정한 얼굴들이다. 그러거나 말거나 나는 따뜻한 남쪽 나라 사람, 스치는 사람과 사물들이 다 낯설어서 반갑다. 화성이나 토성에서 온 것처럼 상점의 유리창에서 내 모습을 잠깐씩 본다. 변덕스러운 날씨 걱정에 심사숙고해서 입고 온 옷도 우스꽝스럽고, 애써 골라 신은 운동화도 초면처럼 생뚱맞다.

다시 어깨를 펴고 지하철 4호선을 탄다. 여섯 정거장쯤 가면 혜화역이다. 혜화역이 있는 대학로 부근은 어머니가 살아 계실 때 우리 집이 있었고, 내 청춘의 한 시점이 머물던 곳이다. 십 년 전에 선고받은 병명 때문에 혈액검사를 받으러 병원에 가는 데도 고향에 온 듯 마음이 포근하다. 서울 사람들보다 걸음이 빠르다. 또 이 신발의 덕을 보는 셈이다. 작년에 동생이 사준 신발이다. 신발 없이 걷는 것처럼 가볍고 발바닥이 편해서 서울도 가고 미국도 함께 다녀왔다. 이런 유의 신발을 신어보는 것이 처음은 아니다. 언젠가 내 친구 경자가 신은 날렵한 운동화를 보고 탐을 내었던 것 같다. 며칠 후에 내게 똑같은 신발을 건네주었다. 불시에 선물을 받고, 신기도 전에 갈 곳부터 정하기에 바빴다. 멋하고는 거리가 멀지만 이렇게 오래, 그리고 단단히 길들어진 신발은 처음이다.

나는 일 년에 한 번 대학병원의 암 병동에서 담당 의사로부터 혈액 검사의 결과를 듣고 온다. 작년보다 혈소판 수치도 떨어지고 헤모글로빈도 줄어들었다. 의사는 이웃집 사람처럼 친근한 어투로 "이만하면 그대로 괜찮으니 내년에 또 봐요."라고만 했다. 작년에도 같은 말을 들은 것 같다.

내 나이를 생각하면 이만한 상태도 감사할 일이다. 병원의 내리막길을 천천히 음미하며 걸어도 시간은 넉넉했다. 지하철 계단도 천천히 밟고 올라간다. 노숙자 두 명이 신발을 신은 채 잠을 자고 있었다. 신발 바닥이 내 눈길을 끌었다. 별로 갈 곳이 없어 보이는 그들의 신발은 내 신발보다 새것이었고, 고급스럽게 보였다. 밖에서 신발을 벗고 들어갈 안이 없으니 신발이 그들의 집처럼 보였다.

술에 취해 한뎃잠을 자는 남자가 신발을 공손히 벗어 놓고 자는 모습을 본 적이 있다. 길섶을 방안으로 착각한 걸 보면 분명히 돌아갈 집이 있는 사람이었다.

비만 오면 신발 속이 미나리꽝 같던 시절이 있었다. 어머니는 밤새 운동화를 연탄불에 말려 아침이면 갠 하늘처럼 마음을 상쾌하게 해 주셨는데, 나는 어머니에게 제대로 된 효도를 해본 적이 없다. 단지 편한 신발을 서너 번 사다 드린 기억이 있다. 미국에 있는 딸을 만나고 돌아오는 길에 사 온 어머니의 신발은 인디언 전통방식 그대로, 하나의 가죽이 발전체를 포근하게 감싸주는 컴포트 워킹 슈즈였다. 마지막으로 사다 드린 신발은 새 신의 면모가 사라지기 전에 현관에 그대로 놓여있었다. 다시는 신지 못할 신발은 어머니가 돌아가신 후 언니가 오래도록 신고 다녔다.

그 당시 우리나라에도 똑같은 모조품 신발이 유행하고 있어서 겉으로 보면 구분이 어려웠다. 두 번이나 식당에서 누군가 내가 얌전히 벗어 놓은 컴포트 워킹 슈즈를 신고 가버린 생각을 하면 지금도 화가 난다. 세탁소에 맡긴 바지가 없어졌을 때보다 훨씬 더 기분이 나빴다.

신발을 바꿔 신으면 몸이 먼저 낯설어하는데 내 신발을 신고 간 사람들은 몇 발자국쯤 가서 그것을 알아챘는지 모르겠다.

그 일 때문은 아니고, 요즘은 특별한 행사에 참석할 때를 빼고는 남편도 나도 운동화를 신는다. 한때는 남편의 구두를 매일 닦아 놓아 하루를 밝혀 주기도 했다. 그때나 지금이나 남편이 벗어 놓은 신발은 한 척의 배 같다는 생각에는 변함이 없다. 벗어둔 신발을 보면 측은한 생각이 든다. 벗어둔 신발은 누구의 것이든 안쓰럽다. 용서와 화해가 쉽지 않은 사람도 벗어둔 신발을 보면 마음이 편치 않다.

우리 집 신발장에는 신발들이 체계 없이 칸칸이 놓여있다. 신발을 보면 내가 걸어온 길들이 보인다. 버린다고 어디 가서 나의 족적에 대해 말도 안 할 텐데, 뒤축이 닳은 것도, 낡은 것도 그대로 둔다. 그러나 가끔 손질은 해서 신발에 대한 예의를 표시한다. 바닥을 사는 평생이지만 신발의 자존심만은 지켜주고 싶다. 남은 내 삶의 무게를 견뎌줄 것이고, 아직 나와 같이 어딘가 갈 데가 있는 신발들이다.

어느 의자의 하소연

겨울로 들어서면 아무렇지도 않은 모습에도 한기를 느낀다. 아파트 앞에 버려진 낡은 의자도 그중 하나다. 다리 하나가 없는 의자여서 볼 때마다 불안하다. 오다가다 마주치다 보니 무생물인 의자가 사람처럼 안쓰러운 생각이 든다. 요즘은 어디가 좀 모자라고 안 돼 보이는 사람이나 물건을 보면 나를 보는 것 같아 애써 외면하려 든다.

찬바람이 걸음을 재게 하는 아침, 웬 압류 딱지 같은 종이가 의자의 이마에 붙어 있다. 잔뜩 화가 난 경비 아저씨의 경고장이다.

"의자 안가져감니다 스티가 붓이시오 경비원 열락망 010-000-000"이라고 적혀 있다. 야멸친 어투에 음절마다 비뚤어진 못이 박혀있다. 수치스러운 모습에 낙인까지 찍힌 의자, 가슴에 'A'라는 주홍글씨를 달고 있는 간음한 여자 같다. 종이가 바람에 나풀거릴 때마다 겨울 풍경이 더 삭막해져 가고 있다.

오늘은 아무래도 의자를 대신해 하소연이라도 해야겠다는 생각이 든다.

-저는 버려진 의자입니다. 제 주인이 이사를 하면서 슬그머니 아파트 화단 옆에 팽개치듯 놓고 갔습니다. 낡았지만 그런대로 쓸 만한데 다리 하나가 없어졌으니 어정쩡한 자세로 기울어져 있습니다.

솔직히 말해 고장 난 물건보다 더 자주 삐걱거리는 것이 사람의 삶이라고 생각합니다. 내 다리 하나가, 삐걱거리는 주인의 삶을 고정시켜 줄 수 있을지 모르겠습니다만 멀쩡한 다리를 뚝 떼어내어 버린다는 것이 토사구팽(兎死狗烹)에 다름 아니라는 생각이 들어 억울하기까지 합니다.

이사를 가면서 그동안 쌓은 정을 생각해서 다리 하나를 이삿짐 속에 쑤셔 넣었을 턱은 없습니다. 제가 그렇게 단언하는 것은 주인집 아들 녀석의 무거운 엉덩이 밑에서 익힌 신소설『금수회의록』탓이라고 할까요.

금수회의장에서 연미복을 입은 까마귀가 반포지효(反哺之孝)를 들어 인간의 불효를 규탄할 때 제 기분은 정말 씁쓸했습니다. 시험공부 한답시고 책을 들고 있는 주인집 아들 녀석이 감자 칩을 씹으면서 키득키득 웃고 있었거든요.

파리가 발언권을 얻어 인간들의 간사함을 비판하는 대목에서 저는 파리만도 못한 인간들의 잠자는 콧등을 간질이는 파리의 발가락이 되고 싶었습니다. 종종 인간들의 작태를 보면 기고만장할 때가 많습니다. 한 예로, 기분 좋은 대화는 푹신한 소파나 침대 위에서 저희끼리 희희낙락거리지만 기분 나쁜 일이나 다투는 일은 꼭 저를 깔고 앉아 엉덩이를 들썩거리면서 시작합니다. 서로 옳다고 거품을 물고 상대방의 발언을 짓이기기도 하고 종주먹을 쥐며 으르렁거립니다. 폭발 직전에는 카운트다운도 하지 않고 제 어깨를 잡고 마구 흔들다가 방구석으로 밀어붙이곤 합니다. 그 단단한 시멘트벽에 온몸을 찧고 제가 얼마나 울었는지 모릅니다.

저의 일생이 덧없다는 생각은 시들어가는 국화가 서리를 맞고 있는 아파트 화단 옆에서 며칠 동안 방치되면서 더해 가고 있습니다.

제 다리만 떼어가지 않았으면 누가 벌써 저를 데려갔을 겁니다. 베란다에 놓고 해바라기 하기도 좋고 빨래 건조대 옆에서 바구니를 놓아두기에도 안성맞춤이니까요. 나뭇잎만 앉아도 의자는 행복하고 온기가 생깁니다.

그런데 저는 이제 의자가 아닙니다. 의자의 구실을 하는 것은 누군가가 앉을 수 있고 쉴 수 있을 때 의자로서의 기쁨과 보람이 있습니다. 지친 몸과 마음을 제게 내려놓을 때나 그리운 사람을 기다릴 때 저는 그 사람의 척추와 다리가 되고 마음이 되기도 합니다.

의자는 시간과 공간을 다 품을 수 있는 우주의 마음을 가진 사람이 고안해 낸 걸작이라고, 저는 늘 제가 의자인 것을 자랑스러워했습니다.

역사를 거슬러 뒤적거려보면 옛날 의자의 대부분은 성직자와 군주가 사용했던 귀한 물건이었다고 합니다. 그런 의자의 속성을 물려받은 제가 농땡이나 부리는 학생 녀석과 그 가족들을 위해 참고 견뎌왔습니다. 함께 지내다 보면 생물이나 무생물이나 정이 드는 것은 정한 이치라 합니다. 사람이 죽으면 그 사람이 쓰던 물건을 보며 눈물을 흘립니다. 물건이 사람을 생각나게 하고 온갖 추억의 길로 인도합니다.

머지않아 한파가 들이닥친다고 합니다. 혹시 직장에서 쫓겨났거나 가족에게서 버림받은 사람이 제 모습을 본다면 이 겨울이 더 추워질 것 같습니다.

그러니 이것저것 따지지 마시고 누구든 저를 얼른 데려가 새벽 어시장의 모닥불 속에라도 던져 주셨으면 좋겠습니다. 좋은 나무로 만들어진 남은 다리 세 개가 제법 따뜻한 불꽃을 피워 줄 것입니다─.

그러고 보니, 이 세상에 의자 아닌 것이 없어 보인다. 꽃이 앉아 있는 꽃받침도, 햇살이 머물다 가는 산등성이도 세상의 의자들이다. 새들이 앉아서 촐싹거리는 나뭇가지는 유난히 너그러운 의자의 모습이다. 나도 누군가의 의자가 되어 그 따스함으로 살아왔을 것이다. 때로 흔들려서 아무도 기댈 수도 쉴 수도 없는 의자였을 때 내가 그렇게 쓸쓸하고 외로웠던 모양이다.

비누 냄새

매일 비누를 쓰면서도 비누 냄새가 그리울 때가 있다. 그것은 부르주아적 냄새여서 낯설고 차갑지만, 먼 나라에서 불어오는 미지의 숨결처럼 부드럽기도 했다. 소설가 강신재의 『젊은 느티나무』에 나오는 첫 문장에 "그에게서는 언제나 비누 냄새가 난다"라는 구절을 부적처럼 새기고 다니던 고교 시절을 생각한다. 소설 속 주인공처럼 공부도 잘하고 운동도 잘하는 대학생이 아닌 빡빡머리 고등학생, 그에게서도 늘 비누 냄새가 났다. 나와 내 친구들은 비누 냄새 따위에 소설의 여주인공처럼 설렘을 갖지는 않았다. 가난이 아무렇지도 않은 것처럼 세련된 냄새나 겉모습에 관심이 없었다. 기껏해야 하굣길에 소년의 집 앞을 그냥 지나치지 않고 안을 엿보며 키득거리는 정도였다. 수돗가에서 웃통을 벗고 머리를 감고 있는 모습을 훔쳐보는 것만으로도 우리는 유쾌하기 짝이 없었다. 하얀 비누 거품이 머리통보다 크게 부풀어 올라 햇살과 어우러져 무지개 빛깔을 내기도 했다. 그 비누 냄새가 몇십 년이 지난 지금까지 좋은 향기로 혹은 역한 냄새로 변신을 되풀이해가며 나와 동행하는 사이가 될 줄은 몰랐다.

비누 냄새는 거품이 사라진 후에도 오래된 추억을 싣고 오는 향기로운 메신저 역할을 한다. 남루하고 어두운 추억 속에서도 무명 홑청처럼 훌렁 펼쳐보면 이루지 못한 꿈도 색이 바래지 않고 남아 있다. 그 빛 속에 아카시아 길과 벚꽃 나무 그늘과 바다를 지켜보던 나와 내 친구의 기다림이 있다. 우리는 기를 쓰고 영어 회화를 해 보려고 외항선이 나타나기만을 기다렸다. 언덕 위에 있는 학교에서 내려다보는 바다는 알 수 없는 미래처럼 출렁거렸다. 커다란 배가 접안을 못 하고 바다 가운데 섬처럼 멈춰 서있으면, 우리는 부두로 갔다.

그날 우리가 찾아간 외국 선박은 그리스에서 왔다고 했다. 잉여농산물이나 잡화 같은 걸 싣고 여러 나라를 거쳐 왔다고 했다. 우리는 교복을 입은 채로 앉았다 섰다를 반복하며 큰 배에서 물건을 운반하는 전마선을 기다렸다. 마침내 수염이 더부룩한 선장이 우리의 인사를 받아주고, 호기심으로 잔뜩 부푼 마음을 읽은 듯 배 구경을 해도 좋다고 했다. 영어에 무슨 자신이 있어서도 아닌데, 따로 통변도 없이 짧은 의사소통이 이루어진 모양이었다. 나는 이상한 나라의 앨리스가 되어 배의 이곳저곳을 구경하고 신기한 기계들도 만져 보았다. 앨리스의 꿈이 아닌 것은 폴라로이드 사진과 미제 비누 때문이다. 몇십 년이 지난 지금도 내 친구는 그날의 사진을 간직하고 있고, 나는 럭스 비누 냄새를 잊지 않고 있다. 우리가 종선을 타고 돌아올 때 선장은 커다란 보따리 하나씩을 우리에게 안겨주었는데 그것은 전부 비누였다. 내가 니코스 카잔차키스의『그리스인 조르바』를 몇 번이고 읽은 것도, 영어 회화를 어느 정도 구사할 수 있는 것도 그때의 일과 결코 무관하지는 않은 것 같다. 따뜻한 미소와 친절이 아직껏 보지 못한 바다 색깔처럼 가슴을 설레게 한 것일까. 참으로 재미가 없던 시절, 마법사 같은 선장과 한 보따리의 럭스 비누는 집과 학교와 헌 책방과, 비만 오면 질척거리는 거리에서 잠시 나를 풍요의 시간으로 데려가 주었던 문화체험이었다.

잿물에 빨래를 삶던 시절이었지만 유일하게 무궁화 비누가 있었고, 동산유지공업에서 세숫비누로 다이얼비누를 내놓아 청결 문제에 그리 궁색스럽지는 않았다. 그러나 그리스인 선장이 안겨준 비누는 이국의 공기처럼 나를 다른 별자리로 데려가곤 했다.

찰랑거리는 내 단발머리에서 향기로운 비누 냄새가 사라지는 시기였을 것이다. 하굣길에서 스치는 그 남학생의 행색 어디선가 색다른 비누 냄새가 내 코를 자극하기 시작했다. 내 코에 익숙한 비누 냄새보다 더 은은하고 상큼한 냄새였다. 요즘의 샴푸나 향수 같은 복잡한 향이 없었다. 오염된 공기가 없어서 나쁜 냄새 아니면 좋은 냄새가 쉽게 구별되던 때였다. 훗날 알고 보니 일본에서 형님이 가져온 비누였다고 했다.

단순히 비누 냄새 때문은 아니지만, 오랜 시간과 곡절 끝에 그 비누 냄새의 남학생과 나는 부부가 되어 살고 있다. 비누 냄새보다 진한 생활의 냄새에 찌들다 보니 그 옛날 선명하던 비누 냄새가 그리워진다. 그런 날은 조용필의 「단발머리」를 불러본다. "그 소녀 데려간 세월이 미워라."를 후렴처럼 반복해 부르다 보면 금방 흰머리 염색할 날짜에 걸려 목이 잠긴다.

남편의 직업은 건어물 중매인이다. 아무리 좋은 비누로 씻고 출근을 해도 집으로 올 때는 비린 냄새를 달고 온다. 젊었을 때는 아무렇지도 않고 고소하던 냄새가 요즘은 역겨울 때가 있다. 하지만 비린 냄새가 많이 날수록, 나는 살맛 나는 나이가 되었다. 비누 냄새보다 실속 있는 냄새를 바다의 향기로 받아들일 만큼 영악해졌다.

그러나 소년에게서 풍기던 비누 냄새와 그리스인 선장의 선물 보따리에서 쏟아지던 비누 냄새는 지금도 때 묻지 않은 처녀성을 부여하는 청량제 역할을 하고 있다.

감나무를 베끼다

감 익는 계절이 왔습니다. 아이들의 눈망울 같은 풋감이 푸른 잎사귀 사이에서 뛰쳐나와 어느새 주먹만큼 자랐습니다. 자연의 순리에 또박또박 대답을 하는 성실한 감나무를 오래 쳐다봅니다. 바람결에 잎사귀가 뒤집히는 미세한 소리는 귀에 들리지 않습니다. 눈으로만 볼 수 있는 관음(觀音)의 영역입니다. 이 모두가 감을 살찌우기 위한 감나무의 따뜻한 몸짓으로 보입니다. 옛 시인 묵객들은 시엽제시(柿葉題詩)라 하여 말린 감잎에 시를 써서 주고받았다고 합니다. 지필묵이 흔한 요즘은 종이 한 장에도 마음을 담아 보내는 여유가 없어졌습니다. 가끔은 속도와는 무관하게 시간을 보내고 싶은 생각이 간절합니다.

심상치 않은 긴 여름을 밀치고 정녕 가을이 왔나 봅니다. 더위에 맥이 빠져버린 뒷날은 추석이었습니다. 서정주 님의 시에서처럼, '휘영청 달이 밝아 뒷산의 노루들은 좋아서 울고, 대숲에 올빼미는 덩달아 웃고 달님도 소리 내어 깔깔거리고 웃는다'라는 추석이었습니다. 그날 아침 선뜻한 이마의 감촉에, "아, 가을이네!" "가을, 맞지?" 서로에게 묻고 확인까지 했습니다. 호된 더위에 놀란 가슴이 아직 가라앉기도 전이었습니다.

여름의 더위가 마치 제 탓이나 된 듯 고개를 숙인 해바라기의 까칠한 모습 곁에서 생기발랄한 코스모스가 바람에 출렁거립니다. 참 대조적인 풍경을 바라보며 강물 같은 시간의 흐름을 감지합니다.

신풍 애양원 동네 입구에서 감나무를 만났습니다. 탐스럽게 익기 시작하는 감들이 가지가 찢어질 듯 매달려 있었습니다. 애양원은 애초에 한센병

환자들의 정착촌이었습니다. 동네 사람들은 병을 앓던 흔적이 아직 남아 있기 때문에 사람들의 시선을 달가워하지 않습니다. 병원 앞에는 보기에 안쓰러울 정도로 뒤틀리고 울퉁불퉁한 모과나무 한 그루가 서 있습니다. 솟대도 아니고 나무장승도 아닌데 마을을 지키는 수호신처럼 보입니다. 봄에 갔더니 죽은 줄 알았던 그 나무에서 싹이 나고 줄기와 잎사귀가 무성해져 놀라움을 금치 못했습니다.

애양원 사람들도 상하고 곪아 터진 삶 위에 꽃을 피웁니다. 실하고 탐스러운 각종 농작물과 건강한 가축들을 보면 금방 알 수 있습니다. 게다가 가을이면 집집마다 감이 익어 불을 밝힌 듯 환합니다. 소외된 삶을 사는 그들이 감나무 아래서 활짝 웃었으면 좋겠습니다.

가을은 우리가 모르는 여러 빛깔들을 데리고 바쁘게 움직입니다. 미쳐 못 익힌 과육을 닦달하고 산과 들에 새로운 기운을 불어넣습니다. 사람들은 맑은 얼굴을 들이대는 쑥부쟁이나 노란 탱자나무 울타리를 그냥 지나치지 못합니다. 가을에만 볼 수 있는 호사로운 풍경이기 때문입니다.

해마다 이맘때가 되면 나는 감 익는 마을로 갑니다. 지리산 아랫동네에도 가고 선암사 길목도 더듬고 다닙니다. 천지사방에 가을 아닌 것이 없습니다. 그중 가을을 가장 가을답게 꾸며주는 것이 감이 익는 모습인 것 같습니다. 감나무 한 그루는 가을을 베끼기에 좋은 서책입니다. 나는 감나무 그늘에서 어린 시절을 보냈습니다. 가을이 깊어질 무렵이면 아버지를 따라 감나무가 많은 큰집에 갔습니다. 감나무 아래 채소밭에서 흙냄새를 맡으며 대추나무를 흔들어 놓기도 하고 떫은 감 맛과 단감 맛으로 나뭇잎을 가려내기도 했습니다.

어느 날 아버지는 아예 감나무 몇 그루를 파다가 우리 집 마당에 심어주셨습니다. 나는 봄부터 작은 병처럼 생긴 감꽃과 단추 같은 감이 굵어지고 익는 것을 보면서 계절이라는 것이 헌 옷과 새 옷의 감촉같이 느껴졌습니다.

아버지는 잘 익은 홍시를 이웃의 노인들께 드렸습니다. 저승길을 밝혀

준다고 하셨습니다. 아버지는 내가 중학교 다닐 때 돌아가셨지만 감 익는 계절이 되면 아버지에 대한 그리움이 소슬바람처럼 가슴을 훑고 지나갑니다.

가을의 이별은 유독 뼈가 시리는 고통이 따릅니다. 감나무에 얽힌 이별에 대한 이야기가 생각납니다. 할아버지와 할머니가 80살이 넘게 사시다가 할머니가 먼저 세상을 떴습니다. 넓은 마당에는 오래된 감나무가 있었는데 할머니가 돌아가시던 그해에는 유난히 감이 많이 열렸습니다. 할머니를 묻고 오신 할아버지가 갑자기 "저 감 때문이야!" 하시더니 감나무를 도끼로 찍어버렸습니다. 남편이 들려준 시할아버지의 감나무 도끼 사건입니다. 남편은 삼국지의 적벽대전 한 장면을 설명하듯 극적인 어투를 사용합니다. 물론 그 속뜻은 이별에 대한 아픔이 독사보다 무섭다는 뜻이라 여겨집니다.

붉은 감으로 빼곡하게 채워진 감나무는 눈으로만 보기에는 참 벅찬 내용입니다. 고운 단풍이나 청명한 하늘과 아우르면 내가 어린 시절 크레파스로 그린 풍경화와 많이 닮아있습니다. 세월이 아무리 흘러도 가을을 대표하는 그림 한 장은 퇴색하지 않고 남아 있습니다.

내 생애의 가을 하나가 저만치 가고 있습니다. 감나무를 베껴 쓴 수필 한 편이 가을을 붙들 수는 없지만, 그냥 보내는 가을보다는 덜 쓸쓸할 것 같다는 생각을 해 봅니다.

말년 일기

2023년 3월 8일

오늘부터 일기를 쓰기로 했다. 중고교 시절에 열심히 썼던 일기장은 언제 어디서 없어졌는지 모르겠다. 말년의 시간, 문득 일기를 써야겠다고 다짐을 하기도 전에 설렘이 앞선다. 잠자던 뇌세포가 깨어나 기지개를 켜는 새벽은 명징한 생각이 들기에 좋은 시간이다.

다른 날보다 한 시간 빨리 일어나 남편과 함께 야채수를 마신다. 작년 4월에 남편이 췌장암 진단을 받고 시작한 영양요법 중 하나가 야채수다.

병원 의사는 바로 입원을 하라고 했다. 항암치료로 혈관으로부터 암을 떼어놓으면 수술이 가능하다고 했다. 수술을 하지 않으면 6개월밖에 살지 못한다고도 했다. 남편이 초등학생 같은 질문을 하니까 교과서 같은 정답을 가르쳐 주었다. 나는 숙연하게 듣고 "잘 알겠습니다. 감사합니다."하고 진료실을 나왔다. 국내에서 명의의 반열에 든 의사의 권고가 징징거리며 발목을 잡았지만, 우리는 열차 시간을 놓칠세라 서둘러 병원을 빠져나왔다. 사흘의 말미를 얻은 것은 잘한 일이었다. 어려운 선택이나 결심을 할 때는 집만큼 편한 곳이 없다는 것을 잘 알기 때문이었다. 속수무책의 하루를 끌고 돌아오는 길이 갈 때보다 멀게 느껴졌다.

'몸 안의 의사가 못 고치는 병은 어떤 명의도 소용이 없고, 먹을거리로 못 낫는 병은 어떤 명약도 듣지 않는다.'라는 말은, 2500년 전에 히포크라테스가 갈파한 자연치유력의 핵심 설명이다. 암 방치 요법으로 편안한 여생을 선택한 남편에게 내가 무슨 책에서 읽어준 말이다. 병마를 응징하는 것보다 함께 늙고 시들어가는 모습이면 어떤가. 생로병사는 누구나 겪고 있는 개별적인 자연현상인 것을.

어제 수배해 둔 트럭이 벌써 냉동 공장 앞에 와 있다고 전화가 왔다. 냉동 공장까지는 10분도 안 걸리는 가까운 곳이다. 가깝지만 나는 애써 바다 쪽으로 운전을 해서 물살의 낯빛을 살핀다. 아침 바다를 옆에 끼고 몇 걸음만 달려도 힘이 생긴다. 나는 바닷가에 살면서 바다가 발산하는 에너지를 흠모하고 즐긴다. 소형 어선들과 멸치 배들도 그 힘을 믿고 출항을 서두르는 아침이다.

남편이 거래처 회사에 실어 보내야 할 멸치 더미들도 네팔 노동자들에 의해 출고를 마친 상태였다. 몇 년 전만 해도 한국 사람들이 하던 고된 일을 외국인 노동자들이 하고 있다. 나는 그들이 열심히 일하고 고향에 돈 부치는 일 말고는 다른 걸 하는 모습을 본 적이 없다.

멸치를 실은 트럭은 충청도 제천까지 무사히 갈 것이다. 그리고 물건을 받은 회사는 아마 크게 만족할 것이다. 며칠 전 경매장에서 물건을 잘 샀다고 내게 큰소리친 남편의 목소리도 트럭을 따라갔으니까.

2023년 3월 13일

오늘도 두말없이 바쁘다. 체력이 달리고 졸음이 쏟아진다. 어젯밤에 잠을 설친 탓이다. 덕분에 지인이 선물로 준 새 책을 반이나 읽었다. 일본의 정신과 의사가 노화의 갈림길에 관해 쓴 내용이어서 밤이 새벽이 되는 줄도 몰랐다. '〈최후의 활동기〉를 어떻게 보내느냐에 따라 노화를 늦출 수 있다!'라는 문장이 잊히지 않는다.

그러나 오늘은 가장 젊고 좋은 날, 맛있는 채소 수프를 만드는 날이다. 채소 수프는 노화나 생활 습관병의 원인인 만성염증을 억제한다고 해서 내가 직접 실행한 지가 몇 달 되었다. 가열한 각종 채소를 믹서에 갈아서 포타주로 만들어 먹는다. 단호박, 양파, 토마토, 양배추, 시금치, 브로콜리 등, 흙과 바람과 햇볕을 먹고 자란 색색의 야채들이 모두 우리 주방의 냄비 속으로 들어간다. 남편의 치병 때문에 식생활이 달라지고 새로운 경험을 한다. 활성산소로부터 몸을 지키는 데는 채소 수프가 으뜸이라는 일본 암예방학회 회장인 마에다 히로시 교수의 저서를 나는 읽고 또 읽는다. 나도 금세 잊어버리는 나이가 되었으니까. 이제 습관이 되어 온전한 내 것이 되는 일상을 나는 끽다끽반(喫茶喫飯)의 경지까지 올려놓고 싶다. "차를 마실 때는 차 그 자체가 되고 밥을 먹을 때는 밥 그 자체가 되라."라는 말이다.

어제는 일요일, 궂은 날씨를 벗 삼아 승주에 사는 친구들을 만나러 갔다. (일기를 쓰지 못해 오늘 몇 자 적어 둔다.) 불규칙한 빗소리를 들으며 선암사 아랫동네까지 가서 목련과 매화를 보고 산채비빔밥을 먹었다. 산채 맛은 없었지만, 조계산 산자락만 보고와도 마음이 편안해졌다. 나는 시를 쓰면서 많은 씨앗을 선암사 근방에서 얻어 왔다. 잘 발아해서 시가 되는 것도 있고, 썩어 없어진 것도 있다. 그중에 '민박집 봄'이라는 시가 있다. 어느 해 민박집 마당에서 만난 목련꽃이 조계산 얼굴보다 커 보여서 부처님의 화신인 줄 알았다. 그 시를 고 송수권 선생께서 자신의 저서 "상상력의 깊이와 시 읽기의 즐거움"에 실어주셨다. 중견 시인들의 빛나는 시들 사이에서 눈치를 보듯 끼어 있다. 그리 당당해 보이지 않아서 나는 잘 열어보지 않는다. 흰 목련꽃이 고봉밥처럼 부풀어 오르고 배고픈 중생들과 극락정토를 대비 감각으로 처리한 이미지를 찾아 주셨다.

다시 목련의 계절이다. 꽃을 보고도 두근거리지 않고 도무지 흥이 나지 않는다. 애써 나이 때문이라고 말하고 싶지는 않다. 내게는 아직 '최후의 활동기'가 남아 있지 않은가. 심장이 마라토너처럼 뛰지는 않지만, 말년의 나를 만나는 시간이 조금은 설렌다. 그리고 남의 일처럼 궁금하다.

곽경자

ds4alh010416203@daum.net

가족으로 산다는 것
고소동은 전쟁 중
내가 살고 싶은 집 2
담장 이야기
종포 앞바다에는
동백꽃의 사생활
여백

제12회 체신부 '전국어머니 편지쓰기' 장려상/ 대한생명 '가족사랑 편지쓰기' 은상, 제9회 동서커피문학상 맥심상, 전남 백일장 시부 차상/ 〈에세이스트〉 신인상(수필 등단), 〈문학저널〉신인상(시) 2018년/ 전남대학교 평생교육원 문예창작과정 8학기 수료/ 금오도에서 펜션 '별밤지기' 운영 중

가족으로 산다는 것

명절만 되면 TV에서는 젊은 주부들 사이에서 명절 증후군 얘기가 나온다. 명절이 되기도 전에 머리가 아프고 몸살이 나는 것 같단다. 기껏해야 일 년에 두서너 번 가는 시댁을 왜 저렇게 가기 싫어할까 생각하다가도 그것은 꼭 젊은 주부들 탓만 할 것이 아니라는 생각도 든다. 식구가 많은 대가족에서는 하루 종일 앉아 볼 시간도 없이 상 차리고 설거지하고 손님 접대하다 보면 얼마나 힘들겠는가 싶다. 요즘 젊은이들은 그저 부모들이 공부 공부하면서 키우다 보니 학교 졸업하면 직장생활 하느라 언제 집안일 한번 제대로 해 보지도 못하고 결혼을 하게 되니 그럴 수밖에 없을 것이다.

명절이 그렇게 싫어서 증후군을 앓는 사람이 있는가 하면 그렇지 않은 가족이 더 많을 것이란 생각도 든다. 그런데 매스컴에서는 명절만 돌아오면 그런 소재로 얘기들을 하니 딱해 보일 때도 있다. '시'자 들어가는 시금치도 안 먹는다느니 하는 말은 좀 심하지 않나 하는 생각도 든다. 오랜만에 만난 가족들이 서로 모여 맛있는 음식 해서 먹으며 즐길 수 있고 일이 부담스러우면 서로 분담해서 하면 좋을 것인데, 남자는 부엌에 들어가면 안 된다는 옛날 말만 믿고 정말 요즈음도 남자들은 부엌에 들어가지 않는지 모르겠다. 무슨 일이든 즐거운 마음으로 일을 하면 힘든 줄도 모르지만 하기 싫어서 하는 일은 몇 배로 더 힘이 드는 법이니 모든 일은 마음먹기에 달리지 않았을까 하는 생각도 해 본다.

생판 모르는 남남끼리 가족이 된다는 것은 그리 쉬운 일은 아닐 것이다. 살아온 환경이 다르다 보니 생각하는 것도 다를 수 있겠지만 모든 문제가 해결될 수 있는 것은 사랑이라고 믿는다. 남편을 사랑하면 사랑하는 남편을 낳아서 길러주신 시부모님이 왜 밉겠는가. 시댁이 그렇게 싫지만은 않을 것이라고 믿는다. 그리고 시어머니도 내 아들을 사랑하는 며느리인데 내 아들을 사랑하는 것만으로도 그저 예쁘고 사랑스러울진대, 내 아들의 마음을 다치지 않으려면 아들에게 줄 사랑을 이제는 며느리에게 줘야 할 것이라는 생각을 해 본다.

나도 며느리가 둘이다. 며느리들과 가족이 된 지도 십여 년이 지났지만 아직까지 우리는 서로 마음 다치는 일은 없었던 것 같다. 이 며느리는 이래서 좋고 저 며느리는 저래서 좋고 그것은 내 아들을 사랑하기 때문이다. 이제는 내 손에서 떠나 며느리들한테 넘어갔으니 내 아들을 사랑해 주는 내 며느리들이 어찌 예쁘지 않을 수 있을까 하는 생각이다. 그 애들도 이 시어미를 그렇게 봐주면 좋겠다는 마음이다. 이제는 정말 가족이 다 되었다. 일 년 내내 산림 하랴 애들 키우랴 손에 물 마를 날이 없이 살다가 시댁에 오면 남이 해주는 밥이 제일 맛있다는 우리 주부들 말처럼 남이 해주는 밥 먹으며 하루라도 그렇게 쉬어가게 해주고 싶다, 내가 기운이 떨어지기 전에는 그렇게 해주고 싶은 마음이다. 그래서 몸도 마음도 재충전해서 내 아들을 더 많이 사랑하며 살아 주었으면 하는 바람이다.

안에서 편해야 밖에서 일하는 사람도 편하게 일할 수 있을 것이니 우리 여자들이야말로 가정을 잘 다스리는 것이 사회에 이바지하는 길이라는 생각을 해 본다. 나는 우리 아이들에게 하는 말이 있다. 가정이 편안해야 사회가 편안하고 사회가 편안해야 나라가 편안한 것이라고. 무슨 거창한 구호 같지만 우리 여성들의 힘, 아니 시어머니와 며느리 그리고 딸인 우리 여성들이 아니겠는가 싶다. 한 가족을 이끌어 가는 것이 바로 우리 여자들일 것이다. 그것은 '시'자 들어가는 시금치도 안 먹는 것이 아닌 사랑하는 가족이니까 가족은 곧 사랑으로 이루어져야 한다는 생각이다. 그렇게 서서히 가족이 되어가고 있는 것이니 가족이 되는 묘약은 사랑일 것이다. 서로 보듬으며 사랑하다 보면 사랑의 묘약으로 시금치도 더 많이 먹을 것이라는

생각도 해 본다. 우리 며느리들이 택배의 후기로 달아주는 말,

"어머니 시금치가 너무 맛있어요."

전화기 너머에서 들려오는 목소리다.

고소동은 전쟁 중

백 사십여 계단을 오르내리며 직장에 다니던 때가 있었다. 고소동 꼭대기, 전세 사만 오천 원짜리 방 한 칸에서 쌍둥이 아들 둘과 막내딸 그리고 친정엄마와 우리 부부 이렇게 살았다. 내가 직장을 다녀야 하니 친정엄마가 우리 아이들을 돌보아 주어야 했다. 그때 남편은 건설 회사를 하는 형님을 도와서 객지를 많이 돌아다녀야 했기에 그 좁은 단칸방에서도 살 수 있었다. 아침에 일어나면 장군도가 먼저 아침 인사를 하고 봄이면 돌산공원과 장군도에 눈송이처럼 피어있던 벚꽃도 눈에 선하다. 아이들의 젖을 먹여야 했었기에 백 사십여 계단을 아침에 내려가서 점심때 올라오고 하루에도 몇 번씩을 오르내렸다. 그 계단이 지금은 벽화 골목으로 예쁜 그림들로 채워져 있다. 가난한 사람들이 모여 사는 고소동은 산동네였다. 그래도 인정만큼은 어느 부자 동네 부럽지 않을 정도로 서로의 마음을 알아주는 마음의 부자들이 살고 있었다. 하루 벌어 하루 먹고사는 처지들이었지만 그 산동네에서는 웃음이 끊이질 않았다. 서로를 아껴 주는 마음들이 깊었다. 우리도 마찬가지였다. 남편이 형님 일을 그만두고 개인회사에 나가게 되었다. 하지만 그 시절은 모두 경제가 어려워 개인회사는 몇 개월씩 월급이 밀리는 것이 예사였다. 그래서 너도나도 가난을 어깨에 지고 살았다. 어떤 이들은 가난한 시절을 이야기할 때 눈물을 흘리는데 우리에겐 가난은 했지만 참 행복한 기억들이 많은 시절이었다. 젊음이 있어 두렵지 않고 마냥 행복했다. 아이들 커가는 모습을 보면 밥 안 먹어도 배부르다는 말이 실감 날 정도였다, 고소동 사람들은 누구 하나 잘사는 사람이 없었다. 그렇게 살아낸 고소동 사람들이다. 그래도 지금은 그곳에 터를 잡고 집 한 칸씩이라도 가지고 살고 있다. 자식들은 거의 타지에 나가서 살고 있고 허리가 휘도록 살아낸 세월 속에 남은 것이라고는 바다가 내려다보이는 산동네 집 한 채뿐이다. 지금은 전망 좋다는 곳이다. 그들은 지금도 집 한 칸뿐 노후를 걱정할 겨를도 없이 몸은 어느새 노구가 되어있고 노후 대비 하나 해 놓지 않은 사람들이 아마도 대부분이었을 것이다.

그런데 지금은 고소동 일대가 전쟁 중이다. 전망 좋은 곳에 새 건물이 들어서고 카페가 생기고 벽화 골목이 생겨서 주말이면 젊은이들이 찾는 활기찬 동네가 되어가고 있다. 겨우 몇천만 원 하던 집값이 부르는 것이 가격이고 모두가 억 소리 나는 집이 되었다. 집을 팔아 몇억을 손에 쥐고 고소동을 떠나는 사람도 많다. 그렇게 전망 좋다는 그곳, 그런데도 그때는 그 전망을 누려볼 마음의 여유들이 없었을 것이다. 아침저녁 종종걸음으로 계단을 오르내리다 보면 언제 그 전망 한 번 누려보았으랴 싶다. 그래도 그때 고생하며 살던 세월이 헛되지는 않았구나 하는 생각이 든다. 집값이 오르고 나니 부모님의 어깨에도 힘이 좀 들어가지 않았을까 하는 생각이 든다. 지나온 시절을 생각하면 그토록 가난하게 살았던 고소동 시절이 제일 많이 생각나면서 입가에 미소가 번진다.

가난은 불편할 뿐이지 부끄러운 것은 아니라는 말이 있듯이 정말이지 가난은 조금 불편할 뿐이었다. 젊음이 있어 이겨낼 수 있었기에 더 소중하게 기억되는 것이다.

지금은 밤이면 별천지가 되어있는 고소동에서 가끔은 차 한 잔의 여유를 부리면서 여수 밤바다를 내려다본다. 참 아름다운 곳에서 우리의 젊음을 보냈구나 하는 생각을 하면 그때의 추억들이 영화처럼 스쳐 간다. 고소동은 나에게 참 많은 추억을 안겨준 아름다운 곳으로 남아 있다.

내가 살고 싶은 집 2

십여 년 전 우리 내외는 명절이 되면 역귀성객이 되었다. 손주 녀석들이 고만고만해서 아이들을 데리고 오고 가는 것을 마음 졸이며 기다리는 것보다 우리가 올라가는 것이 마음 편할 것 같아서 아이들과 상의한 끝에 우리가 올라가기로 했다.

어느 해 설날에도 우리는 명절을 보내고 나서 근교에 나들이를 나섰다. 아이들이 살고 있는 곳에서 그리 멀지 않은 곳의 다산 정약용 선생님의 생가를 가보기로 했다. 정약용 선생님 하면 목민심서가 생각난다, 너무 감명 깊게 읽었던 책이라서 그분의 생가를 꼭 한번 가보고 싶었다. 남양주에 있는 조그만 산자락에 자리 잡은 아담한 동네에 넓은 집터를 가지고 있었지만 집은 자그마한 안채와 사랑채가 적당한 간격으로 있었다. 우리는 안채를 구경하고 사랑채를 둘러보았다. 조그만 한옥에 손님을 접대할 때 이용 했던 사랑채였다. 앞뒤에는 똑같은 한옥 문이 두 짝씩 정갈하게 한지를 바르고 서 있었다. 겨울인데도 마루에는 겨울 햇살이 따스하게 내려와 앉아 있었다. 나는 크지도 않은 그 집이 너무 마음에 들었다. 그래서 남편의 손을 끌고 이다음 이런 집 하나 지어 달라고 농담 삼아 말했다. 남편도 내 농담을 받아서 손가락까지 걸잔다. 우리는 한바탕 웃고 말았다. 양지바른 곳에 그런 한옥 하나 지어놓고 마당에는 우리가 먹을 수 있는 채소와 들꽃을 심어 놓고 봄이면 햇살 바른 마루에 앉아 봄나물을 다듬는 내 모습을 상상해 보았다. 우리 손주들이 오면 마음껏 뛰어놀 수 있는 그런 집을 꿈꾸고 있었다.

이 좁은 도시에서 손바닥만 한 내 공간 안에서만 살다 보니 그런 욕심이 생겼었다.

그런데 그것이 현실이 되었다. 지금 우리 부부는 이 섬 금오도에서 딸아이 내외와 같이 조그만 펜션을 열고 날마다 서투른 농부가 되어 손님들이 좋아할 각종 채소를 심고 꽃을 가꾸며 살아가고 있다. 우리가 길러놓은 채소를 좋아하면서 따 먹는 모습을 보면 우리도 덩달아 뿌듯한 마음이 들어 더 열심이다. 맛있다는 손님들의 말에 김치통이 비워지는 줄도 모른다.

우리가 어디에서 이렇게 좋은 사람들과 인연이 되어 우리가 길러낸 채소를 먹일 수 있을 것이며 내가 하는 음식을 맛있게 먹어주는 사람들이 있겠는가 싶다. 참 좋은 인연을 많이 만들어가고 있다.

우리는 비록 한옥은 아니지만 목조 건물 열 평짜리 집에서 동서 남쪽으로 난 창문을 통해 여름이면 바다에서 뜨는 일출을 볼 수 있는 호사도 누린다. 밤이면 창문으로 비치는 달빛이 초승달에서 보름달까지 나의 친구가 되어 주다가 아침이 되면 서쪽 창에서 환하게 웃고 있다 어쩌다 새벽에 잠이 깨면 새벽하늘 별빛은 또 얼마나 빛나는지, 새벽하늘을 보지 않으면 아무도 모른다. 우리는 이렇게 많은 것을 누리며 살고 있다.

지난번에는 배낭 하나 메고 온 4박 5일의 청년 손님이 있었다. 나는 코로나가 오기 전에는 혼자나 둘인 손님들에게 나도 모르게 밥상을 차리고 있었다. 그래서 그 청년과도 저녁을 같이 먹으며 재미있게 지내다 갔다. 그 청년은 이직을 위해서 생각할 것이 많아서 왔다며 비렁길을 걷고 바닷가를 산책하고 남편이 조금이라도 무거운 것을 들면, 어르신 그러면 안 된다며 무거운 물건을 후끈 들어주기도 했다. 그 청년 떠나고 난 뒤에 청소를 하다 보니 손편지가 든 봉투 하나가 얌전하게 놓여있었다. 우리 부부를 오래도록 잊지 못할 것이라며 감사의 마음이니 받아주시란다. 직접 드리면 절대 받지 않을 것 같아 이렇게 두고 간단다. 아들이 준 용돈이라 생각하란다. 수많은 손님을 맞고 보냈지만 이렇게 얌전한 봉투를 받아 보기는 처음이었다, 마음이라며 한사코 손에 쥐여주는 것을 나는 한 번도 받아 보지 않았다, 그것은 정으로 받아 달라고 했다. 하지만 이 청년은 내 정을 몰랐나 보다. 다음에 꼭

온다고 했으니 그땐 정말 따슨밥 한 그릇 먹여야겠다. 그 청년 어디에서 무슨 일을 하든 이 사회에 꼭 필요한 사람이 될 것이라는 생각이다. 착하고 예의 바른 그 청년을 보면 그런 마음이 들었다.

그러고 보니 남편은 손가락 걸며 내게 약속했던 그 약속을 지켜 준 셈이다. 우리는 이른 봄부터 향기 좋은 쑥으로 쑥버무리를 해 먹으며 봄노래를 부르면서 또 손님들이 좋아할 각종 채소 씨앗을 욕심 많게 뿌리고 있다.

담장 이야기

담장 허물기 붐이 일고 있다는 보도를 자주 접한다. 높은 담장을 허물고 정원을 예쁘게 꾸며 지나가는 이웃들의 발걸음을 멈추게 하고, 옆집에 누가 살고 있는지도 모르는 도시의 삭막한 공간들이 서로 열리면서 이웃 간의 정이 새록새록 싹이 튼다고 했다. 맛있는 음식들을 차려 와서 정원에 모여 앉아 나누어 먹는 풍경이 아름답게만 보였다. 높은 담장을 허문 것이 아니라 사람들의 마음의 벽을 먼저 헐어버린 것 같아서 보기에 참 흐뭇하고 좋았다. 이런 시원스러운 개방이 온 나라 안에서 이루어졌으면 하는 바람이다.

이렇게 담을 허물고 나니 오히려 밤손님이 없어졌다고 한다. 높은 담이 있었을 때는 도둑이 그 집 담장만 넘으면 마음 놓고 볼일을 볼 수 있었지만, 담이 없어지고 나니 오히려 도둑질하기가 어려워졌을 법도 하다. 보기에도 시원하고 서로 마음을 열고 살 수 있으니 얼마나 좋은가. 하지만 주택가 골목을 지나다 보면 아직도 어떤 집은 담장 위에다 소름이 끼칠 정도로 날카로운 유리 조각을 촘촘히 박아 놓았는가 하면, 최전방에서나 볼 수 있는 철조망을 쳐놓은 집이 있다. 보기에도 오싹하다. 옛날에 지은 집이어서 그러려니 씁쓸한 마음을 달랜다.

집에서 조금 떨어진 곳에 조그마한 텃밭이 있다. 주말이면 우리 가족은 도시락을 싸 들고 소풍 가는 기분으로 그곳까지 걸어서 간다. 우리 밭에서 멀리 바라다보이는 양지바른 산비탈이 있는데 우리가 밭일을 끝내고 자주 찾는 등산 코스였다. 어느 날부터 그 산자락에 터가 닦이고 있었다. 이른 봄이면 따뜻한 볕을 쪼이며 마른 풀 위에 앉아 바다를 바라보며 쉬어가곤 하던 바로 그 자리였다.

점점 건물의 골조가 모습을 드러냈다. 무슨 건물일까, 괜한 호기심이 생겼다. 요즈음은 조금 예쁜 건물이다 싶으면 무슨 경양식집이거나 찻집, 혹은 가든인 경우가 대부분이다. 그런데 얼마를 지난 뒤에 가보니 그곳에는 아담한 전원주택이 들어서 있었다. 나는 밭에서 건너다보면서 저 집 주인은 참 행복하겠다는 생각이 들었다. 남향인데다 마당이 넓으니 겨울이면 하루 종일 너른 마당에서 따뜻한 햇볕을 쬘 수 있고, 평지보다는 조금 높은 산비탈이어서 전망도 좋을 것 같았다. 굵은 통나무집에 황토벽이어서 정말 아늑하고 운치 있고 따뜻해 보였다. 한번 가서 구경하고 싶었다. 집주인은 어떤 사람일까. 초인종을 누르고 집 구경하러 왔다고 하면 반겨 문을 열어 줄 것만 같은 그런 따뜻한 마음을 가진 사람일 거라는 생각이 들었다.

봄에 그 집이 있는 뒷산에 고사리를 꺾으러 자주 올랐었다. 아직 이른 봄이라 다른 나물은 몰라도 원추리가 돋았을 거라며 언니가 함께 가자고 했다. 그래서 우리 일행은 집 구경도 할 겸 봄나물을 캐러 산비탈을 향해 올랐다. 그런데 그 집에 가까이 다가간 순간 나는 실망하고 말았다. 멀리서 보기에는 그토록 따뜻하게만 보이던 아담한 집이, 담장은 키가 넘을 정도로 높이 솟아 있었고 담장 위의 뾰족한 쇠창살이 우리를 위협하고 있었다.

"아이고, 무서워라. 돈이 얼마나 많길래 저기 해 놓은 것 좀 보소 잉!"

언니는 혀를 끌끌 차기도 했다. 나는 그 집 주인과 얼굴이라도 마주치면 "안녕하세요, 집이 참 예쁘네요."라며 인사라도 한번 하고 싶었는데 전혀 그것이 아니었다. 담장을 허물자는 캠페인이 무색할 정도로 캄캄한 자기만의 성안에 갇혀 있는 집주인이 안쓰럽기까지 하였다. 돈은 많이 가졌는지는 모르겠지만, 마음의 철조망은 아직 걷어내지 못했는가 보다. 그 집 정원에 부풀어 오른 꽃봉오리들이 슬퍼 보였다. 집주인이야 그렇게 위압적인 담장을 쳐서 스스로를 가두었다지만 꽃들이 무슨 죄인가. 저 높은 담을 허물고 문을 활짝 열어 정다운 이웃을 맞아들인다면 아무리 추운 겨울일지라도 따뜻하게 보낼 수 있을 텐데.

종포 앞바다에는

이른 아침 안개가 채 가시지 않은 바다는 그저 평온 그 자체다. 좁은 포구여서인지는 모르지만 해양공원을 끼고 있는 바다는 이른 아침이면 호수인지 바다인지 구분이 되지 않을 정도로 잔잔하기만 하다, 바다도 누가 건드리지만 않으면 그렇게 순 할 수가 없다. 바람이 건드리고 뱃길에 시달리고 그래서 종포 앞바다는 화가 나 있을 때가 있다. 하얀 거품을 물고 선착장을 여지없이 후려갈길 때면 그 파편에 지나가던 사람들이 물세례를 맞기도 한다.

종포 앞바다를 끼고 도는 해양공원에서 바라보는 삶도 다양하다. 이른 아침 우리보다 더 일찍 일어난 갈매기는 벌써 아침을 먹었는지 한가하게 물 위에서 여유를 부린다, 도시 참새들도 어젯밤 관광객들이 흘리고 간 인스턴트 부스러기들로 벌써 식사를 하고 이 나무 저 나무로 짹짹거리면서 놀고 있다.

햇빛이 안개를 걷어낼 즈음 작은 어선들이 한 척 두 척 꼬리를 물고 공원 앞 선착장에 정박한다. 이른 아침 파도를 가르며 들어오는 작은 어선들은 부부가 같이 타고 있는 배가 많다. 옛날에는 여자는 고깃배 근처에도 가지 못했다. 여자가 고깃배에 오르면 재수가 없어 고기가 잡히지 않는다는 속설이 있다. 지금은 어느 어선이든 들어오는 배를 보면 아내는 잡은 고기를 선별하는지 열심히 손을 놀리고 있다. 그런 모습은 아침마다 보는 풍경이지만 왠지 마음이 따뜻해 오는 것을 느낀다. 저렇게 서로 언 손을 비벼주면서 부부애는 더욱 애틋하게 깊어질 터이다. 선착장에 도착한 배에서 살아서

펄떡거리는 생선들을 뭍으로 옮길 때면 밖으로 튀쳐나오는 생선들을 어부의 아내는 연신 대야에 집어넣는다. 나는 왜 그 작은 어선에서 같이 일하는 부부를 보면 그렇게 마음이 애잔해지는지 모르겠다. 오늘 팔고 남은 몇 마리의 생선으로 그들의 아침 식탁은 행복할 것이다. 어부의 아내는 비린내 나는 옷을 벗고 아이들을 깨우고 아이들의 준비물을 챙기고 우리와 똑같은 주부의 일상으로 돌아갈 것이다.

종포 앞바다는 한 달이면 한두 번씩은 중선배가 정박한다. 중선에선 이른 아침부터 생선이 가득한 상자들을 컨베이어로 하역하여 대형 트럭에 옮기는 작업을 한다. 그런 날이면 내가 그 배 주인인 양 마음이 뿌듯해져 온다. 검게 그을린 바다 사나이들의 모습은 생생한 삶의 현장이다. 생선 상자들은 대형 짐차에 하나 가득 채워진다.

하역을 마친 중선배가 며칠 동안 정박해 있는 것을 보고 있노라면 선원들이 가족들과 오붓한 시간을 보내고 있는 광경이 그려진다.

어느 날 아침, 그날도 안개가 자욱한 종포 앞바다를 깨우는 노랫가락이 흐르고 있었다. 누가 이렇게 이른 아침부터 동네 사람들 잠을 다 깨우나 하는 생각을 하며 둘러보니 중선배들이 하나둘 출항을 하고 있었다. 그중 한 척에서 부연 안개 속으로 선원들의 모습이 보였다. 선원들이 나란히 서서 닻을 올리는 모습이 영화의 한 장면 같이 내 마음을 움직인다. 그 배에서 흘러나오는 애달픈 노랫가락이 안개 속에서 닻을 올리는 선원들의 모습과 아우러지자 괜스레 울컥하며 콧등이 시렸다. 누가 부르는 노래인지는 모르지만 나는 "그대 두고 떠나는 이 마음 사랑 사랑 내 사랑"이 뱃사나이들의 마음을 안고 선미가 장군도를 휘돌아 안개 속에 묻힐 때까지 바라보았다. 누가 보면 떠나고 있는 저 배 선원의 아내일 것이란 착각을 할 정도로 내 눈에서는 눈물이 흐르고 있었다. 나는 누가 볼세라 얼른 발길을 돌렸다. 단지 유행가 하나로 내 마음이 그렇게 움직였다고는 생각하지 않는다. 안개와 선원들이 닻을 올리는 풍경과 심금을 울리는 그날의 노랫가락이 영화의 한 장면 같이 내 마음에 남아 있다.

수없이 들어오고 나가는 고깃배들을 보았지만, 그날 아침처럼 그런 감정을 가져 본 것은 그날이 처음이었으니 이 어인 심사인지 알다가도 모를 일이다. 내 생애 참 감명 깊게 본 영화의 한 장면이었다.

동백꽃의 사생활

어제는 오랜만에 우리 가족이 동백꽃 마중을 하러 갔습니다. 금오도 비렁길 2코스는 해마다 이맘때 그곳에 가면 빨간 동백꽃이 우리를 반겼습니다. 그런데 올해는 웬일인지 꽃망울조차도 보이지 않았습니다.

무슨 일인지 나는 자연의 섭리를 알지 못합니다. 왜 올해는 꽃을 피우지 않는지 묻지 않았습니다. 그것은 동백꽃의 사생활이니까요. 그래도 내 속내는 동백꽃이 몹시 안쓰러웠습니다. 이번 겨울 모진 한파 때문은 아닌지 싶어서요. 얼마나 힘들었으면 해마다 그렇게 곱게 피워내던 꽃 한 송이를 피워내지 못했을까요. 잎이 새파란 동백나무를 올려다보았습니다. 겉은 저렇게 윤기가 흐르는 잎을 달고 있지만, 꽃을 피워내지 못한 저 동백나무의 마음은 얼마나 쓰라릴까 하고 동백나무의 마음을 헤아려 보았습니다.

우리는 주머니에서 폰을 꺼내 들고 멋진 사진을 찍을 들뜬 마음으로 올라갔지만 없는 동백꽃을 찍지도 못하고 묵묵히 굴등 전망대로 발길을 옮겼습니다. 바다를 바라보다 문득 옆에 서 있는 벗은 몸의 나무들. 이곳에는 겨울이면 하얗게 빈 몸으로 겨울바람을 다 받아내는 소사나무가 많이 있습니다. 동백꽃을 보지 못한 아쉬움을 이 소사나무의 벌거벗은 몸이 달래기라도 하듯 다가왔습니다. 폰에 담은 소사나무의 자태는 비움의 미학이라고 할까요. 가지마다 바람을 달고 움직이는 자태는 겨울이 아니고서는 볼 수 없는 풍경입니다. 빈 몸의 소사나무가 왜 그렇게 아름다운지도 알 것 같습니다, 다 비워서 편안한 자세로 바람 불면 따라 흔들리는 자유로움이 있어 그렇게 아름다운 것은 아닐까요. 소사나무는 그렇게 봄이 올 때까지 편안한 겨울을 보낼 것입니다. 쉬고 싶을 때 쉬는 법을 아는 것이지요.

식물들을 볼 때면 우리는 너무 미약하다는 생각도 해 봅니다. 우리는 좋은 것만 하고 싶고 더 높은 곳을 올려다보며 살고 누가 봐주지 않으면 어떤 일도 하고 싶어 하지 않으며 그렇게 살아가고 있습니다. 내가 어느 자리에 있든 무슨 일을 하든지 남의 눈치 보지 않고 묵묵히 그 자리에서 때 되면 꽃 피우고 열매 맺는 나무들처럼 살고 싶습니다. 겨울에도 켜켜이 푸른 잎을 달고 사는 사철나무들을 부러워하지 않으며 살고 있는 벗은 나무들은 철마다 고운 옷으로 갈아입을 수 있으니 얼마나 마음이 여유로울까요. 가을이 되면 노란 은행잎 앞에서 한 번쯤은 발걸음을 멈추었을 것입니다. 봄이 되면 소사나무 새순을 한 번쯤은 바라보았을 것입니다. 이렇게 사철 다른 옷으로 선물을 하는 자연 앞에 서면 선한 본성을 드러내는 사람이 더 많을 것입니다.

어느 시인의 말처럼 자연 앞에 서면 그 사람의 심성을 알 수 있다고 했습니다, 나는 겨울이면 그늘에 풀 한 포기 살지 못하게 햇볕 한 줌 주지 않는 사철나무보다 빈 몸으로 겨울을 나며 뿌리 아래 작은 풀씨부터 키워내는 그런 나무를 더 좋아합니다. 소사나무 아래는 벌써 잡초들의 새싹들이 빼꼼하게 고개를 내밀고 있습니다. 동백나무 아래는 아직도 겨울이지만 우리는 간섭하지 않을 것입니다. 그래도 동백꽃은 보고 싶습니다.

여백

지난 세월을 뒤돌아보니 참 아득하게만 느껴진다. 많은 세월을 살아왔구나. 그 긴 세월 동안 그래도 열심히 살아왔다는 흔적을 내 손등에서 느낄 수 있다. 이제는 내 인생의 여백도 좀 남기고 살아야겠다는 마음이다. 남은 여백이 내 손등처럼 구겨져 있지 않고 깨끗하게 남았으면 좋겠다는 마음이다.

내 유년을 생각하면 나도 모르게 저절로 행복해지는 이곳 고향에서 살고 있다. 도시의 생활에 길들여진 지금 이곳의 생활은 다소 불편한 점도 있지만 나는 또다시 섬사람이 되어가고 있다.

"다시 돌아가라 하면 나는 못 가네. 굽이굽이 서러워서 나는 못 가네"라는 유행가 가사처럼 나는 내 살아온 인생으로 다시 가라 하면 가지 않을 것이다. 지나온 세월이 굽이굽이 서러워서가 아니라 버리고 싶은 내 삶이 없어서이다. 지난 세월은 모두가 아름다운 것. 하나도 버릴 것이 없다는 말이다.

내가 바느질장이로 살았던 날들. 우리 아이들 키우면서 행복했던 순간들. 아이들이 유치원 원복 입고 입학하던 날은 세상이 다 우리 것처럼 그렇게 환희에 가득 차 있었다. 초등학교 입학하던 날의 그 기쁨. 인생을 살아오면서 그보다 더 행복했던 순간들이 있었던가 싶다. 엄마라서 아빠라서 가져보는 행복. 우리는 그렇게 자식에게서 모든 효도는 다 받았다고 생각한다. 살면서 자식들한테 효자니 불효자니 하는 말은 하지 말아야 할 것이다. 자식을 키우면서 순간순간 행복했던 순간들, 얼마나 많은 효도를 받았는가 생각하면 저절로 마음이 부자가 된다.

아이들이 입시 공부를 할 때면 밤늦은 줄 모르고 야식을 만들면서도 얼마나 행복했는지 모른다. 아무리 바빠도 고등학교 때 저녁 도시락을 나르던 순간은 발걸음이 날아다녔다. 그렇게 우리들은 자식으로 인해 언제나 너무 많은 것을 받으며 살아왔다. 대학에 입학했을 때의 그 기쁨. 세상 어느 것과 바꿀 수 없었다, 처음으로 아이들을 떼어놓고 내려오던 날 서울에서 여수까지 울고 왔던 때 우리 부부는 지금도 그때를 생각하면 행복한 마음이다. 남편은 지금도 그 얘기가 나오면 나를 놀린다. 남들은 아들딸 시집장가보낼 때 운다는데 당신은 학교 보낼 때 왜 그렇게 울었냐고 놀린다, 그러고 보니 나는 우리 아들들 군에 갈 때도 장가갈 때도 그때처럼 절절 하지 않았다. 딸아이 시집보내면 아빠가 운다는데 우리는 그렇지 않았다. 처음 우리 품에서 아들딸을 떼어 놓았을 때의 그 마음을 아는 사람은 다 알 것이다. 가슴이 텅 빈 것 같았으니까 말이다. 언젠가 TV를 보니 나이가 있는 남자들이 엄마와의 추억을 애기하면서 꺼이꺼이 우는 것을 봤다. 남자들도 저렇게 엄마를 그리며 우는구나. 나는 우리 아이들에게 얼마나 많은 추억을 안겨 주었을까. 먼 훗날 나를 추억 하며 저렇게 울 수 있을까 하는 별생각을 다 해보았다. 요즈음은 간혹 며느리들에게 전화할 때 "니 자식만 생각하지 말고 내 아들도 많이 생각해 주라"라고 하면 우리 며느리들 깔깔거리며 어머니 걱정마시란다. 우리 며느리들이 더 고마운 것은 우리 아들들을 많이 사랑한다는 것이다.

우리 딸아이는 간혹 나에게 말한다. 엄마는 어찌 아들딸보다 며느리와 사위를 더 좋아하냐고 한다. 맞는 말이다. 며느리와 사위를 좋아해야만 우리 아들딸이 더 행복해질 수 있으니까 이것이 가족인 것이다. 서로 사랑하며 아끼는 것, 그것이 가족이니까 말이다.

내 인생의 여백이 얼마나 남았을까. 우리 가족의 사랑으로 충전하며 살고 있으니 내 인생의 여백도 조금은 남겨 놓아야겠다. 무엇으로 채울지는 나도 모르지만 말이다.

윤문칠

chil9772@daum.net

37년 만에 찾은 엄마의 표창패

꼬끼오 화음소리

내 나이가 어째서

베레모 친구

사진 한 장의 추억

대봉감나무 70주

손녀가 선물한 목도리

〈현대문예〉(2002년), 〈한국수필〉(2019년) 등단
전)전라남도 민선 교육의원, 전)여수고등학교 교장
여수수필문학회 회장(현)

37년 만에 찾은 엄마의 표창패

새벽녘, 아직은 어둠이 깔려있는 이른 시간. 집 베란다 창가에 앉아 깜깜한 밖을 바라본다. 간밤에 부모님을 만나 어릴 적으로 돌아갔던 꿈을 꾸고선 그 기억을 더듬으며 잠시 생각에 잠겼다. 부모님이 돌아가시고 긴 세월이 흘렀지만, 꿈속에서 그리웠던 부모님을 다시 만나니 생생한 기억이 그리움으로 짙어진다. 어제 자료를 찾기 위해 서재를 정리하다가 우리 어머니 표창 패를 발견하고선 몇 번이고 읽어보다 잠이 들었는데, 그래서였을까? 꿈에서라도 나오셔서 반기시니 지난날의 기억이 빠르게 스쳐 지나간다.

'문귀업'. 우리 어머니 이름이다.

집에서 '문두심'으로 불리기도 했던 가장 아름다운 어머니의 이름! 상패를 들여다보다 어머니 생각에 눈가가 달아오른다. 우리 어머니가 37년 전 받으셨던 표창패의 내용이다.

이 부인(夫人)은 당년(當年) 63세(歲)로 18세(歲)에 우리 파평윤문송정공파(坡平尹門昭靖公波) 34세손(世孫) 상은(相殷)과 결혼(結婚) 하였으나 당시(當時) 가세(家勢)가 빈한(貧寒)하여 삯바느질과 날품팔이로 근검절약(勤儉節約)하여 가산(家産)을 윤택(潤澤) 케 하였고 아들 5형제(兄弟)의 교육(敎育)에 엄격(嚴格)하였을 뿐만 아니라 불행(不幸)히도 조실부모(早失父母)하여 고아(孤兒)가 된 어린 두 4촌(寸) 시 아제를 친자식(親子息)과 다름없이 양육(養育)하여 성혼분가(成婚分家) 시켰으니 더욱 빛나는 업적(業蹟)이라 할 수 있다. 또한 엄자노경(奄慈老境)의 노고(勞姑)를 모신 30여 년(余年)에 구미(口味)에 조

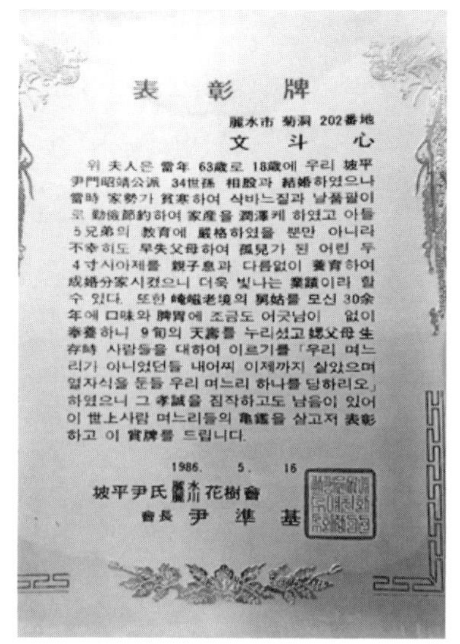
表 彰 牌

麗水市 菊洞 202番地

文 斗 心

위 夫人은 當年 63歲로 18歲에 우리 坡平 尹門昭靖公派 34世孫 相殷과 結婚하였으나 當時 家勢가 貧寒하여 삯바느질과 날품팔이로 勤儉節約하여 家産을 潤澤케 하였고 아들 5兄弟의 敎育에 嚴格하였을 뿐만 아니라 不幸히도 早失父母하여 孤兒가 된 어린 두 4寸시아제를 親子息과 다름없이 養育하여 成婚分家시켰으니 더욱 빛나는 業績이라 할 수 있다. 또한 崎嶇老境의 舅姑를 모신 30余年에 口味와 脾胃에 조금도 어긋남이 없이 奉養하니 9旬의 天壽를 누리셨고 媤父母生存時 사람들을 대하여 이르기를「우리 며느리가 아니었던들 내어찌 이제까지 살았으며 열자식을 둔들 우리 며느리 하나를 당하리오」하였으니 그 孝誠을 짐작하고도 남음이 있어 이 世上사람 며느리들의 龜鑑을 삼고저 表彰하고 이 賞牌를 드립니다.

1986. 5. 16

坡平尹氏麗水麗川花樹會

會長 尹 準 基

금도 어긋남이 없이 봉양(奉養)하니 9순(旬)의 천수(天壽)를 누리셨고 시부모(媤父母) 생존 시(生存時) 사람들을 대하여 이르기를「우리 며느리가 아니었던들 내 어찌 이제까지 살았으며 열 자식을 둔들 우리 며느리 하나를 당하리오」하였으니 그 효성(孝誠)을 짐작하고도 남음이 있어 이 세상(世上) 사람 며느리들의 귀감(龜鑑)을 삼고자 표창(表彰)하고 이 상패(賞牌)를 드립니다.

1986년 5월 16일

37년 전 여수 중앙동의 '순천 식당'에서 종친회 모임을 가졌을 때 가족들이 참석한 가운데 어머니께서는 상패를 받으셨다. 짧은 단발의 파마머리를 하시고 고운 한복을 차려입으셨던 어머니의 모습이 삼삼히 기억난다.

나는 오 형제 중 둘째로 태어났다.

아버지는 농사를 짓는 조부와는 달리 바다에서 고기를 잡아 생계를 유지하는 어선의 어부였다. 어린 시절, 새벽에 소변이 마려워 이부자리에서 빠져나와 방문을 열고 나가다 보면 가끔 하얀 한복 차림에 장독대에 계시는 어머니를 발견하고 놀라곤 했었다. 장독대 앞에 정화수를 떠다 놓고, 곱게 빗은 머리에 단정한 옷차림새로 간절히 무언가를 기원하고 계시던 어머니의 모습! 뱃일 나간 아버지의 무사 귀가와 우리 오 형제를 위해 정성을 들이시던 그 모습이 잊히지 않는다. 아버지는 뱃일로 단단하게 뿌리를 엮어가셨고, 새까맣게 그을린 얼굴은 '물까마귀'라는 별명까지 얻을 정도로 가장으로서의 삶에 책임감이 매우 강인하셨다. 우리 형제에게는 엄격하고 매사에 정확했으며 인자하고 인정이 많아 어려운 이들을 도와주고 베풀 줄 아는 분이셨기에 이 지역에서는 이름 석 자만 들어도 다 아는 뒷모습이 아름다운 분이시다. 시간 날 때마다 밥상머리에 우리 오 형제를 앉혀놓고 항상 윗사람 공경, 형제간 우애를 당부하셨던 아버지의 말씀과 그저 늘 잘할 거라고 응원하셨던 어머니가 있어 세상을 살아가는데 나의 지표가 되었었고, 당신들은 바른 삶의 등대가 되셨다.

장한 어머니상을 받으셨던 우리 어머니! 지금도 너무나 존경하는 우리 아버지!

자식들의 자라는 모습을 보며 모든 것을 헌신하시고, 자식의 잘됨을 바라는 부모님의 정성과 뜻을 받들고 따르려는 우리 형제들은 그렇게 서로에게 눈살 한번 찌푸리지 않는 어린 시절을 보낼 수 있었다. 세월은 흘러 아버지는 1997년 3월 소천하셨고, 2004년 어머니도 소천하셨다. 그 후 형님마저 돌아가시고 보니 나는 우리 집안 장형이 되었다.

서재를 정리하다 발견한 우리 어머니 '엄마의 상패'를 보다 그때 생각에 잠겨 넘실거리던 기억을 여기에 적어본다. 광음이 지나 칠순(七旬)을 넘긴 나이지만 정 많고 인자하셨던 부모님을 생각하니 사랑했노라 외치고 싶다. 고운 모습 그대로 환하게 웃고 계실 우리 어머니의 얼굴을, 창가를 바라보며 마음속으로 그려보고 속으로 되뇌어 본다.

'자랑스러운 아버지! 고우신 어머니 우리 엄마!'

37년 전의 상패가 그리운 부모님을 다시 그리게 한다. 아파트 베란다 창가 틈의 저 바다 끝자락을 바라보며 부를수록 가슴 먹먹해지는 부모님의 이름을 다시 한번 크게 불러본다.

"그리운 아버지 어머니, 사랑합니다!"

꼬끼오 화음 소리

중국 제나라 시절, 식객을 잘 대접하기로 유명했던 맹상군의 '계명구도(鷄鳴狗盜)' 일화는 유명하다. 진나라 소양왕이 맹상군의 인품에 반해 그를 재상으로 삼으려 했지만 신하들의 반대가 거세지며 맹상군의 목숨은 위기에 처했다. 그때 위기를 탈출하는 데 닭 소리를 내는, 하잘것없는 재주라고 여겼던 잔재주를 부린 식객이 "꼬끼오"하고 수탉 소리를 내자, 아침인 된 줄로 착각한 수문장이 관문을 열게 되어 함곡관을 무사히 빠져나와 위기를 넘겼다는 이야기다. 우리가 감각적 표현으로 닭 소리를 흉내 낼 때 암탉은 "꼬꼬댁 꼬꼬", 수탉은 "꼬끼오"라고 표현한다. "갑자기 웬 닭 소리를 이야기하지?" 하겠지만 닭 소리 하면 맹상군을 많이 떠올리나, 필자는 우리 손녀가 생각나 닭 소리에 얽힌 이야기를 해보고자 한다.

지금 초등학교 3학년인 손녀는 5~6세 때부터 짐승의 소리를 흉내 냈는데 성대모사가 달인 수준이다. 중등교직에서 정년을 하다 보니 손녀는 가끔 집으로 와 수학을 배우고 가는데, 가르쳐보면 창의적인 생각이나 행동, 잠재 능력 등이 뛰어남을 느낀다. "윤비야, 네 꿈이 무어냐?"하고 물으면 안과 의사가 되어 책을 볼 때 돋보기를 사용하는 할아버지 눈이 잘 보이게 치료해 준다는 기특한 말을 한다. 그러면서 뭐든지 열심히 노력할 거라는 이야기도 덧붙이고 그 밖에도 꿈이 20가지가 넘는다고 활짝 웃어 젖힌다. 손녀는 창작하고 상상하는 것을 좋아한다. 예능인처럼 재미있고 익살스럽게 이야기하기, 피아노로 곡을 직접 작사 작곡하여 "할아버지, 제목을 붙여

주세요.” 하는 것을 보면 놀랍고 가상하다.

손녀의 특기 중 하나는 짐승의 소리를 성대 모사하는 것이다. 개, 소, 염소. 닭 등의 소리를 똑같이 모사하는데 듣는 이들은 웃음바다가 된다. 이번 명절에 돌산 봉양에 있는 조부의 묘를 찾았을 때 일이다. 건넛마을에서 “꼬끼오” 하고 수탉 울음소리가 났다. 손녀가 익살스럽게 수탉 소리를 흉내 내며 크게 “꼬끼오” 하고 같이 울어대자, 마을의 집집마다 닭들이 서로 “꼬끼오” 하고 울어대고, 손녀도 덩달아 대결을 시작하는 것이 아닌가! 손녀가 한번 울면 건넛마을 닭이 울고, 또 손녀가 울면 닭이 울고. 계속되는 대결은 우리에게 큰 웃음을 주었고 “꼬끼오!” 화음 소리로 같이 간 일행이 기뻐하자 손녀는 흡족한 마음이 들었는지 의기양양했다.

우리 조상들은 닭이 울면 잡귀가 도망간다고 생각했다. 또 중국에서는 닭이 새벽에 울지 않고 한밤중에 울어대면 우환이 있을 것이라고 해 그 닭을 죽이기도 했고, 수탉이 높이 울면 아침 기상 신호로 이용하기도 했다. 해가 뜰 때 닭이 우는 현상을 보고, 닭이 울면 해가 뜬다는 식으로 해석해 시간을 알리는 데 이용하였다. 닭의 울음소리는 어둠을 물리치고 빛을 부르는 소리로 해석되어 닭이 새벽에 우는 게 너무나 자연스럽고, 꼭 그래야만 한다고 생각해 왔다.

지금은 닭 소리의 쓰임새는 거의 사라졌다. 사실 닭은 새벽에만 우는 게 아니라 시시때때로 운다. 닭의 뇌 속에 있는 송과체라는 기관이 닭의 생체리듬을 조절하는 데 빛을 감지하면 예민해진다. 그래서 닭을 키울 때 닭이 울지 못하도록 닭장을 검은 천으로 가려 둔다고 한다. 닭도 밤에 잠을 자다가 동이 트면 깰 뿐이지 새벽에 울어대는 이유는 빛에 민감하기 때문이다.

필자가 화양고 교장으로 재임하던 시절, 교정도 신학기를 맞아 그 어느 때보다 활기가 넘치고 싱그러움으로 가득 차 있었던 조회 시간에 있었던 일이다. 교장실에 예기치 않은 손님 도마뱀이 들어왔다. 도마뱀의 모습이 신기하기도 하고, 그냥 놔두면 다시 나갈 것 같기도 해 잡지 않고 천천히 들여다보는데, 도마뱀이 벽에 딱 붙어 움직이지 않고 숨죽이고 있자 그의 짧은 다리가 눈에 들어왔다. 도마뱀의 짧은 다리는 정말 한계이고 절망일까? 그 절망을 처절하게 인식하며 꿈틀대는 마지막 몸부림이 도마뱀에게 날개를 달아줬다는 시인의 말이 생각났다.

"도마뱀의 짧은 다리가 날개 돋친 도마뱀을 태어나게 한다."라는 구절이 좋아 화양고 학생들에게 그 이야기를 들려주고, 낮에는 자신의 영역에서 분투하다 새날을 열 때쯤 이웃집 수탉의 홰 소리에 뽐내지 않고 "꼬끼오"하며 화응하는 수탉의 미덕을 이야기하며, 절대치로서의 꿈과 화응하는 미덕을 겸비하길 당부했던 일이 있었다. 그리고 인성이 고운 학생으로 성장하여 긍지와 사명감을 가슴 깊이 간직하길 바라면서 우리 학생 모두가 수탉의 미덕이 함께하는 날개 돋친 도마뱀이 되길 소망하였는데, 지금 그 학생들은 어디서 날개를 펼치고 있을지 궁금하다.

올해는 명절에도 코로나19 재확산 방지를 위해 사회적 거리두기가 이어졌고 5인 이상 집합 금지가 시행되었다. 그러다 보니 딸 가족도 서울에 있는 시댁에 인사를 드리러 가지 못했었는데 며칠 전 기회가 되어 사위의 친가가 있는 순창에 오신 부모님께 인사를 드리러 딸 가족이 움직였다. 이번 돌산 산소에서 있었던 손녀의 닭 소리 이야기를 듣고, 손녀의 친할아버지는 손녀를 데리고 마을 한복판으로 데려가 손녀의 수탉 소리 모사를 자랑하게 하였단다. 그랬더니 서너 곳에서 닭의 울음소리가 화답하고, 또 손녀는 다시 뽐내며 닭 소리를 내고, 또 윗마을 아랫마을 닭들이 화답하고 동네 어르신들은 손뼉을 치며 웃고. 높은 관심을 받자 손녀는 우쭐댔다고 한다.

"윤비야! 닭 소리는?" 하면 실감 나게 "꼬끼오"하고 외치고, "소 해봐" 하면 또 실감 나게 "음메~"하고, "사자도, 호랑이도" 주문이 이어질 때마다 실감 나게 동물 소리를 흉내 내며 뽐내는, 우리에게 기쁨을 주는 아이. 손녀의 순수함 덕분에 나도 모르게 미소 짓는 일이 많은 요즘이다.

사랑하는 우리 윤비! 언제나 파이팅 하세요.

내 나이가 어째서

계묘년 새해 아침 희망을 담아 주말에 두 딸(세라, 송) 가족과 동행하여 눈 덮인 덕유산 설경을 감상하기 위해 무주 스키장을 찾았다. 리조트 입구에 들어서니 수려한 자연과 산악지형에 어울리는 오스트리아풍의 건물 모양을 하나하나 눈에 담으니 아이처럼 설레고 기분이 상쾌하다.

이름도 예쁜 '해바라기 동'으로 체크인하는 동안 눈이 소담 내리고 있다. 큰 소리로 기뻐하는 손녀 유나, 윤비, 유주가 창밖 베란다로 나가 손바닥으로 눈을 담으며 천진난만하게 웃는다. 따뜻한 손바닥의 체온에 눈이 녹아 사라지면 조금이라도 더 붙들어 두려고 땅 위를 뛰던 손녀들이 어느새 함박눈이 되어 여기저기 몸을 내려놓는 눈을 보고선 본격적으로 눈놀이를 시작하려고 한다. 춥다고 들어오라는 엄마의 말은 들리지도 않는지 손으로 눈을 담고 또 담는 아이들의 모습이 한층 사랑스럽다.

아직 먼동이 트기 전 산봉우리에 하얗게 쌓인 앞산을 바라보며 흘러간 과거의 시간을 되돌아보고 지난 추억을 생각하며 아침을 맞는다. 간밤의 눈으로 주차장의 차들은 두꺼운 눈옷을 입고 밤새 여기저기 몸을 내려놓은 눈들이 설산을 만들어 놓았다. 사위들은 자동차의 눈을 걷어내느라 바람이 차가운 날에 미끄러운 얼음 위를 조심스럽게 오솔길에 비지땀을 흘린다. 따뜻한 남부지역 바닷가 겨울은 눈이 자주 내리지 않아 모처럼 눈이 내리는 날이면 하늘에서 선물 보따리를 받는 것 같은 마을 축제라도 있는 듯 아이들은 흥분하고 신나 했다. 어릴 적에, 눈이 내리는 날이면 제일 먼저 발자국을 남기겠다고 뛰쳐나갔고 온 동네 아이들과 모여 누가 먼저랄 것도 없이 잘 뭉쳐지지도 않는 적은 양의 눈으로 눈싸움을 했던 기억이 있다.

코로나19 현상으로 사회적 거리 두기를 하다 보니 한동안 여행을 할 수 없었는데 오랜 기다림 후 자유로운 여행이 가능하니 이 또한 감사할 일이다. 마스크를 모두 착용하고 있지만 현재 스키장은 거리두기 없이 생동감 넘치는 장소가 되어있다. 자식들 따라 오랜만에 스키장을 찾고 보니 옛 추억도 뇌리를 스치고 온통 새하얀 눈으로 덮인 설산의 풍경을 추억과 함께 고스란히 담았다. 펑펑 내린 눈 속에 푹 빠져 스키를 타고 내려오는 손주들의 기특한 모습을 눈에 담기 위해 딸이 건네준 아메리카노 커피 한 잔을 테이블에 올려놓고 벤치에 앉아 연신 사랑이 담긴 박수를 치는 아내의 모습이 주변의 시선을 끌고 있다. 꽃샘추위에 서로 몸을 의지하며 앉아 있다가 물끄러미 아내를 바라보며 "우리 스키 한 번 탈까요, 스키 타보고 싶어요?" 하고 물으니 대뜸 아내는 "나이가 몇이오?"하고 되묻는다. "내 나이가 어째서? 내 나이가 어째서 그렇소?"라고 말하면서 주위를 둘러봐도 스키장엔 일흔이 넘은 우리 노부부와 같은 또래는 보이지 않는다.

젊은 시절, 동생 문곤이네 부부를 따라온 가족이 무주에서 강사 없이 스키를 즐겼던 옛 추억들이 생각난다. 그때 오 형제 식구들이 거창에서 무주로 넘어가는 길목에 예상치 못한 폭설로 갑자기 출입이 금지된 상황에서 고개 재를 넘었을 때 스노우 체인이 터져버렸던 그 아찔했던 30년 전 사건은 잊을 수 없는 추억이 되었다. 곤돌라를 타고 설천봉(1,525m)에 내려 향적봉을 오르기 위해 아이젠을 착용하고 정상을 다녀왔던 기억도 생생하다. 젊은이들의 생동감 넘치는 겨울 스키장에서 옛 생각에 젖어보고, 상급자 코스를 누비고 새가 되어 날아다녔던 지난 추억들을 꺼내 본다. 그 시절로 다시 돌아갈 수 없기에 그때의 즐거웠던 느낌만이 고스란히 남아 아름다운 추억이 되는 것이겠지.

중학교 교감으로 근무한 당시(2002년) 전 교직원과 무주 리조트에서 연수했었을 때 선생님들이 새로운 눈 경험이 기쁘다며 내게 감사의 마음을 전해 주었다. 눈 없는 지방에서 눈 덮인 설경을 보며 만물을 바라보았던 선생님들이 겨울철이면 새로움이 가득한 기분에 다시 스키장을 찾고는 했다. 스키장에서 할아버지 할머니가 엄마와 삼촌과 함께 이곳저곳 코스를 누볐던 시절의 이야기를 손녀들에게 들려주니 윤비가 눈이 동그래져서 "할아버지, 할아버지는 스키 선수였어요?"하고 묻는다.

자연이 주는 선물, 산수화 같기도, 수묵화 같기도 한 근사한 병풍을 펼쳐놓은 것같이 아름답고 신비로워 감탄사가 절로 나오는 자연의 풍경을 잊을 수가 없다. 눈이 쉬지 않고 내리고 있는 덕유산은 어느 곳 하나 없이 눈이 내려앉아 온 산을 하얗게 덮는 새롭고 기이한 호기(好奇)가 있다. 눈 오는 날은 흰 눈보다 더 하얀 옛 추억들을 기억해 본다.

이 기회에 나도 마음을 씻어 빨랫줄에 촘촘히 널고 햇볕 좋은 날 뽀송하게 말려볼까? 이 세상 어느 곳이든 그곳이 하얀 솜털 같은 부드러운 눈을 볼 수 있어 감사해야겠다. 행복을 배달하던 바람이 내 마음이 깨끗하다며 잠시 앉아 쉬어갈지도 모르지 않겠나! 흰 세상을 다시 한번 느끼며 하얀 눈 위에서 시간을 보내다 마음속에 쌓인 먼지를 눈밭에 털어놓은 행복한 시간이었다.

-기묘년 2023년 1월 6~7일 재현, 세라, 오흥, 송, 유나, 윤비, 유주(9명)-

베레모 친구

세월이 흘러도 퇴색할 줄 모르는 베레모를 쓴 사진 한 장이 내 마음속에 걸려있다.

오랫동안 미운 정 고운 정 함께하며 실버로 말벗이 되어주고 마음으로 손을 잡아주는 절친한 사나이는 머리숱이 많은데도 항상 베레모를 쓰고 다닌다. 점심때 만나면 꼭 막걸리 한잔만 하세! 맛있어 먹는 것이 아니라 한 사발씩 따라놓고 건배로 홀짝홀짝 마시면서 희망을 전달하는 보약 같은 친구는 사진작가이면서 예식장을 경영했다. 지금은 사업체를 아들에게 물려주고 칠십이 넘은 실버의 나이에도 건강한 몸으로 다방면의 취미를 엮으며 부지런하게 열심히 생활하는 모습이 보기 좋고 여유롭다.

본인이 작사 작곡한 노래를 전국을 무대로, 특히 경로당, 요양병원 등 소외계층을 찾아 트로트 노래 봉사로 값진 시간을 보태는 내 친구의 뒷모습이 아름답기만 하다. 일선에서 물러난 나는 요즘, 바빴던 젊은 날에 못다 한 마지막 우정 쌓기라도 하듯 점심에는 어김없이 함께한다. 운전을 줄이고 있는 나의 발이 되어주는 고마운 친구에게 매년 출간하는 〈여수수필〉 책 한 권을 선물했다. "뭔 책인가? 그래 글을 쓰는 사람이 있으면 읽는 사람도 있어야지, 고맙네. 잘 읽어보겠네" 하며 웃음 짓는 모습이 너무 멋있었다.

"자네 글 한번 써 보소, 작사도 잘하고 감성도 풍부하지 않은가. 글 쓰는 데는 왕도가 없다네, 처음부터 잘 쓰는 사람이 어디 있는가! 쓰다 보면 좋은 글이 나온다네" 하며 글 쓰는 모임에 가입도 권했더니 "내가 글을 쓸 수 있을까" 하며 걱정하는 듯 말했지만 표정은 싫지 않은 것 같았다. 나는 그가 그동안 작사하였던 부분을 시나 수필로 써 보면 좋겠다고 말했다. 평소 작사, 작곡, 노래까지 하는 재능을 가진 친구가 멋있는 자신의 삶과 어진 생각을 글로 보여준다면 참 좋겠다는 내 권유에, 무언가 크게 떠오른 듯

"옳지, 내가 왜 그런 생각을 못 했을까?"

그는 작사한 노랫말의 사연에 깃든 추억들을 생각하며 글을 써 보겠다며 40여 년 긴 역사를 가지고 있는 여수수필 모임에 가입하였고 어언 5권의 동인지 출간에 참여하고 있다.

매달 만나면 인생의 시간도 언제나처럼 흘러가고 정해진 틀 안에서 살아가지만 하루하루가 마지막 날이라는 생각으로 오늘 하루를 소중하게 살아가야 한다며 막걸리 한잔 부딪치며 찬찬찬의 마음으로 좋은 글을 함께 창작하는 친구가 수필가가 된 것이다. 최근엔 실버 일자리 공공근로에 등록하여 예울마루, 장도 미술관에서 일하면서 여가를 이용하여 우울할 때에도 뜨거운 감성으로 글을 쓰는 것이 보람되고 재미있다며 한 권의 책을 출간하겠다는 마음을 갖고 있다.

친구는 낚시광이다. 밤새 낚시로 잡은 고기를 점심때 직접 요리를 하여 사무실에 찾아오는 지인들과 함께 막걸리 한잔의 시간을 보낸다. 저수지에서 낚아온 붕어를 건강원에서 보약 봉지로 둔갑시켜 매년 1박스씩 선물해 주면서 건강하여야 한다며 가슴 뭉클한 고마움을 느끼게 해주는 감사한 친구다.

언젠가 궂은비 내리던 날, 사무실에서 30분 거리인 여수 – 고흥 간 연륙교로 이어지는 '모세의 기적'의 섬 사도 그 청정바다를 끼고 있는, 낭만이 살아있는 낭도 섬으로 달려갔다. 창밖에 내리는 비를 바라보니 바다와 섬을 끼고 달리는 호수 같은 해안의 산세는 아름답기 그지없었다. 해변을 한 바퀴 돌아보며 소박한 서대회 한 접시의 안주가 좋으니 어찌 그냥 지나칠 수 있겠는가. 우리는 '낭도 젓샘 막걸리' 한잔에 젊은 날의 추억들을 떠올리기도 하고 농담을 주고받으며 시시덕거리기도 하였다. 다들 저마다의 애환과 감회에 젖어 시간 가는 줄 몰랐다. 이날 여기에서 얻은 악상으로 '낭도의 아침'이

라는 노랫말을 작사하여 뚝딱 노래를 만들어냈다. 재주가 대단한 친구다.

한잔의 막걸리 같은 내 친구 실버 가수 김정훈! 한번 불러보고 싶다. 금오도의 방풍, 낭도의 젖샘, 개도의 생막걸리 그리고 여수 밤바다 막걸리처럼 깨끗한 물과 아름다운 손맛으로 빚어낸, 지역의 사랑이 담긴 막걸리를 사무실 대형 냉장고에 보관하여 점심때면 한 사발씩 마시던 그 맛을 잊을 수가 없다. 술을 잘 마시는 것은 자랑할 일도 아니고 존경받을 일도 아니다. 그러나 몸이 건강하여 아직도 한 잔씩 막걸리를 마실 수 있는 것도 작은 행복 중 하나다. 오늘도 베레모를 쓴 친구와 함께 먼 길을 돌아온 우리. "위하여!"를 외치며 기분 좋게 막걸리 한 사발 했다. 칠십이 넘었지만 아직도 마음은 언제나 청춘이다.

(2023. 3.)

사진 한 장의 추억

-목넘 포구의 사진 한 장

한가로운 주말 오후 사진첩을 정리하다 우연히 어촌마을에서 생활했던 60여 년 전 내 소년 시절의 목넘 포구의 사진 한 장을 발견하였다. 까까머리 10대의 모습으로 교복을 입은 남학생 모습이 낯설지 않다. 아련한 추억을 불러온 이 사진은 경본(갯가)에서 갯바람 냄새가 가득한 바닷물이 빠지는 어느 봄날, 백옥 앞에서 목넘 해변을 바라보며 귀한 사진기로 찍은 흑백 사진이다.

돌산대교 앞 당머리, 목대, 목넘, 샘기미, 넘너리 이렇게 다섯 포구로 이루어진 어촌마을은 국동어항으로 개발하기 전의 그리운 우리 동네 옛 포구 이름이다. 현재는 도로로 변해버린 목넘 포구의 흔적은 사라졌지만 빛바랜 추억의 사진으로나마 소환하니 이 사진 한 장은 어떤 것보다 값진 보물이 아닐 수가 없다.

구봉산 정상에서 바라보는 국동어항의 풍광은 바다 위에서 떠오르는 붉은 일출과 낙조 시 섬에 걸린 석양이 한 폭의 수채화 같다. 가막만의 은빛 바다 물결이 펼쳐지는 명경지수의 아름다움에 넋을 잃는다. 정상에 비치는 아홉 마리의 거대한 봉황 모형의 암석 아래 산줄기를 타고 내려온 물로 농사를 짓고, 바다에 나가 고기잡이로 어렵게 생계를 유지했던 국동마을이다.

어릴 적 동네 친구들과 내 키보다 큰 옥수수밭을 뛰어다니다가 할아버지의 성화에 소를 몰고 구봉산 등성이에 올라가 풀을 먹이고 저녁때 돌아오곤 했다. 나무 하나 없던 허허벌판의 산 중턱에서 바라보는 시가지와 가막만 일대 바다 위의 크고 작은 보석같이 아름다운 섬이 그때 그 시각 그대로 그려진다. 내가 이곳을 아직도 그리워하고 떠나지 못하는 이유가 모두 여기에 있기 때문일 것이다. 옛 추억을 불러들여 바다 위 돛단배가 지나다니는 모습을 바라보고, 동네 친구들과 미지의 꿈을 키웠던 나의 유년 시절을 떠올린다.

모정의 뱃길로 심금을 울렸던 이 포구의 사진 한 장으로 추억의 페이지를 넘겨본다. 포구 앞바다에 바닷물이 들어오면 팬티 바람으로 수영을 하고 물이 빠지면 경본에서 해삼 하나라도 찾기 위해 바다에 있는 돌을 다 헤치고 다녔던 그때 까까머리 시절! 사진 속 포구에 보이는 초가집들이 철거되기 전까지 우리가 생활했던 그 기억이 고스란히 남아 있다. 국동 포구에는 가막만 해역에서 채취한 새조개를 산처럼 쌓아두고 아낙들이 손질하여 가공 상품을 만들고 일본으로 수출을 했던 포구의 기억도 되살아난다.

구봉산 아래로 조부모가 거주하는 안집이 있었다. 부모님이 계신 목넘 부둣가로 가려면 본동을 걸쳐 꼬불꼬불한 수산대학교 운동장 주변의 옆길 탱자나무 울타리에서 슬레이트 돌담길을 10여 분 걸어 들어가 어선이 정박된 부둣가에 도착했다. 우리 부부가 아이들을 데리고 수년째 걸어 다녔던 추억의 돌담길! 이곳도 최근에 담장 허물기 정책으로 담벼락을 무너뜨리고 시민들의 체육 공간으로 만들어 주민들에게 돌려주었다.

아버지는 어선을 운영하는 선주였다. 어릴 때부터 바다와 생활하다 보니 나는 바다를 좋아한다. 목넘 부둣가에 '상문 상회'란 간판을 걸어두고 어선이 출어한 후 먹을 음식 재료, 물건 등을 판매하는 선구점도 운영했다. 포구를 생각하면 부모님이 생활했던 옛 모습이 한눈에 들어오고 친구들의 포근한 미소가 떠올라 치유되는 느낌이다.

현재 전남대 국동 캠퍼스에서 롯데마트까지 1,120m의 4차선 국동어항단지~신월로 구간 도로가 2000년 실시 설계를 시작으로 착공 16년 만에 개통되면서 목넘 부두는 역사 속으로 사라졌다. 70년 하반기에 매립하여 79년 1월 국동어항으로 개발되면서 목넘 포구의 흔적은 아쉽게도 사라졌다. 포구의 사진을 찾아 바라보니 그때의 그 기억과 감정을 그대로 느낀다.

사진을 찍어주던 그 친구도 기억으로 소환하여 시간여행을 해 본다.

인생은 생과 사 운명의 기로에 놓여있다. 하지만 사는 동안 소중함을 간과하고 '촌음의 여생'을 잊고 살아간다. 필자에게 목넘 포구는 나고 자란 생활의 근거지면서 내 마음의 존재를 의지할 수 있는 곳이다. 까까머리 소년에서 주름 지고 흰머리 무성한 노인이 된 지금도 옛 고향 목넘 포구를 자주 떠올리며 경험한 이야기를 하곤 한다. 공직자로 정년퇴임을 하고 제2의 인생을 준비하는 노년기에 들어선 지 오래다. 나이가 들어 고리타분해져서 그런지 답답함에 빠져있지만 지내는 삶도 참 슬프다는 생각이 들었다. 하지만 추억 속 희로애락을 공유하고 현재를 즐기며 건강하고 아름답게 나이 들어가는 삶을 살아가야겠다는 생각을 자주 한다. 요즘 일상이 되어가는, 부둣가의 '백경선박' 사무실을 들르면 흰머리 주름만 늘어간 나를 반기는 친구들이 있다. 함께 나이 들어가며 소소한 이야깃거리를 나누고 점심 한 끼를 즐기고 돌아갈 때 잊혔던 목넘 포구의 자리를 지나간다. 변화된 장소처럼 나도 세월의 변화를 오롯이 느껴보는 시간에 익어가는 모습으로 옛 목넘 포구를 바라보고 있다.

국동어항 목넘 포구

대봉감나무 70주

오늘따라 짙은 안개가 돌산대교를 가로막고 매서운 해풍이 남해 바다에서 불어오는 싸늘한 아침이다. 요즘 일손 구하기가 어려워 토요일(23. 2. 24)을 잡아 가족 중 두 사위와 막내딸 송이와 같이 조부모 산소가 있는 돌산읍 봉양마을을 찾았다. 마을 중심부에 산 같은 밭(1,500평)에 가족끼리 사랑을 담아 대봉감나무 묘목을 심기 위해 찾아간 것이다. 겨울철에 냉동해 둔 대봉감을 아내가 하나씩 건네주던 그 맛을 잊을 수가 없을 정도로 나는 대봉감을 좋아한다. 수년 전부터 산 주변을 정리하여 과실나무를 심어야겠다는 생각을 했었지만 좋은 시절 다 보내고 칠십이 넘은 이 나이에 그래도 더 늦기 전에 시도해야겠다는 생각이 들었다. 과실나무가 쑥쑥 잘 자라는 모습을 볼 생각뿐만 아니라 작은 소망이었던 일을 할 수 있다는 것이 여간 신이 나는 일이 아닐 수 없다.

전날 두 딸(세라, 송)과 함께 순천의 괴목장에 들러 유명한 황전 한우를 점심으로 포식하고 묘목 단지에 들러 대봉감나무 묘목 70주를 골랐다. 내가 대봉을 좋아하기도 하거니와 내 이름 끝 자에 맞춰 구매한 묘목을 트렁크에 실으니 숙제 하나를 해결한 듯한 기분이 든다. 이제 이 묘목을 어떻게 심어야 할까? 머릿속으로 이리저리 생각하고 있는데 딸이 묻는다.

"아빠! 저 많은 나무를 누구랑 심으실 거예요?"

순간 아차! 혼자 심을 수는 없는데, 같이 가서 심자 하기도 미안한 마음이 들 찰나, 주말이니 애들 아빠랑 함께 하면 될 것 같다고 먼저 말해주니 여간 고맙지가 않았다.

이 작은 묘목이 언제 자라서 어른 나무가 되고 열매를 맺고 숲을 이룰까? 과실나무가 심어질 선산에는 오래된 소나무들이 있다. 순수하고 욕심 없고 정직한 무욕의 삶을 가르쳐 주는 나무, 그곳에 함께 조화를 이룰 묘목을 심어 잎을 틔우며 뿌리를 내려 살 수 있는 땅으로 가꾸어보려 한다. 소나무 사이로 잡목이 우거져 지저분해 보이는 공간을 굴착기를 동원해 마을 사람들과 함께 사흘간 땅을 골랐다. 돌덩이같이 딱딱하여 고생을 많이 했지만 긴 작업으로 천연의 기름진 황토 땅이 되었다. 대봉감나무 묘목을 심기 위해 책을 뒤져보고 인터넷 자료와 심는 방법 등의 동영상을 찾아서 보기 시작하며 조금씩 정원 가꾸기에 빠져들었다.

사위들은 직장에서 뛰어난 능력을 인정받는 인재들이다. 열심히 공부만 해봤을 두 사위가 장인의 부탁에 잘해보겠다며 쌀쌀한 날씨에도 구슬땀을 흘리고 땅을 판다. 삽과 곡괭이 따위 농기구를 한 번도 잡아본 적 없는 사위들이다. 내가 나무 심을 자리를 잡아 표시하면 막냇사위가 괭이로 땅을 파고, 한 사위는 파놓은 땅을 삽질로 흙을 파내 나무를 넣어준다. 파놓은 흙을 나무 위로 봉긋하게 쌓아주면 딸은 두 발로 흙을 다져 한 세트를 끝내는 환상의 호흡을 보였다. 대봉감나무 70그루를 다 심고 나니 꿈을 꾸고 있는 듯 행복해 웃음이 피어난다. 사위들이 열심히 나무 심는 모습을 보니 얼마나 흐뭇하고 고마운지. 이런 나의 마음을 자식들이 알고 있을까?

대봉감나무를 심으면서 "내일 지구의 종말이 오더라도 나는 오늘 한 그루의 사과나무를 심겠다"라는 말을 떠올리며 나도 이곳에 대봉감나무를 심고 미래를 그려봤다. 구슬땀을 닦고 기구를 정리한 후 사위들과 평사리 모장 참옻닭 집에 들렀다. '내가 사위들은 정말 잘 얻었지!' 늦은 오찬에 소주 한잔 기울이며 오늘 서로 장한 일을 했다고 칭찬하며 피로를 풀었다. 뒷날 다들 말은 못 하고 온몸을 파스로 도배했지만 말이다.

이제 나무는 심었고, 물도 주고 거름도 주고 가지치기도, 때로는 수형을 잡아줘야 하는 일이 남았다. 자식을 돌보는 것처럼 세심하게 보살펴 튼실하고 건강한 대봉감나무로 자랄 수 있도록 해야겠다. 3년 후 가을이 되면 대봉감이 열릴 수 있을까? 감이 열렸을 때 형제들과 자녀들이 모여 추억을 회상하며 대봉감나무를 보듬을 수 있는 날들이 그려지니 신이 난다.

바다가 있는 마을에서 태어나고 자랐다. 어린 시절 할아버지는 소 풀 먹이는 일은 나를 많이 시켰다. 형님은 몸이 약하고, 동생은 어리니 항상 내 이름만 불렀던 할아버지! 그 조부모님 산소에 감나무를 심었다. 우리 집 주변 구봉산에는 늘 좋아하는 나무들이 있어 겨울이면 나무를 깎아 썰매를 만들기도 하고 땔감을 장만하기 위해 산에 오르기도 했다. 지금은 상상하기도 힘든 일이지만 산소를 다녀오며 어린 시절을 생각한다. 감나무를 심고 오는 길이 흐뭇하고 행복하다. 나무를 심을 수 있게 땅을 개간할 수 있도록 도와준 아내에게도 감사한 마음이 크다.

조부모님 산소가 있는 산과 밭에 대봉감나무로 새 옷을 입혔다. 꽃이 피고 나비가 날고 열매를 맺고 단풍이 들고 새가 찾아오는 모습을 상상한다. 기다림과 설렘이 오래갈지 모르겠으나 새싹과 새순을 바라보게 될 때 그 속에 가족과 함께 심어 놓은 향기를 함께 찾을 수 있을 것이다. 이 마음 누가 알 수 있을까? 내 곁에 나무와 숲이 있어 더없이 좋다. 실버가 되니 눈이 아물거리며 흐리게 보이는 현상이 나타나 아쉽기도 하나 더 늦지 않게 소망을 이룰 수 있게 도와준 이들에게 고맙고 사랑한다고 전하고 싶다. 때마침 내리는 비에 내 마음을 실어 대봉감나무들에게 전해본다.

–2023년 2월 24일 토요일 (김재현, 권오흥, 윤송과 함께)

대봉 70그루

종말이 오더라도 돌산 봉양 산에
대봉 묘목 70그루를 심기로 했네.
재현, 오흥, 막내 송이, 딸과 같이~~
괴목장에 들러 대봉 묘목으로 옷을 입혔네,
사랑과 정성으로 보듬으며
설레는 가슴으로 대봉감을 기다린다.

손녀가 선물한 목도리

동짓달 초하루는 내 생일이다. 아내의 생일은 내 생일의 3일 전이다 보니 우리는 함께 생일을 기념한다. 올해도 아내와 자녀, 손주들과 테이블에 둘러앉아 생일을 기념했다. 하나의 케이크에 일곱 개의 초를 꽂고 불을 붙이며 '해피 버스데이 투 유'의 생일 축하곡이 불렸다. 생일 촛불을 끌 때 소원을 빌면 성취된다고 했었던가? 단숨에 아내와 함께 촛불을 불어 끈다. 큰딸 내외가 촛불로 운을 떼며, "촛불의 빛이 희미하고 작지만 주변을 환하게 밝히듯 우리 가족의 작은 불빛들이 모여 서로의 희망이 되길 기원합니다." 하며 "아빠, 엄마 건강하세요, 생신 축하드려요"라고 말하자 모두들 큰 박수를 보냈다. 손주들이 편지를 써서 차례로 읽어주고, 노래와 춤으로 생일 파티를 즐겁게 빛내준다. 자식들이 준비해 준 용돈도 많이 받고, 손주들이 정성스레 준비한 선물도 많이 받았다. 기쁜 마음을 어떻게 표현해야 할까? 준비하느라 애쓴 그 마음이 고맙고 흐뭇하다. 아내는 자녀들에게 덕담을 건네고 두 딸이, 수필 신인으로 등단을 하여 문학 가족이 되었다면서 손주들에게 자랑한다.

"애들이 다 당신을 닮았나 봐요" 아내의 칭찬에 어깨가 으쓱하다.

"다들 고마워, 다가오는 새해는 밝아오는 태양처럼 희망찬 한 해가 되길 바란다. 치장하는 앞모습보다 살아온 길을 보여줄 수 있는 아름다운 뒷모습을 지닌 가족이 되길 바라고, 손주들은 학업에 소홀하지 않았으면 한다."라는 준비했던 말도 잊지 않았다. 아들, 사위들과 소주와 맥주를 한두 잔 기울이며 대화의 장을 열었다. 나이 들어감에 인생을 사랑하게 되고 또 나이

들었으니 인생을 더 사랑하게 되었다며 즐거운 식사 자리를 이어간다. 앞에 놓인 술잔에 안주를 집으려다 그만 놓쳐버렸는데 그 순간을 포착한 손녀 윤비가 눈을 동그랗게 뜨며 할아버지는 눈이 좋지 않다면서 “왜 안경을 안 쓰세요?”하고 물어온다. 내가 눈이 잘 안 보여서 안주를 놓쳤다고 생각했는지, 요즘 안경에 관심이 많은 척척박사 윤비가 할아버지의 노안이 걱정되어서였을까? 의문이 든 부분을 질문한다. 40년 가까이 교직에 근무하고 퇴임하여 글을 많이 쓰다 보니 눈이 나빠졌다고 말해주면서 교직에 있을 때 재미있었던 추억 속 이야기를 꺼내 주었더니 손주들이 웃음바다가 되었다. 손주들이 할아버지 할머니의 날이라며 기분을 맞춰 주고 분위기를 고조시키며 노래방을 예약해 장기를 보이고 기쁨을 선물한다.

“할아버지 차례예요.”

마이크를 넘기는 우리 규리가 그저 귀엽기만 하다.

“할아버지 18번 ‘낭만에 대하여’ 시작합니다.”

한 곡조 분위기를 살리고 임채무의 ‘사랑과 진실’에 이어 ‘타고 있는 촛불입니다’로 끝을 맺었다. 규리의 박수 유도로 갈채가 쏟아진다. 내 둘째 딸의 딸인 우리 손녀 규리는 일곱 살에 여수 MBC 예능 프로그램 ‘한솥밥’에 출연하며 큰 인기를 누렸었다. 재롱이 어찌나 귀여운지 이곳저곳 자랑하고 다녔던 우리 규리가 대학생이 된 것도 기특한데 용돈을 모아 산 자주색 목도리를 내 목에 걸어주며 “할아버지 생신 축하드려요, 건강하세요.”하고 깜짝 선물로 축하해 주니 기분이 묘하고 뭉클하다.

올겨울은 매서운 한파가 지속되었고 추운 영하의 날씨가 계속되었다. 규리가 선물한 따뜻한 목도리를 항상 두르고 겨울을 보내면서 은근슬쩍 친구들에게 자랑도 하고 뽐내었다. 우리 손녀 규리는 정과 유머가 참 많은 아이다. 어릴 적에는 재미있는 말과 귀여운 행동으로 활력을 주더니, 지금은 귀찮을 만도 한데 할아버지 할머니 보고 싶다며 안부 전화도 자주 해주는 착하고 기특한 아이다. 나는 가끔 규리를 ‘귀리’라고 부른다. 귀엽기도 하고 놀려주고 싶어 부르는데 싫은 티 내지 않고 다 받아주는 꾸밈없는 아이!

우리 규리 덕분에 따뜻한 겨울이다. 목에 걸친 목도리를 보면 딸들은 "아빠는 이 목도리가 정말 잘 어울린다."라고 칭찬한다. 그럴 때마다 규리 덕분에 올겨울은 따뜻하게 지낸다고 자랑을 하게 되고 외출하며 목도리를 착용할 때면 나도 모르게 생일 때 모인 가족들의 모습이 떠오른다. 손주들의 편지가 나의 피로해소제가 되어 두고두고 또 읽게 되고, 그때 그대로의 즐거운 분위기가 펼쳐진다.

저녁 시간, 아내와 함께 앉아 둘만의 이야기가 이어질 때면 자연스레 캥거루 주머니를 떠난 자녀들은 없고 노부부만 남았구나 하는 순간들이 스친다. 좋은 추억들을 만들고 싶어 자녀들과 함께 많은 여행을 다녔다고 생각했지만 착하고 예쁜 딸들, 손주들이 더 많은 추억과 행복을 만들어주고 있으니 큰 재산이 아닐 수 없다.

어릴 때 아버지께서 형제간 우애 있게 지내야 한다는 말씀을 자주 해주셨다. 나도 항상 자녀들에게 우애 있게 지내라는 이야기를 한다. 서로가 기쁨과 희망이 되어 아끼고 이끌어주는 관계가 되길 소망하며 하는 말이지만 어른의 잔소리가 될 수도 있겠다. 드러나는 마음이 쑥스럽기도 하지만 사랑하는 우리 가족에게 마음을 실어 보낼 수 있다면 무엇 하나 버릴 것 없는 고맙고 빛나는 자녀들에게 인생의 소중함을 전하고 싶다. 함께하는 시간을 많이 보내고픈 소망도 곁들이면서 말이다.

추운 겨울 날씨, 손녀 규리가 선물한 목도리를 두르며 아내와 일과를 시작한다. 아직 넣어두긴 이르지만 지나가는 말로 "목도리 내년에 또 써야 하니까 잘 세탁해서 잘 보관해 주게"라고 부탁했다. 아내가 빙그레 웃으며 "우리 규리가 할아버지께 큰 선물했네? 용돈 좀 보냈어요." 하며 좋아한다. 손녀가 선물한 목도리로 기쁨을 둘러본다.

"규리야, 덕분에 따뜻하고 행복한 겨울이구나!"

이선덕

dltjsejr@naver.com

길을 가다

서울 나들이

아버지

어느 봄날

어머니의 엿기름

흔적

제비꽃

한려대학교 산업디자인학과 졸업, 전남대학교 대학원 수료(조형미술과)
〈꽃과 여인〉 외 개인전 및 초대작가전 다수, 〈순천미술대전〉 공예부문 특선, 〈대한민국서예대전〉 〈남농미술대전〉 등 서양화 특선 다수. 〈한국문인협회〉 주최 백일장 입상 등 수상 다수/ 〈스토리문학〉(시), 〈현대수필〉로 등단(수필)/ 문예창작지도사, 시 낭송가, 터치미술 학원 운영

길을 가다가

올봄은 나에게 괴로운 날들이 많았다. 늑골이 골절되어 한참을 집안에서 생활해야만 했다. 움직이는 것이 쉽지 않으니 혼자 짜증 내는 날이 많아 몸도 마음도 거칠어져 외출을 삼가고 있었는데 오늘은 오랜만에 날씨가 화창하다. 어디론가 나서고 싶어져 여유롭게 옷을 입고 나서 본다.

그러나 여유롭다는 단어로 규정짓기에는 처연한 구석이 없지 않은 한가함이다. 언제나 바쁘게 살다 보니 늘 시간에 쫓기는 사람처럼 뛰는 것이 습관이 되어버린 터라, 종일 어슬렁거리고 싶을 때가 있다. 시간에 구애받지 않고 그저 발걸음이 흘러가는 쪽으로 가보는 것이다. 난 기꺼이 인파 속에 휩쓸려 걷기를 결정했다. 이런 식의 어슬렁거림이 때때로 삶에 강한 활기를 부여해 주기도 한다. 축제가 한창인 종화동 거리는 그야말로 인산인해를 이루고 있었다. 아마도 외지에서 진달래 축재를 보러 온 사람이 많은 것 같았다.

사람과 사람 사이를 걷는다. 사람들로 빽빽한 휴일의 거리는 재바르지 못해도 나름의 이유를 가진 존재들이 서로 엉키어 한 덩어리가 되어 흘러간다. 걷고 있으니 분명 공간이동은 되고 있지만 전후좌우로 엉켜진 사람들은 시간이 한참 지나도 변화가 없다. 흘러가는 물길에 섞여버린 이물질처럼 무리에 갇혀 다른 이보다 빨리 나아가지도 뒤처져 걷기도 힘든 상황이다. 나 역시 그들과 같은 속도로 걸을 수밖에 없다. 나라는 존재도 인파 속의 미물이 되어 흔적조차 느끼기 어려워진다. 작은 개체들이 '인파'라고 규정된 하나의 우주 속에 구속된 형상이다. 그 안에서 나는 '정체성의 위기'를 경험한다. 걷고 있으나 멈춰 있는 것과 다름없기 때문이다. 내 의지와는 무관하게 떠밀리듯 조금씩 흘러가기 때문이다. 내 의지는 어느결에 말살되고 속도와 방향은 내가 선택할 수 있는 성질의 한계를 넘어선다. 문득 살아가는 것도 이와 다르지 않음을 절실히 깨닫는다.

삶에서 내가 선택할 수 있는 부분이 그다지 많지 않을 것이라는 가정을 한다. 내가 인파 속에서 공간이동만 가능하듯 우리들의 삶 역시 흐르는 시간 혹은 진보적으로 발전해 가는 세계만 있을 뿐 그 틈에서 나는 영원히 정체될 수밖에 없는지도 모른다는 위기감이 엄습해 왔다. 한번 결정된 사회적 위치, 인식은 바뀌기 어렵다. 미미한 위치 변동을 위해 아주 큰 대가를 치러야만 할지도 모른다. 그러다가 정체될지언정 그나마 무리 속에 섞여 있음에 안도하는 무기력한 결정을 내린다.

나는 오늘 거리에 나와 많은 생각을 한다. 지금까지 바쁘게 살아온 것들이 나를 여기까지 오게 했지만 생각해 보면 바쁘다는 것은 안일한 내 성격 때문이다. 하지만 애써 절망하려 들지는 않는다. 절망하는 존재들로 인해 사회라는 거대한 테두리가 아주 미미하지만 변화한다는 것도 알고 있기 때문이다. 거리의 속도와 방향의 결정에 인파의 한 구성원인 내 의지가 한몫하고 있다는 것을 알기 때문이다. 두렵고 쓸쓸한 시간이지만 희망을 잃지 않기로 다짐한다. 한가한 오후 거리의 시발점에서 무작정 걸어 끝에 닿았다가 그저 발걸음을 돌려 내가 살아가는 이곳으로 돌아왔다.

서울 나들이

겨울 날씨라 이른 새벽은 공기가 매우 차, 온몸을 두꺼운 옷으로 무장을 하고 대문을 나선다. 모처럼의 서울 나들이라서 그런지 약간은 들뜬 기분이다. 찬바람이 매섭게 얼굴을 때린다. 약속 시간은 아직 이르지만, 차에 시동을 걸어 한참 동안 차 안의 온도를 올렸다. 새벽을 뚫고 여수시청 앞에 가니 벌써 관광버스가 기다리고 있다. 찬 공기를 밀치고 차에 오르니 일행이 몇 분밖에 없었다. 기다리고 있어도 함께 갈 친척들이 보이지 않아 의아했지만 안면이 있는 분이 없어 입을 봉하고 앉아 있는데 사촌 동생 내외가 버스에 오르면서 인사를 한다. 반가운 마음으로 맞이하고는 경도 큰오빠가 아직 오시지 않으니 전화 좀 하라고 했더니 못 오신다는 말을 전한다. 순간 머릿속에서 찬바람이 스쳐 간다. 이러면 안 되는데 하면서 차 안을 둘러보니 손님이 너무 적어 아쉬운 생각이 들었다. 이렇게 큰 차에 손님이 너무 적게 오셔 아깝다는 생각이 들면서 한편으로 이런 경사스러운 날 무슨 큰일이 아니면 약간 불편한 사정이 있어도 와 주는 것이 예의가 아닌가 하는 생각에 우리 결혼 문화에 조금은 실망이 들었다.

그러나 모처럼 사촌 여동생도 보고 남동생 내외도 보게 되어 오길 잘했다고 생각했다. 동생 내외가 오신 손님을 위해 약간의 간식을 준비해 기분이 좋았다. 시간이 되니 순조롭게 관광버스는 출발하고 도중에 사돈 내외분도 ㅇㅇ아파트 앞에서 타시고 조용하고 즐거운 분위기로 출발을 했다. 그런데 버스가 순천지방을 지나는데 갑자기 눈이 쏟아지기 시작한다. 겨울 날씨지만 갑자기 내리는 폭설에 관광버스 기사님이 당황하며 걱정을 한다. 버스가 속력을 내지 못하고 거북이걸음을 하기 시작한다. 말없이 운전만 하시던 기사 아저씨께서 제시간에 도착을 못 할 것 같다고 하자, 버스 안에는 걱정과 불안감이 감돌기 시작했다.

나는 불현듯 옛날 생각이 떠올라 불안해진 마음이 진정되지 않았다. 그때도 폭설이 오늘처럼 내렸다. 시삼촌 아들 결혼식 때가 생각난 것이다. 갑자기 폭설이 내려 결혼식장이 있는 서울을 못 가고 천안에서 되돌아온 기억 때문에 더 불안하고 초조했다. 그때는 친척이 35명이나 버스에 타고 신랑 혼주도 함께 타고 있었는데 서울을 가지 못해 결국 시 부모님이 없는 결혼식이 되고 말았다. 훗날 다시 결혼사진을 찍었다는 이야기가 생각났다. 다행스러운 것은, 이번 결혼식은 혼주가 먼저 서울에 갔기에 조금은 안심이 되기는 했다.

마음은 불안하고 걱정이 많았지만, 창밖을 보니 경치가 너무 아름다웠다. 산과 들이 하얀 눈으로 내 마음을 사로잡았다. 눈이 와서 결혼식이 걱정되면서도 하얗게 바뀐 세상을 보니 여수에서 볼 수 없는 풍경이라 좋았다. 그렇게 불안과 초조한 마음이 공존하는 시간이 지나고 천안 가까이 오니 눈발이 점점 줄어들기 시작했다. 창밖은 환해지고. 기사 아저씨도 속력을 내기 시작하니, 버스 안에서는 불안했던 나쁜 기운은 사라지고 기분들이 좋아져 덕담이 오고 간다. 결혼식 날 눈이 내리면 잘산다는 좋은 이야기, 신랑 신부가 다 복이 많다는 등, 기분 좋은 이야기가 오고 갔다.

오늘 결혼식은 친정 사촌동생 큰아들 결혼식이다. 아들이 공부를 잘해 S대를 나왔다는 이야기는 진즉 들었지만, 성년이 되고 나서는 한 번도 보지 못해 몹시 궁금했다.

버스가 무사히 결혼식장 앞에 정시에 도착해서 바쁜 걸음으로 식장에 들어갔다. 식장이 참으로 크고 좋았다. 예식이 시작되어 신랑이 들어서는데 생각보다 조카가 잘생기고 신부도 아주 예뻤다. 들뜬 기분으로 식을 구경하는데 축가를 연주하는 분이 신부 이모라는 사실에 놀랐다. 색소폰을 연주하는 모습이 너무 멋있어 오늘 예식이 기억에 오래 남을 것 같았다. 남동생이

혼주 대표로 인사를 하는데 얼마나 말을 조리 있게 잘하는지 기분이 너무 좋았다. 식장 안에 오신 분들도 많아 오늘 결혼식은 대성공이다.

우리 일행은 식이 끝나고 식당에 가서 음식을 먹으면서 역시 서울은 수준이 높다는 것을 알 것 같았다. 우리 동생이 아들 결혼 시키면서 고생을 많이 한 것 같았다. 모처럼 친척을 만나 즐거운 시간을 보내니 너무 좋았다. 하루 쉬고 큰딸 집에 가고 싶었지만 모처럼 만난 친척과 이런저런 이야기를 나누며 내려오고 싶어 끝까지 동행했다. 나는 애들을 너무 빨리 결혼을 시켜 그때를 다 잊어버린 것 같아 새삼스럽게 지금 결혼을 시킬 애가 있다면 나도 오늘 동생처럼 하고 싶다는 생각이 든다.

오늘 서울 나들이는 대성공이다.

아버지

햇볕이 따스한 봄날 멀리 떠나시고 안 계시는 아버지가 보고 싶어 산에 왔다. 아버지는 정 많은 어머니와 같은 곳에 계신다. 그날은 몹시도 바람이 불었다.

언제나 부지런하시고 정갈한 아버지는 아침 일찍 일어나셔서 가게 문을 여시고 동네 이곳저곳을 대 빗자루를 들고 다니며 청소를 하셨다. 내 집 앞이 깨끗해야 된다시며 우리에게도 청소를 잘해야 한다고 늘 말씀하셨다.

그날도 아버지는 평소와 다름없었는데 어디서 걸려온 전화를 받으시고는 기절하셨다. 놀란 나는 걸려온 전화를 들고 말을 듣다가 소리 내어 울고 말았다. 내 사랑하는 남동생의 비보였다. 내 동생은 부부가 그렇게나 금실 좋게 살아가는 정말 모범 가장이었다. 올케 또한 착하고 예쁜 현모양처였는데 부부가 큰아들 대학 입학식을 보러 서울 갔다 오는 길에 마주 오는 대형 트럭에 사고를 당한 것이다. 졸음운전을 한 트럭에 아무런 말도 남기지 못하고 현장에서 참변을 당한 것이다. 너무나 어이없고 기막힌 사고로 우리 집은 눈물바다가 되고 하루아침에 조카들은 고아가 되었다. 어떠한 말로도 설명이 안 되고 이 세상이 원망스러웠다. 나는 비록 딸이었지만 아버지는 큰딸인 나를 집안의 기둥으로 생각하셨다.

슬픔을 감출 수는 없었지만 실신한 부모님을 두고 울고만 있을 수는 없었다. 사건 수습을 내 남편에게 부탁하고 동생들과 부모님을 위로하고 병원으로 달려갔다. 그런데 강직한 아버지께서 일어나셔서 동생 부부 상례를 주관하시고 불쌍한 조카들을 안으시며 "오늘부터는 할아버지 할머니가 너희들

부모다."라고 말씀하셨다.

그때부터 내 부모님은 조카들의 부모가 되었고 연세가 많으신데도 더 건강하게 가게 일도 하시고 집안일, 조카들 학교 진학 문제, 결혼 문제를 빈틈없이 꾸려나가셨다. 부모가 없는 큰 조카를 대학을 마치게 하고 교회 일을 주관하는 목사로, 사회복지사로 키우시고 아끼고 가꾸던 가게와 집도 처분하시고 큰 손자를 따라 아무 연고도 없는 영광으로 이사를 하셨다. 작은 조카는 외국으로 유학을 보내더니 서울에 아파트를 장만해서 장가도 보내고 하나뿐인 손녀는 여천에 있는 아파트를 장만해 시집을 보내신 우리 아버지, 언제나 존경하고 의지했는데 대쪽 같으시던 작은 거인도 나이 앞에서는 어쩔 수 없으셨는지 담낭 수술을 하신 후에는 건강이 점점 나빠지더니 어느 날부터 병원 신세를 지셨다. 병실에서 여동생하고 큰 소리로 이야기하면 시끄럽다고 하시던 우리 아버지.

큰동생이 사고로 사망한 후에는 마산에 있는 둘째네로, 막둥이 아들 집으로 돌아가면서 몇 달씩 계시더니 결국 와병으로 병원에서 마지막을 보내시고 언제나 의지하며 가장 사랑하는 어머니를 남겨두시고 백 세를 며칠 앞둔 날에 나비가 되어 저 높은 곳으로 훨훨 날아가셨다.

언제나 존경하고 사랑하는 아버지, 보고 싶습니다.

어느 봄날

올봄은 나에게 아픔이 크다. 작은 부주의로 넘어져 갈비뼈가 골절되어 복대를 하고 입원했다가 이른 퇴원을 했다. 아직은 무리하면 안 된다, 가만히 있어야 한다는 주위의 걱정과 충고를 무시한 건 순전히 꽃밭이 궁금해서 견딜 수 없어서였다.

이른 아침 운동을 마치고 밭일을 하는 농부처럼 작업복으로 갈아입고 차를 타고 감도로 가는데 지나갈 때마다 바라보이는 바다는 너무 조용하고 아름다웠다. 운전을 하는 나는 젊은 여인이 된 것처럼 가슴 벅차 콧노래를 부르며 기쁜 마음으로 감도에 도착했다. 나의 꽃밭, 작은 들에는 작년 가을에 심어 놓은 봄배추가 고개를 들고 나를 반긴다. 기분 좋게 배추를 손질해서 지인들에게 나눠 주고 싶어 세 상자를 담고, 심어둔 비트가 작고 못났지만 한 뿌리 캐고, 양배추도 한 포기 뽑고 나니 아직은 허전한 주위가 눈에 들어오기 시작한다.

가뭄이 심해 물도 없는 밭에서 다른 집 샘물을 얻어 어렵게 심어둔 동백이 꽃을 맺어 나를 반기며 살갑게 웃어준다. 너무나 고맙고 기뻐 주위의 잡초를 뽑고 돌로 예쁘게 화단을 만들어 바라보니 스스로 대견하다. 작년 여름은 가뭄이 심했다. 꽃을 심어 예쁜 꽃을 빨리 보고 싶고, 더위를 피해가며 옮겨 심은 수국도 움이 하나둘 나오고, 비닐로 덮어 두었던 제라늄도 추위를 이기고 비닐 속에서 새움이 돋아 마음이 놓였다. 길가에서 옮겨온 야생화도 꿋꿋이 살아 나를 반기고, 오일장에서 사다 심은 석류나무, 앵두나무, 자두나무, 돌배나무, 애기사과, 무화과, 살구나무, 그리고 체리, 보리수… 봄을 맞이하여 다들 푸른 물이 오르고 있어 "역시 잘했다"하고 나에게 상을 주며 기분 들떠 있는데, 꽃밭에 있어서는 안 되는 쑥이 움트고 있다.

이른 봄에 나는 쑥은 약이라 했는데 쑥을 뽑아 버리면 쑥국 맛을 음미할 희망이 없고 뽑지 않으면 꽃밭을 망칠 터이니 쉽사리 마음을 정하지 못한다. 쑥은 좀 더 두고 보기로 하고 봄나물을 뽑아 부드러운 잎은 손질해서 비닐봉지에 담고 봄 고들빼기는 아깝지만 뽑아서 돌 위에 쌓아둔다. 밭 가장자리를 따라 심어둔 유채는 벌써 꽃대를 만들어 노랗게 피어나고 있다. 초보 농사꾼이라며 이웃에서 눈여겨보고 있을 테니 유채꽃이 만발하면 좋겠다. 노란 유채꽃이 만발하면 아들 내외도 초대하고 좋아하는 이웃도 불러서 보여주고 싶다. 문창반 문우들도 초대하고 싶고, 매일 아침 만나서 운동하는 언니, 동생도 불러 구경시키고 싶은데 모두들 웃긴다고 할까 봐 내심 부끄럽기도 하다.

감도에 새로운 명소가 되지 않을까, 약간은 가슴 설레고 기대가 된다. 꽃밭으로 올라오는 길도 새로 손보고 유실수도 더 심어 우리 꽃밭을 방문하는 지인들에게 예쁘고 맛있는 과일을 선물로 나눠 주고 싶다. 올해는 호박을 많이 심어서 풋호박을 좋아하는 동생도 나누어 주고 이웃 미장원에 자주 오는 친구에게도 나눠 줘야겠다. 이런저런 생각을 하면 흙덩이를 파고 나무 심는 것이 조금은 힘들지만 기분 좋아지는 것은 어쩔 수 없는 일이다.

어제는 돌산에 사는 동생이 갓 씨를 나눠 줘서 밭을 일구고 화양면 나진에 있는 농협 하나로마트에서 비닐도 사고 이것저것 이름도 모르는 도구를 물어물어 샀다. 그런데 갓을 심기 전에 제초제를 뿌려야 한다기에 망설이고 있다. 우리가 먹을 채소에 농약을 쓰는 것이 어쩐지 불안하다. 생각을 더 하기로 하고 여수 집에 오니 눈앞에 유채 꽃밭이 아른거린다.

결과는 아직 보이지 않지만, 오늘 하루 봄볕만큼 따뜻하고 좋은 날이다.

어머니의 엿기름

겨울 날씨라 바람이 몹시 차고 밖을 나가기 싫은 날이다. 이런 날이면 돌아가신 어머니가 해주시던 식혜가 무척 그리워진다. 부엌 서랍을 구석구석 찾아도 엿기름이 보이지 않아 오늘은 식혜 하는 것을 참아야 된다고 마음은 말을 하지만 자꾸만 생각나는 어머니의 그 맛을 어쩔 수 없었다.

외투를 챙겨 입고 시장을 갔다. 시장에 나왔더니 오늘이 바로 여수 오일장이다. 추운 날씨인데도 시장은 갖가지 채소를 가져 나와 길거리에 내놓고 파시는 시골 할머니, 아주머니들이 많았다. 무를 내놓고 파시는 분, 고추를 큰 비닐봉지에 가득 담아 지나가는 사람들을 쳐다보며 사라고 하시는 분, 고구마, 돼지감자, 파도 내놓고 파시는 분 그런데 내가 찾고 있는 엿기름이 보이지 않아 한참을 찾고 다녔다. 충무동 다리 옆으로 지나가는데 할머니 한 분이 엿기름을 봉지에 담아 놓고 팔고 계셨다 반가운 마음으로 다가앉아 값을 치르려고 하는데 마디가 굵고 주름진 할머니 손등이 눈에 들어왔다. 나는 갑자기 눈시울이 뜨거워져 할머니를 외면한 채 빠르게 계산을 하고 돌아서다가 한참을 멍하니 서 있었다. 돌아가신 어머니 생각에 가슴이 몹시 아팠다.

우리 어머니는 젊어서부터 늙어 돌아가시기 얼마 전까지 여수시 광무동에서 '광무미곡'이란 간판을 걸고 미곡상을 하셨다. 가게에는 쌀. 보리, 콩. 팥, 수수 등 없는 게 없었는데 겨울이 되면 어머니는 꼬박꼬박 엿기름을 만들어 파셨다. 추운 겨울 날씨에도 가게에 엿기름이 떨어지지 않도록 준비하셨다. 지하실에서 보리싹을 틔워 기르셨다. 언 손을 호호 불어가며 찬물에 보리 싹을 씻고 건져 다시 널어 싹을 키우고 씻어서는 상자에 담아 시간을 보내기를 여러 번 하신다. 싹이 다 자라면 무거운 상자를 들고 삼층 옥상까지 옮겨 볕에 말려 그것을 어레미에 친 다음 방앗간에 가서 가루를 만들어 가게에 내놓으셨다.

새로 만들어온 엿기름을 팔기 전, 어머니는 식혜를 해서 아버지에게 제일 먼저 맛을 보이셨다. 그날 밤이면 공부하는 우리 방에는 어머니의 달콤한 식혜 냄새로 가득했다. 내 여동생은 어머니가 만들어주신 식혜를 아주 좋아했는데 요즈음은 겨울이 되면 어디에서 '어머니의 식혜'를 맛볼 수 있을까. 우리 가족은 아마 지금도 겨울이 되면 달콤한 그 시절의 겨울밤을 추억하겠지. 나는 오늘 시장에서 사 온 엿기름으로 식혜를 해서 내일 아침 운동 오신 분들과 같이 정답게 나눠어 먹어야겠다. 여름에는 시원한 미숫가루, 겨울에는 따뜻한 식혜가 입맛에 잘 맞는 것 같은데 요즘엔 어린애들이나 어른들 모두 입맛이 변한 것 같다. 커피에 먼저 손이 가고 콜라나 사이다가 숭늉을 밀어내고 식후 음료로 자리 잡은 것 같다. 건강에도 좋은 식혜를 가까이하면 좋겠다.

오늘처럼 추운 겨울이면 더욱 생각나는 나의 어머니, 나는 어머니의 추억에 언제나 행복합니다.

흔적

햇살이 퍼진 봄날 오후, 차창으로 들어오는 따스함을 몸으로 느끼면서 베레모를 쓰고 한재 사거리를 내려간다. 서교동 로터리를 돌면 내 어릴 적 고향 집이 생각난다. 나에게는 잊을 수 없는 많은 추억이 공존하는 거리다. 내가 태어났고 내 유년을 다 보낸 서교동 거리, 도시계획으로 내가 태어난 집은 헐리고 6차선 큰 길이 생겼지만, 내가 유년을 보내던 그때는 좁은 길에 달구지가 다니고 내 작은 꿈이 샘솟던 곳이다.

봄이면 뒷산에 올라가 보리밭 사이를 헤집고 다니기도 하고, 동네 언니를 따라 냉이와 쑥을 캐며 동요를 불렀다. 행복했던 추억이 잠든 뒷산에는 아파트가 들어서고 활을 쏘던 활터는 자취를 감추고 회관이 들어앉아 있다.

일요일 아침이면 동네 친구들과 공기놀이를 하고 줄넘기를 하던 그 정겹던 골목은 이제 내 머릿속 기억의 동산에만 존재하고 있다. 저녁 무렵이 되며 여기저기에서 아이들을 부르던 어머니들의 정겨운 목소리도 지금은 그리운 메아리가 되어 가슴속에서 멍석을 깔고 있을 뿐이다.

우리 집은 미곡상을 하고 있었다. 그 시절엔 가난한 이웃이 많았다. 잘사는 사람들도 더러 있었지만 가난한 이웃이 많은 동네였다. 이른 아침이면 그날 아침을 지을 쌀을 사기 위해 오시는 동네 아주머니, 외상을 해 달라고 부탁하는 할머니, 보리쌀만 사 가시는 아주머니들로 고단한 하루가 시작되는 가난한 동네였다. 동네 어귀에는 새끼를 꼬아서 여수 뱃머리, 어선이 들어오는 시장에 가져다 파는 동네 아저씨들이 있었다. 벌이가 괜찮다고 하시는 어른들의 이야기를 들은 적이 있었다. 그런 어느 날, 아버지께서 이웃집 아저씨와 같이 새끼 꼬는 기계를 마당에 설치하였다. 그 기계는 정말 신기하게 기계 대롱에 볏짚을 생겨 넣으면 손으로 꼰 것보다 예쁘게 새끼줄이 줄줄이 나오는 것이었다. 나는 기계 앞에서 구경하다가 간간이 떨어져 나오는 짚을 아버지께 주워드리곤 했다.

심부름도 하고 새끼가 나오는 광경이 신기해서 종종 흩어진 볏짚을 주워드리면 아버지께서는 좋아하셨다. 그런데 짚을 줍다가 나는 두 번은 해서는 안 되는 큰 실수를 하였다. 정말 눈 깜짝할 순간, 기계 가까이 가서 흘러내린 짚을 줍다가 내 머리 가마 부근의 머리카락이 짚에 딸려 들어가고 말았다. 순간 손동작이 빠른 아버지께서 기계를 멈춰 큰 사고로는 연결되지 않았다. 어머니는 아버지께 대들면서, 웬 기계를 들여와서 딸 머리카락이 딸려 들어가게 했느냐며 야단을 치고, 아버지는 미안해서 아무 말씀도 못 하시고 나는 아버지께 죄송해서 아프다는 소리를 내지 못했다. 다친 그곳에서 다시는 머리카락이 자라지 않았다. 그때 그 아픔을 겪고 나서는 기계가 무서워 나는 요즘에도 방앗간에 가는 것도 싫어한다. 나는 나이가 들어서도 머리칼이 나지 않는 정수리를 가리기 위해 모자를 즐겨 쓴다. 다른 사람들은 나의 아픈 흔적을 모른 채 모자를 쓴 모습이 멋있다고들 한다.

베레모를 멋지게 쓰고 나의 정든 고향 서교동 거리를 신나게 달려 본다.

제비꽃

4월의 어느 날 풀 속에서 반짝이는 보랏빛 보석을 보았다.

매화, 벚꽃, 목련처럼 잎보다 먼저 피는 봄꽃들을 보다가 초록으로 물들어가는 풀밭에서 제비꽃을 발견하면서부터 봄이 왔음을 새삼스럽게 실감한다. 일요일 오후 꽃가게 앞을 지나다가 나는 발길을 멈추었다. 군자란, 호접란, 양란 사이에 할미꽃, 제비꽃 화분에 눈에 들어왔다. 제비꽃 화분을 사 왔다.

"예쁘다. 이름이 뭐예요?"

오랑캐꽃이라고 한단다. 한참을 나에게 무슨 말을 하려고 머뭇거리는 며느리 눈치를 살피다

"제비꽃이라면 믿겠어?"

고개를 끄떡거리는 며느리에게 "제비꽃이라는 이름이 더 잘 어울리지" 하며 웃어주었다. 삭막한 아파트 공간에 제비꽃 화분 하나가 놓이자 주위가 환해지는 느낌이다.

제비꽃은 진달래와 더불어 우리나라의 대표적인 봄꽃이다. 시골 언덕이나 야산에 피어나는 친근한 꽃이다. 제비가 돌아올 무렵에 피어난다 하여 제비꽃이라는 이름이 붙었다고 한다. 봄이 왔음을 알리는 귀여운 모습 때문에 '병아리꽃'이란 별칭을 갖고 있다. 양식이 떨어진 춘궁기, 오랑캐가 침범할 무렵에 핀다고 하여 '오랑캐꽃'이라는 곱지 않은 이름으로 불려지기도 한다. '제비, 병아리'는 모습만 상상해도 봄이 느껴질 정도로 반갑고 귀여운 감정이 우러나오며 우리 곁으로 다가와 봄을 속삭이는 듯하다. 오랑캐는

'침범, 미개, 야만, 두려움'과 같은 부정적인 관념을 주고 있는데, 우리나라 대표적인 봄꽃의 이름으로 적합한가 하는 의아심이 든다.

새봄이 오면 우리네 식탁에도 햇나물이 오른다. 쑥을 비롯해서 고들빼기, 냉이, 돌나물 등은 나른한 봄날에 입맛을 되살리고 생기를 불어넣어 준다. 이 무렵 제비꽃은 산과 들에 새싹이 돋아나 풀들 속에 보랏빛 꽃을 피우며 산뜻한 반가움으로 다가온다. 언제 피었는지 모르게 제비처럼, 오랑캐의 출몰처럼 풀 속에서 모습을 보이고 있다. 제비꽃이 피어나면 제비가 돌아오고 우리 강산은 새싹과 풀들로 희망이 샘솟는다.

푸른 초원에 피어나는 제비꽃은 산뜻함과 신비로움을 뿜어내며 우리의 눈을 봄의 신비 속에 젖게 만든다. 봄이 오면 산과 들에 지천으로 피어나던 봄꽃들이 언제부터인지 우리 곁에서 모습을 감추어가고 있다. 제비꽃이 피면 돌아오던 제비들도 잘 보이지 않으니 아쉬움이 더한다.

제비꽃은 유용한 약이 되기도 한다. 불면증이나 변비에는 말린 뿌리를 달여서 잠들기 전에 마시면 효험이 있다고 한다. 내가 제비꽃을 사 온 것은 무슨 심사였을까, 아마도 제비꽃을 보면 어릴 적 내 소꿉동무의 모습이 떠오르기 때문이다. 제비꽃은 내 동심의 한가운데 피어난 꽃이요, 소꿉동무의 웃음이 어려 있는 꽃이다. 제비꽃은 나의 추억을 그려주는 꽃이기도 하지만 나이가 들어가면서 나의 삶도 제 몫의 꽃을 피우고 싶다는 생각이 든다.

이희순

pattohsl@daum.net

아버지의 이름
여수의 섬
그 여름의 삽화
만추의 단상
깜짝이야
감생이 몇 마리 다듬었네
한 오백 년 살자 하고

〈한국수필〉 신인상(2007)/ 한국문인협회, 한국수필가협회, 여수수필, 동부수필 회원
한국수필작가회 이사/ 여수시 성인문해교육 강사(2019~2020년), 전라남도 생활공감정책참여단(2019~2023)
저서 『방언사전 여수편』(2004, 어드북스), 『수필도 아닌 것이』(2022, 지식과 감성)
제559돌 한글날 기념 〈토박이말로 된 글쓰기 대회〉 대학, 일반부 최우수상

아버지의 이름

요즘 사과대추가 대세라기에 묘목 열다섯 그루를 들여놓곤 서둘러 구덩이를 팠다.

"형님, 골병만 남는 농사는 무슨… 손 털고 바람이나 쐬러 다니시죠"

면사무소에 거름 신청하러 들렀더니 신수 훤한 후배가 기를 꺾는다.

요즘 시장에 나오는 여러 가지 과수 묘목은 거의 다 접붙인 것이다. 접목법 중에서 가장 많이 쓰이는 깎기접(절접)은, 대목(臺木)의 몸통을 조금 남기고 잘라서 내리 짜갠 다음 미리 준비해 둔 접수(椄穗)를 끼워 넣어 서로의 형성층을 잘 맞춰서 바람이 들지 않도록 비닐 끈으로 단단히 잡매는 방법이다. 몸뚱이를 잃은 대목은 두 번 다시 바깥세상을 볼 수 없다. 대목은 지하에서 나무를 키운 보람을 간직할 수 있겠지만 억울하기도 하겠다. 알아주는 이 하나 없는데 죽자 살자 양육하니 말이다. 대목은 침묵의 희생양이다. 신세 한탄은 고사하고 한 마디 불평도 없다. 접붙인 나무의 이름조차 접수의 품종이다. 대목은 땅속에서 온 힘을 다하여 물과 양분을 빨아들여 줄기와 가지를 양육하지만 그대로 잊힌 존재가 되고 만다.

묏대추나무는 알이 굵고 많이 열리는 우량 대추나무의 대목이다. 개복숭아나무는 맛 좋고 수확량이 많은 복숭아, 자두, 살구나무 따위의 대목으로 쓰인다. 돌배나무는 배나무의 대목으로, 고욤나무는 감나무의 대목으로 이용된다. 탱자나무 뿌리는 유자나무의 뿌리가 되고 찔레나무 뿌리는 장미의 뿌리가 된다. 수박은 호박이나 박의 뿌리에 붙어 탐스러운 열매를 맺는다.

대목으로 생을 마치는 고욤나무, 묏대추나무, 돌복숭아나무, 돌배나무,

찔레나무, 탱자나무는 우리 아버지들의 이름이다. 묏대추나무는 내 아버지의 이름이다. 내가 가시 많은 대추나무인 까닭이다. 대목은 눈에 보이지 않는 아버지들의 희생이다. 사람들은 나무가 보여주는 탐스러운 열매만 바라보며 희희낙락한다. 야생종은 억세서 척박한 땅에서도 잘 자라고 가뭄이나 장마에도 잘 견디며 병해충에도 강하다. 그러나 열매나 꽃이 인간의 탐욕에 차지 않는다. 남귤북지(南橘北枳)가 아니라 희생은 땅속의 대목이 하고 사랑은 땅 위의 나무가 받는다.

의학이 고도로 발전하면 어떤 사람의 목을 다른 사람에게 붙이는 일이 생길지도 모른다. 가령, 회복 불능의 뇌사상태 식물인간의 몸에, 뇌는 말짱하나 오장육부가 망가져 오늘내일하는 사람의 머리를 이식하는 광경을 상상해 본다. 몸은 건강하나 선천적인 무뇌아의 머리 대신 불치병으로 죽어가는 천재의 머리를 이식하는 행위는 용납될 수 있을까. 십중팔구는 반인륜적 범죄행위라며 펄쩍 뛸 터이다. 그런데 사람들은 다수확을 위해, 더 예쁜 꽃을 보기 위해 대목의 머리를 단칼에 잘라내고 접을 붙인다. 깎기접(절접)이다.

아버지는 농사철이 다가오면 양쪽 발에 영락없이 찾아오는 악성 습진 때문에 무논에 들어가지 못하셨다. 그 때문에 나는 초등학교 4학년 시절부터 무논에 들어가 농약을 치고 피를 뽑았다. "욕 봤다"라는 한 마디. 아버지의 그 짧은 말속에는 미안함과 함께 잔잔한 슬픔이 배어있는 것 같았다. 아버지는 배우지 못한 시절을 한탄하셨다. 야학에서조차 공부를 할 수 없어 담장 너머에서 귀동냥으로 겨우 가갸 글을 익혔다고 하셨다. 아버지는 먹을 갈아 작은 붓으로 창호지에 가갸 글을 써서 큰방 바람벽에 붙여놓으셨다. 우리 형제는 그 무학의 아버지한테서 밤마다 가갸를 배웠다. 내 학업의 첫 스승은 바로 아버지였다. 아버지가 두 자짜리 대자로 '가갸거겨'를 차례로 짚어나가시면 형과 나는 입을 맞춰 읽었다. 아버지는 "잘한다, 잘한다." 칭찬하면서도 늘 겸연쩍어하셨다. 아버지는 근동에서 소문난 문어조(文魚條)의 달인인데다 알아주는 상쇠였지만 나는 아버지가 누구에게 자랑하는 걸

본 적도 들은 적도 없다. 아버지가 만든 봉황은 정교하고 아름다워 초례상의 꽃이었지만 아버지는 단 한 번도 사례비를 받지 않으셨다. 나는 아버지가 배코칼로 문어를 오리고 다듬을 때마다 잠을 쫓으며 지켜보았다. 혹시 문어 부스러기라도 나오기를 기다리는 것이다. 내 기대는 번번이 빗나갔다. 아버지는 어쩌다가 한 번씩 그야말로 약으로 쓸 만큼 조그마한 조각을 베어 내 건네주셨다. 문어 다리 한 뼘 잘라낸다고 표가 날 것도 아니련만 아버지는 융통성이라곤 모르는 분이었다.

두 번째 풍을 맞은 아버지에게 닥친 불행은 실어증이었다. 그나마 상대방의 말을 알아들을 수는 있다는 것이 내게는 작은 위안이었다. 오늘 대추나무 묘목의 접목 부위를 잡맨 비닐 끈을 풀어내면서 자꾸 20여 년 전에 돌아가신 아버지 생각이 떠오른 까닭은 아무래도 뿌리로만 남은 대목 때문일 것이다. 이제 땅에 묻히면 땅 위의 줄기와 가지를 위해 묵묵히 희생하면서 결코 자신의 면목을 드러내거나 내세우지 않을 대추나무 대목을 바라본다.

(〈한국수필〉 2023. 2월호)

여수의 섬

남도 여수의 365개 섬은 너울을 미워하지 않으며 바람 소리를 탓하지 않는다. 그러나 섬은 외롭다. 그래, 어쩌면 나도 작은 섬이었을 거야. 겨드랑이에서 날개가 돋칠 일 없는 절해의 고도는 갈매기를 기다리지 않았어.

내게는 『고도를 기다리며』가, 누군가가 외딴섬 고도(孤島)를 기다리는 소설이라 착각했던 시절이 있었다. 고도는 사람일까, 아니면 행복이거나 자유? 어느덧 그들처럼 나이를 먹어버린 나는 문득 절해의 고도 백도가 왈칵 그리워지는 것이었다. 백도는 거문도에서부터 떠들어대며 개구리헤엄을 쳐오는 유람선이 못마땅하다. 거기에 왁자지껄하는 인기척이 뒤섞이면 백도는 짙은 해무를 불러 장막을 드리운다. 적어도 선비 두어 사람쯤은 동승해야 안개를 깨워 준다.

내가 찾아간 날, 백도는 요즘 보기 드문 단장을 하고 구름 한 점 없는 하늘빛을 품은 채 일행을 맞아주었다. 오후의 햇살을 받아 하얗게 빛나는 백도는 고결한 성인의 기품을 보여주고 있었다. 가이드는 마치 자신의 고풍스러운 성채를 자랑하는 영주이기라도 한 양, 뱃머리에 서서 격앙된 음성으로 신바람을 냈다. 주상절리를 이룬 백도의 성곽은 그 기초를 짐작할 수 없을 만큼 검푸른 물속으로 곧게 뻗어 내려가고 있었다. 상백도와 하백도를 비롯한 여러 섬은 천상이 옮겨 온 듯, 부처님도 성모님도 계시고 신선들도 유유자적 유리 바다를 산책하고 있었다.

바위마다 새겨진 온갖 전설을 뒤로하고 나는 상상에 잠겼다. 백두산 천지가 분화할 때에 그곳에 자리 잡고 있었던 영봉의 정기가 백두대간을 따라

태백산에 이르러 정처를 찾다가 호남정맥으로 접어들어 소백산에서 잠시 휴식에 들었다. 이윽고 마음을 정한 백두의 정기는 섬진강 550리 물줄기의 종착을 인도하며 마침내 백운산에 다다랐다. 바다가 앞길을 가로막았다. 백두 영봉의 정기는 홀연히 한 무리 백운으로 화하여 남해의 바닷길을 가늠하더니 곧장 하늘이 안배해놓은 이 바다에 안착했다. 그렇다. 백도는 바로 분화 전 백두산의 영봉이다. 나의 자아는 도취하고 유쾌한 상상은 날개에 즐거움을 실었다.

발품을 팔아 조발도와 둔병도, 낭도와 적금도를 차례로 돌아보고 싶다. 그들이 어떻게 천만년의 이산(離散)을 떨쳐내고 서로의 손을 맞잡았는지 알아내고 싶다. 머지않아 흩어져 있는 가막만의 형제들이 손에 손을 잡고 함께 춤을 추게 될 터이다. 이미 오래전에 오동도와 섬달천, 돌산도가 육지와 손을 잡았고 백야도와 장도, 조발도가 뒤를 이었다. 적금도는 고흥과 연을 맺었다. 돌산과 포옹한 화태도는 눈앞의 월호도를 손짓하고 있다. 조발도와 둔병도, 낭도, 적금도는 한 식구가 되었다. 남도의 미항 여수의 섬들은 완전한 합창을 준비하고 있다.

물굽이마다, 섬과 섬의 모퉁이마다 필사즉생의 호국 충절이 깃들어있고 허물어진 성벽과 동백꽃 한 송이에도 절개가 새겨져 있는 여수반도이며 다도해이다. 현령과 백성이 하나 되어 망국의 고려에 충절을 지킨 고장이 방방곡곡에 어디이며 200년 폐현의 굴욕과 설움을 삼키며 이순신 장군과 혼연일체가 되어 필사즉생의 투혼으로 나라를 지켜낸 고을이 그 어디인가? 남해의 푸른 물결은 알고 있다. 그 물결 위에 점점이 떠 있는 섬들은 피흘려 의로운 역사를 기록해 왔다.

나는 소년 시절, 라디오에서 흘러나오는 '소리도'라는 섬 이름을 자주 들으면서 미지의 그 섬을 동경했다. 흐릿한 기억을 더듬어보니 고기잡이 정보를 알려주는 방송이었던 것 같다. 소리도. 어감이 참 좋았다. 나는 어른이 되어서야 소리도가 '연도'라는 한자어로 바뀐 사실을 알고는 섭섭한 마음을 떨쳐버릴 수 없었다.

천만년의 그리움에 겨워 가슴 멍든 여수의 섬들이 서로 손을 잡기 시작했다. 백도는 흐뭇하여 하얀 수염을 쓰다듬는다. 어쩌면 나는 스스로 고독에 갇힌 무인도였을까. 내 귓속의 바다에도 섬이 유영하고 있다. 조기와 멸치한테도 섬은 있다. 섬은 세상이 어지럼증에 허덕이지 않기를 비손하며 균형을 갈무리한다. 섬은 야수처럼 날뛰는 파도의 포효를 달래며 거센 폭풍의 심술조차 포용하여 풍란을 키워낸다. 하얀 바위섬을 어루만지는 잔물결에 일렁이는 오후의 금빛 윤슬에 내 마음은 태초의 순결을 입는다. 불타오르는 저녁노을을 하염없이 바라보는 내 영혼은 어느결에 붉은 노을이 되어 섬들과 함께 오늘을 돌아본다. 이윽고 여수의 섬들은 또 하루의 안식을 감사하며 가만히 바다의 품에 안긴다. 금오도의 '별밤지기'를 그려보는 밤이다.

그 여름의 삽화

어느 수필지에서 조우한 ≪113계단≫의 표지 사진이 잠들었던 옛 추억을 깨운다. 나는 숫자를 헤아리며 저 계단을 오르고 있었다. J 수필가가 불쑥 보여 준 책 표지와 그림이 그해 여름을 불러 113계단이다. 이윽고 잔잔한 파문이 가라앉은 가슴에 아이보리빛 그리움이 드리운다. 가파른 계단 탓에 종아리가 굵어졌다는 펜 벗들의 너스레를 떠올리며 앨범을 꺼냈다. 빛바랜 흑백사진 두 장에 시선이 머문다. 어언 47년이 흘렀으나 사진 속의 벗들은 여전히 아름다운 시절을 이야기하고 있다. 까까머리 소년은 세월을 비켜 가지 못해 백발이 되었는데 단발머리 저 소녀는 어디에서 추억의 그림자를 바라보고 있을까. 검정 치마에 하얀 블라우스를 받쳐 입고 하염없이 산맥을 응시하는 여고생은 첫사랑의 아픔을 견뎌냈을까.

어제 도착한 수필집 『113계단』이 와락 반가웠다. 설레는 마음을 달래며 '113계단'을 읽었다. J 작가의 그리움과 아쉬움이 내게 그대로 이입되어 그 여름 충청북도 영동의 113계단이다. 우리는 모두 덧없는 세월에 희미해져 가는 삽화이다. 우리는 그렇게 천천히 지워져가고 있는지도 모른다. 세월 따라 인생은 황혼에 젖어 드는데 세월만이 돌아와 다시 접시꽃을 피우고 또 가을이 온다며 시치미를 떼고 있다.

고교 시절의 마지막 여름방학이었다. 여름이면 지독한 습진 때문에 물에 들어가지 못하시는 아버지를 대신하여 나는 여느 여름방학처럼 논에서 살았다. 느닷없이 친구가 찾아와 셋이서 등산을 가자고 한다. 쌀 한 말씩 지고 내일 아침 읍내 역에서 만나자 한다. 농촌에 전화도 없던 시절인지라 친구는 그 말을 전해 주려고 십리 길을 발품 들여 찾아온 것이다. 세 친구란 여고생들과 펜팔을 해온 같은 반 교우들이다. 우리의 여정에는 펜 벗들과의 만남이 있었다. 우리는 그렇게 17일간의 대장정에 올랐다. 우리는 구례와 남원을 거쳐 서대전역에 도착했다. 그곳에서 경부선으로 갈아타고 충북 영동을 향했다. 가는 날이 장날이었다. 영동역에 큰 사고가 터졌다며 열차는 황간역에서 멈추었다. 덕분에 일행은 뿌연 먼지가 가시지 않는 염천의 비포장도로에 시달리며 세 시간을 걸어 영동읍에 발을 디뎠다. 시커먼 연기가 영동역 상공을 뒤덮고 있었다. 1973년 8월 12일 새벽에 일어난 '영동역 유조열차 탈선 사고'였다.

사진으로도 본 적이 없는 펜 벗들이 113계단 아래에서 우리를 기다리고 있었다. 우리의 첫 만남은 조금도 어색하지 않았다. 펜팔의 힘이었던 것 같다. 우리는 B의 펜 벗이 사는 마을 근처의 강가에 야영할 텐트를 쳤다. 금강의 지류였을 것이다. 가까운 언덕배기에는 고풍스러운 정자가 있었고 그곳에서 사람들이 왁자지껄 떠드는 소리가 야영장까지 들려왔다. 우리는 갑작스레 찾아온 마을 청년들의 경계심에 긴장하기도 했지만 결국 그들과 벗이 되어 텐트를 걷고 다시 배낭을 꾸려 정자에 올랐다. 그들은 꽤 떨어진 주막에서 막걸리 통을 지고 왔다. 우리는 이내 그들과 스스럼없이 어울리게 되었다. 널따란 정자의 널마루는 시원하고 편안했다.

펜 벗들과 함께 법주사로 향하는 버스는 말티고개에서 진땀을 흘렸다. 우리는 구불거리는 말티고개의 신비에 빠져들었다. 속세를 벗어났으니 속리산(俗離山)이요 산봉우리의 바위에 글을 감추었으니 문장대(文藏臺)라던가. 감춰두었다는 글이 궁금하지도 않았던 그때가 이제야 야릇한 깨달음으로 다가온다.

한 여학생이 동행하지 못한 탓에 일행은 다섯이었다. 우리는 다시 속세로 내려와 무주구천동 가는 버스에 올랐다. 구천동 계곡의 풍경이 바뀔 때마다 우리는 그 신비경에 탄성을 질렀다. 우리는 널찍한 방 하나에서 밤을 보냈다. 다들 피곤했던지 경쟁이라도 하듯 꿈나라로 달려가 버렸다. 나는 내 펜 벗과 나란히 바람벽을 등지고 앉아 이런저런 이야기를 나누었다. 이 밤에 생각을 더듬어보니 무슨 이야기를 주고받았는지 도무지 떠오르지 않는다. 속절없는 세월이었지만 순수의 시대였다. 벗들의 얼굴과 무주구천동의 맑은 물소리와 그 밤의 고요함은 아직도 두렷하다.

다음 날 아침은 천둥과 빗방울로 시작되었다. 덕유산 등정을 포기할 수는 없었다. 다행히 오락가락하던 비가 그치고 산록엔 안개가 자욱해졌다. 낙동강과 금강의 발원지인 덕유산은 전라북도와 경상북도에 걸쳐있다. 백두대간의 중심부에 자리 잡은 덕유산은 그리 만만한 산이 아니다. 한라산, 지리산, 설악산에 이어 남한에서 네 번째로 높은 해발 1,614미터. 지금은 어엿한 국립공원이지만 그 시절엔 변변한 부대시설 하나 없었다. 우정을 쌓는 데는 등산만 한 것도 없는 듯하다. 나는 가장 단순하고도 효과적인 대화 창구가 손이라고 단정한다. '손에 손잡고'에 공감하는 것이다.

2년 동안의 펜팔은 고교 졸업과 함께 막을 내렸다. 한 친구는 사랑으로 키워내려고 정성을 다했으나 시련은 깊었다. 여인의 일기에는 평범함을 거부한 결단과 용기가 기록되었지만 사랑의 결실에는 월하노인의 배려가 있어야 했던가 보다.

무심한 구름처럼 어느덧 반세기가 흘러갔다. 할아버지가 된 나와 같이 그들도 할머니가 되었을 터이다. 반 친구와 성명의 발음이 똑같아 이름이 삭제된 채 성만 불렸다는 그도 때로는 사라진 모교의 113계단과 고교 시절의 펜팔을 떠올릴 것이다. 추억이 늘 아름다운 건 아니련만 한 자락의 옛일이 꿈속에 아늑하다.

그 여름의 삽화, '113계단'이다.

만추의 단상

컴퓨터 자판의 먼지를 털어내고 나에게 글을 쓴다.

날개 잃은 천사를 생각하다가 '타락천사'에 초침이 멈춘다.

'천사에겐 꼭 날개가 있어야 하나?'

실없는 물음표를 하늘에 던져본다. 오늘도 카페 M의 윤기 나는 탁자 위에는 날개 달린 어린 천사가 통통한 제 종아리를 어루만지며 웃고 있다. 날아 볼 기미는 보이지 않는다. 천사의 날개와 선녀의 날개옷에 감추어진 사연이 무엇인지는 궁금하지 않다. 내 호기심은 선녀를 주시한다. 천사의 날개는 빌릴 수가 없지만, 어느 날에 선녀의 날개옷을 입어보는 행운이 찾아올 수도 있지 않을까.

날개가 없더라도 높직한 '바람따지'를 찾아 상승기류를 타볼 일이다. 세상의 모든 바람이 잠들어도 그곳에선 바다를 건너온 바람꽃이 날갯짓을 그치지 않는다. 때로는 의심하고 괴로웠던 시절들이 바람으로 피어나는 걸 보니 세월을 알 듯도 하다. 외로움은 담배 열다섯 개비의 해악이라지만 외롭지 않고서야 창조를 이야기할 수 있겠나. 하얗게 밤을 새우는 그리움 없고서야 시를 쓸 수 있겠나. 바람 세차도 무거워진 마음이 떠나지 않으니 상승기류가 다 무엇이냐.

가슴속에 기쁨이 넘치면 몸도 가벼워지겠다. 그러다가 하늘을 날 듯 가벼워지면 비록 날개가 없을지라도 날 수 있지 않을까. 삼계의 하늘 중 색계(色界)의 광음천(光音天) 사람들은 하늘을 자유롭게 날아다녔으며 몸은 투명하고 빛으로 의사를 통했다. 그들은 땅의 '지미'를 탐한 나머지 빛을 잃고 몸이 무거워져 날지 못하게 되었다. 욕심과 근심으로 무거워진 마음을 벗어버리고 명랑한 하늘의 기운을 담으면 마침내 '광음천 사람'을 회복할 수도 있겠다. 사라졌던 날개를 다시 얻게 될 수도 있겠다.

설레는 가슴은 배의 그림자가 멀리 사라질 때까지 눈길을 거두지 못한다. 나의 전생은 뱃사람이었던가 보다. 에게해의 어감에 친숙하고 아드리아해가 기시감으로 다가온다. 나는 큰 상선으로 대양을 누비던 무역상이었을 것이다. 나는 바다가 두렵지 않으나 수영은 젬병이다. 사해에서 나고 자란 나는 높은 염도에 길들어져 수영이란 걸 배울 필요가 없었다. 사해의 높은 염도는 내 날개였다. 애쓰지 않아도 가라앉지 않는 사해의 혜택은 훗날 숨넘어가는 개헤엄의 비애로 나타났다. 나는 세상의 어떤 물에도 사람은 가라앉지 않는다고 믿었었다.

거무섬 비렁길 휘돌아 사십 리 바람곶에 밤마다 별을 지키며 구름을 불러볼까 망설이지 않는 이에게 문자를 띄운다. 종자로 쓸 우리 밀 닷 되를 물었다. 거저 청하기 무엇하여 망종에 거두어둔 겉보리로나마 보답하겠노라 여쭈었더니 겉보리 농사도 지었다 하고 쌀보리도 있다 한다. 허허, 빈손으로 밀 닷 되를 받아 들 열없음에 뒷머리를 긁적이다 시대의 끝자락마다에 남겨졌던 적은 씨를 떠올리곤 추수의 기쁨을 그려보며 절을 올린다. 멀고도 가까운 숨 가쁜 나의 계절에 절을 올린다. 이 밀 씨앗 한 알이 싹트고 분열하면 이삭 서른을 내게 되고, 이삭 하나에 반백의 낟알이 여무니 밀 한 알이 희생하여 무려 1,500배의 열매를 맺는다. 한 알의 밀이 1,500개의 날개를 달고 하늘 문 앞에 나아가 추수를 기다린다.

어떤 사람들은 24절기로 계절의 변화를 이야기한다. 우수·경칩으로 봄기운을 가늠하며 처서에는 김장 채소 씨앗의 파종을 서두른다. 나는 십여 년 전에야 겨우 사계를 정하게 되었다. 감나무에 연두색 새잎이 돋아나는 때가 나의 봄이다. 그 감잎이 초록으로 빛나는 아침이 성하의 계절을 손짓하기 시작하면 지난겨울을 견디어 열매 맺었던 세대는 망종에 이르러 기억의 저편으로 스러져간다. 문득 샤워기의 찬물에 멈칫하는 등줄기를 타고 가을이 폐부에 스며든다. 들녘의 허연 된서리에 목을 움츠리다가 나는 밭을 갈 마련을 서두르며 씨앗을 챙긴다. 고샅길에 붉은 감잎 어지러운 소슬바람이 숙살지기(肅殺之氣)인 줄을 나는 알지 못했었다. 계절의 변화는 천사의 날갯짓에서 비롯된 바람의 조화이다.

감나무가 해거리를 했는지 감이 열리지 않았다. 나는 명년의 수확을 기대하며 웃자란 가지를 잘라내고 거름을 준다. 그러나 내년에도 열매를 맺지 않으면 나는 저 감나무를 베어내야 할지 고민하게 될 것이다. 일말의 연민으로 다시금 후일을 기다려 줄 수도 있을 테지만 끝내 주인의 마음을 알아채지 못한다면 무사하지 못할 터이다. 이미 수십 그루의 부실한 석류나무를 베어내고 노쇠한 매실나무들도 가차 없이 베어버렸다. 나무의 이야기가 아니다. 나 자신에게 닥쳐올지 모를 두려운 심판의 절박함이다. 다음에 잘하겠다는 다짐이 반복되지 않기를 기도할 따름이다.

나는 끝내 밀을 심지 못했다. 갑자기 경운기가 꿈쩍 않는데, 수리센터 기사마저 허리 부실을 핑계로 왕진을 거부하는 바람에 섬에서 온 씨앗은 숨을 죽였다.

'새봄에는 꼭 씨앗을 넣겠다.'

나는 그렇게 또 공수표를 떼고 있었다.

깜짝이야

요즘 어린이들의 지적 수준은 놀랍기만 하다. 게다가 감성은 상상을 뛰어넘는다. 아홉 살 손녀한테서 깨달음을 얻었다.

인종이 다른 소년 소녀들이 어깨를 겯고 손을 맞잡은 장면이다. 넷 모두 뒤편에 그림자가 드리워 있다. 손녀는 "그림자도 다른 색인가요?"라고 묻는다. 그러면서 네 어린이의 그림자가 모두 검은색인 것처럼 '다르지만 같은 우리'라는 주장을 천연스럽게 이야기하고 있다. 아, 내 고리타분한 의식세계에선 도저히 탄생을 기대할 수 없는 신선한 발상이다.

인종, 세대, 남녀갈등 해소에 도움이 되고자 '미워하지 않고 사랑하기'라는 주제를 내걸고 전국의 초·중학생을 대상으로 한 제10회 건강한 사회질서 지키기 공모전에서 내 손녀가 응모한 포스터가 우수상을 받게 되었다. 공모는 시, 포스터, 일러스트, 수필 등 4개 부문에 걸쳐 이루어졌다.

넋을 놓고 손녀의 작품을 들여다보고 있노라니 마음 한구석에서 자괴감이 스멀거린다. 각황(覺皇)의 경지는 언감생심이겠지만 이러구러 작은 깨달음 하나쯤은 득했어야 할 나이 아닌가 말이다. 그동안 내가 탈고한 200여 편의 수필 가운데 과연 손녀의 자문자답에 호응할만한 작품이 있는지 한참을 뒤돌아봐도 손을 드는 작품이 없다.

그나마 조금 위로가 되는 대목은 있다. 요사이 내 글쓰기가 주춤거리고 있는 까닭이 있다. 제목과 줄거리만 간단히 메모해 둔 글감이 한 죽은 되지 싶은데 아무래도 베틀을 새로 차려야겠다는 생각이 자꾸 앞을 막아서기 때문이다. '사실에 입각해야 하는' 수필의 한계는 극복할 수 없는 절대 권역일까? 수필 이론가들이나 원로 수필가들이 고심 끝에 내놓은 답은 '허구는 용납되지 않으나 상상은 허용된다'라는 묘한 논리이다. 내 고민은 바로 그 묘한 답안에서 비롯되었다. 허구란 무엇이며 상상은 무엇일까? 둘은 어떻게 다른가? 문학은 창작이며 창작은 허구를 바탕으로 한다. 그렇다면 작가의 경험을 약간의 문학적 장치와 수사로 엮어내는 수필은 창작과는 거리가 멀다.

문학 작가는 자기만의 우주와 만물을 창조하는 신이다. 수필이 진정한 문학이라면 수필가도 신이 되어야 한다. 신의 임무는 새로운 세계의 창조이다. 독자는 소설가나 시인을 거짓말쟁이라고 하지 않는다. 독자는 그들이 신이라는 사실을 인식하고 있기 때문이다. 그러나 수필가를 창조의 신이라고 여기는 독자는 없을 것이다. 수필가도 신이 되기 위해서는 상상력을 '조자룡 헌 칼 쓰듯' 사용해야 한다. 수필을 쓰는 것이 아니라, 창작하는 것이다. 일말의 사실만으로도 감동스럽고 흥미진진한 수필을 써내야 한다는 말이다. '허위'는 용서할 수 없으나 수필가가 사실의 기록에 집착하여 상상력에 의한 창조를 도외시하는 건 스스로 문학인의 길을 포기하는 어리석은 행위일 뿐이다. 그는 마침내 소재의 빈곤에 허덕이다가 막다른 길에 봉착하고 말 것이다. 이를 만회하려고 미주알고주알 지경에 이르다 보면 그야말로 '신변잡기'의 글만 양산하게 될 터이다. 무슨 소리냐, 날만 새면 희한한 뉴스가 어지럽고 시시각각 천변만화하는 세상인데 아무려면 글감이 없겠느냐고 코웃음을 치는 이들에게 고한다. 그런 흔해 빠진 소재를 적당히 조합하여 쓴 글을 누가 아까운 시간 들여가며 탐독하겠는가. 혹은 그럴싸한 제목에 속아 몇 줄 읽다가 "아, 일진 사나워"하며 화를 낼지도 모른다.

사과주스에는 사과즙이 얼마쯤 들어있을까? 사과즙이 5% 들었건 40%가 들었건 '사과주스'라는 사실은 흔들리지 않는다. 순수한 사과즙이 5%밖에 들어있지 않다고 하여 그걸 사과주스가 아니라고 따질 사람은 없다. 그렇다면 진짜배기 사과즙 5%를 제외한 95%는 무엇일까? 쉬운 문제이다. 95%는 진짜 사과주스의 맛을 더욱 풍부하게 해주고 성분을 보완해주는 물질이다. 수필에서의 상상력도 그렇게 작용해야 한다. 나는 숨만 붙어 있던 노랑꽃창포와 새끼들을 기른 제비 부부, 여섯 살에 죽어가던 수탉을 통해 상상의 세계를 휘돌아 〈실상과 환상〉이라는 작품을 쓴 적이 있다. 그게 전부였다. 웬일인지 나 자신이 그렇게 글을 썼다는 사실조차 잊어버린 채 사실의 미화에 매달려 수필의 한계를 미워했다.

일편단심, 베틀에 순전한 무명실이나 명주실만을 날아 베를 짜려고 고집을 세워서는 안 된다. 면사나 견사를 바탕으로 자신만의 독특한 혼방사를 개발하여 맵시 있고 개성 넘치는 피륙을 선보일 때이다. 소설이나 시는 인조 견사로 직조한 인견(人絹)이기에 완전한 허구이나 수필은 사실과 체험에 상상을 더한 혼방사이다. 수필이 문학으로 대접받을 수 있는 유일한 길이다. 혼방(混紡)이라 말하지 않아도 독자는 대뜸 알아본다. 굳이 어디서 어디까지가 상상이라 고백할 필요가 없다. 수필가가 혼방을 짰다 하여 비방할 독자는 없다. 수필은 수기나 자서전이 아니라는 점을 잊지 말아야 한다. 순면이나 비단은 아니지만, 혼방도 훌륭한 피륙이다. 허구의 산물이 아니다, 땅의 진실에 하늘의 상상이 결합한 창작물이다. 그리하여 수필은 문학이다.

(2022.10.25.)

감셍이 몇 마리 다듬었네

불쑥 보고 싶은 친구가 있습니다. 한동안 만나지 못했어도 오늘처럼 잠이 오지 않는 밤이면 시간은 강물을 거슬러 올라가고 어느결에 내 마음 깊은 곳에선 친구의 무심한 얼굴이 떠오릅니다. 병마에 시달리던 내게 꿈결인 듯 다가와 귀한 약재를 안겨주며,

"이게 좋다고들 해 쌓는데 어떨지 모르겠네."

과연 효험이 있었던지 이날 이때까지 무탈하게 지냅니다. 하나, 나는 그 약재보다는 못난 벗의 쾌유를 바라는 그의 마음이 선약(仙藥)으로 작용했다고 믿고 있습니다. 생각만 해도 위로가 되고 힘이 되어주는 친구입니다. 굳이 찾아가 하소연하고 흉금을 털어놓고 이야기하지 않아도 괜찮습니다. 마음 머무는 곳에 세월도 멈춥니다. 그렇게 나에겐 오랜만에 만나도 덤덤한 친구가 있습니다. 그가 무덤덤하니 나도 덩달아 태연자약한가 봅니다. 연배를 한하지 않는다면 허물없는 벗이 또 여럿이니 나는 행복한 사람입니다. 감기 걸리지 말라고 보내준 내의가 아까워 차마 입지 못했습니다. 정성 들여 가꾼 표고버섯을 안기며 손사래를 치던 사람, 종자나 하라며 건네준 생강 한 상자를 밭에 심고 돌아서는 발걸음이 명랑하지 않을 수 있겠어요. 이 은혜를 어찌 갚을까 하는 궁리가 꼬리를 뭅니다. 내게 청첩을 하고 부고를 내는 이들은 모두 나의 벗입니다.

나른한 오후가 아랫목을 유혹하는 비몽사몽에 핸드폰을 더듬거리며 짜증을 냈습니다. 잠시 나와달라는 친구의 거두절미에 어리둥절한 채 문을 나섰습니다. 섬에서 가두리 양식을 하는 친구가 수수한 웃음을 머금고 손을 내

밉니다. 오미크론의 위세도 우리의 악수를 막지 못했지요. 친구는 우리 집 현관 앞에 큼지막한 스티로폼 상자를 내려놓고 감생이(감성돔) 몇 마리 다듬은 거라며 나를 당황케 했습니다. 나는 가두리 양식을 하던 동서를 도와주곤 하면서 보고 들은 것이 있어 가두리 양식의 어려움을 조금은 알고 있습니다. 무서운 적조와 한파, 고수온과 온갖 질병, 태풍 등 시련은 예고도 없는데 패류와 이끼가 엉겨 붙고 오염된 가두리 그물을 갈아주고 소제하려면 얼마나 힘이 드는지 모릅니다. 상자를 열어보니, 정성스럽게 다듬어 살짝 말린 굵은 감성돔 열 마리가 위세를 떨칩니다.

"이 고기 키우느라고 얼마나 고생했는가. 나는 매번 빚만 지는구먼"

"그냥 맛있게 먹어주면 되네"

친구란 오래도록 친한 사이라고 합니다. 친하다는 말은 가까이 사귀어 정이 두텁다는 말이지요. 그의 친구를 보면 그 사람을 알 수 있다고 합니다. 나이가 걸림돌이 되지는 않는다고 생각해요. 유안진 시인의 〈지란지교를 꿈꾸며〉는 나의 바람이었습니다. 다들 그런 원대한 소망을 품고 살아왔을 거예요. 하지만 그 꿈은 먼저 내 가슴속에서 아름답게 피어올라야 한다는 걸 늦게서야 깨닫습니다. '지란지교'는 막역지우를 떠오르게 합니다. 막역한 벗, 스스럼없는 친구는 인생 최고의 선물일 겁니다.

조나라 인상여와 염파의 고사에서 유래한 문경지교도 생각나는 밤입니다. 삼고초려 끝에 모셔온 제갈량을 두고 유비는 자신을 물(제갈량) 만난 고기라고 했다는 데서 '수어지교'라는 좋은 말도 생겼다지요. 사촌이 논을 사면 배가 아프다고들 하지만 젊은 날의 나는 '송무백열(松茂栢悅)'이라는 사자성어를 참 좋아했습니다. 조용필의 〈친구〉와 이범용과 한명훈의 〈꿈의 대화〉에 젖어봅니다.

암세포를 없애고 면역력을 강화한다는 ㅇㅇ버섯은 지금도 고가이지만 20년 전에는 금값이었습니다.

한 오백 년 살자 하고

스웨덴의 독일가문비나무는 그 나이가 9,550살이 넘었다. 미국 유타주 피쉬 레이크 국유림의 북미사시나무(판도)는 끝없는 자기복제로 물경 8만 년을 살고 있다고 한다. 마을 앞 정자나무도 수백 년을 사는데 만물의 영장이라는 인간은 왜 초라하게 백 세에 목을 맬까? 아니다. 아담은 930세를 살았고 므두셀라는 무려 969세를 향수했다. 100년 동안 방주를 지은 노아도 950세까지 살았다고 기록되어 있다.

내가 존경하는 원로 수필가 L 선생의 아우님으로, 몸이 병들어 나락에 내몰린 이들에게 대체의학을 베풀어 재생의 길을 열어주고 있는 분의 지론을 들을 기회가 있었다. 암을 비롯한 고혈압, 당뇨병 등 모든 질병의 뿌리는 체내에 쌓인 독소인데, 그러한 독소는 육식 때문에 생긴 것이라고 한다. 그러한즉 단식을 통하여 환자의 체내에 쌓인 독소를 배출시키고 육식을 금하며 채식을 하도록 하여 피를 맑히면 체내의 면역력이 회복되어 스스로 병이 낫는다는 것이다. 사람이 병들어 죽는 이유는 이처럼 명백하다.

사람은 정(精)과 신(神) 곧 육체와 영혼으로 이루어졌기에 육체뿐 아니라 마음의 병이 깊어져도 죽게 된다. 육체는 영혼의 집이기에 집이 무너지면 집주인이 그 집에서 살 수 없게 되고 집주인의 영혼이 무너지면 집은 폐가가 된다. 마음의 병이 더 무섭다. 카자흐스탄 선생의 명쾌한 가르침 덕분에 나는 그 모든 원리를 더욱 확신하게 되었다. 체내의 독소는 대체의학자인

카자흐스탄 선생의 지도를 받아 제거할 수 있겠지만 내 마음속의 온갖 악은 무엇으로 죽여 없애나. 나는 이미 알고 있었다. 내 안에 도사리고 있는 시기, 증오, 앙심과 저주, 온갖 탐욕과 위선, 거짓과 망상을 죽이지 못하면 언젠가는 내가 그것들에 의해 죽임을 당하게 된다는 것을.

몇 해 전에 거제도에 들렀다가 진시황의 신하 서불(徐市)이 동남동녀 3천을 거느리고 불로초를 캐러 해금강을 찾아왔다가 머물렀다는 와현마을에서 서불 유숙지 기념비를 보았다. 그들은 어떤 연고로 삼한 땅에 불로초가 있다고 믿었던 것일까? 시황제나 서불(서복)을 깨워 물어볼 수는 없으나 그들이 불로초를 얻지 못한 까닭은 천시(天時)를 얻지 못했기 때문이 아닐까?

세상에 불로초가 있다면 그건 사람 속의 온갖 더러움을 씻어내어 영혼을 맑히는 청정수이리라. 혹은 물로도 씻어지지 않는 가시덤불을 태워 없애는 불길일 것이다. 체내의 독소가 제거되듯 내 안의 악이 사라져 영혼이 수정처럼 맑아지면, 빛으로 의사를 통하고 생각만 하여도 배가 부르며 하늘을 자유롭게 날아다니는 저 광음천(光音天) 사람들과 같은 신선의 경지에 도달하지 않을까.

오늘도 월궁의 항아는 한결같이 불로초를 찧고 있다. 누구를 주려고 저리 쉬지도 않고 방아를 찧으시나. 하도 궁금하여 나만의 비몽사몽 비법으로 월궁에 올라가 항아님에게 물어보았다.

"대체 누구를 위해 이토록 불로초 방아를 찧고 있어요?"

항아님은 조용히 웃기만 할 뿐 대답이 없고 옆에서 시종하던 동자가 나직하게 말했다.

"이 약이 불로초라는 걸 믿는 사람들에게 줄 것입니다."

동자의 목소리는 단호했다. 나는 문득 오래전 "화전(話典)"에서 읽었던 신선 여동빈의 빗이 떠올라 달빛 아래 숙연히 서 있었다.

죽음에서 벗어나지 못하는 인간 세상을 긍휼히 여긴 상제의 명을 받은 여동빈은 저잣거리에 현신하여 빗을 꺼내 들고 무리를 향해 외쳤다.

"이 빗으로 머리를 한 번 빗으면 노인의 흰 머리가 검어지고 두 번 빗으면 얼굴의 주름이 펴지고 세 번을 빗으면 젊어진다오. 이 빗을 천 냥에 사시오."

그러나 누구도 그의 말을 믿으려 하지 않았다. 더구나 볼품도 없는 빗을 천 냥에 사라고 하니 다들 손가락질을 해대며 비웃을 뿐이었다. 여동빈은 바로 앞에 있는 노파에게 다가가더니 빗으로 노파의 백발을 한 번 빗었다. 삽시간에 노파의 머리가 검어졌다. 무리가 벌어진 입을 미처 다물기도 전에 머리를 한 번 더 빗겨주니 노파의 얼굴에서 주름살이 사라져버렸다. 세 번째 빗질에 노파는 어느새 아리따운 처녀의 모습으로 바뀌었다. 눈앞의 기적에 놀라 넋을 잃은 것도 잠시, 무리는 너도나도 그 빗을 사겠노라 아우성을 치며 손을 쳐들었다. 그러나 여동빈은 빗을 품 안에 간직하며 짧은 한마디를 남겼다.

"때가 지났소."

무리는 여동빈이 승천하는 하늘을 쳐다보며 속수무책으로 외치다가 발만 구르고 있었다. 어찌 이야기책의 신화에 그치랴. 나도 갈데없이 그 무리 가운데 있었던 자 아니던가.

육신은 꼬박꼬박 세 끼를 챙기는데 배고픔을 자각하지 못하는 영혼은 굶기를 밥 먹듯 한다. 영양실조에 걸려도 느끼지 못하니 필시 귀신의 농간이리라. 내 영혼이 먹어야 할 양식은 대체 무엇일까? 십진 분류를 망라한 온갖 서책일 수도 있겠다. 혹은 인류의 역사를 빛낸 위인들의 교훈일 수도 있겠다. 그러나 그 무엇 하나 가슴에 와락 안기지 않는 망설임이 수상쩍었다. 치열하게 답을 구한다면 마침내 귀한 인연을 만나게 될 것이다. 구도는 나의 멀고도 험한 길이요 득도는 신의 영역인즉 그 길에 어찌 절대자의 긍휼이 없겠는가.

나는 또 가객 김도향의 〈벽오동 심은 뜻은〉이라는 노래를 음미하며 생각에 잠긴다. 하늘이 무너지고 찬 별이 쏟아져야 봉황을 볼 수 있다는 야릇한 노랫말이 귓가에서 맴을 도는데 꿈인 듯 생시인 듯, 하늘이 무너지고 별들이 우수수 떨어졌다는 소식이 들려왔다. 봉황이 깃드실 벽오동은 내 안에서 자라고 있었다.

양달막

odonghang@hanmail.net

마트의 그 여자

정 나누기 운동

설렘의 묘약

빈손

바다에 세금을 내라

어디에나 사이비

두 소년

〈수필과 비평〉로 등단(2004)
여성동아 〈쓰고싶은 이야기〉 당선(1979), 제10회 〈전국주부편지쓰기〉 동상(1995), 〈벼룩시장 생활수기〉, 부분 지역 장원(1999)/ 제12회 〈대한생명가족사랑편지쓰기〉 동상(2003), 제15회 〈전남·광주여성백일장〉 차상(2003)

마트의 그 여자

대형상점에 가끔 보이는 여자의 행동에 눈살이 찌푸려졌다. 60대로 보이는 까무잡잡한 얼굴에 헝클어진 머리, 앞니 두 개가 없다. 여자는 흘러내리는 바지춤을 추켜올리면서 눈앞에 대상이 없는데도 무슨 말인가를 한다. 쉴 새 없이 구시렁거리다가 삿대질을 하며 욕설도 내뱉는다. 그녀를 본 딸애가 내 뒤로 숨는다. 남자 직원 한 명이, 걸음마 하는 아이 뒤를 따라다니는 엄마처럼 그녀 뒤를 따라다녔다. 그녀를 쫓아내지 않는 직원을 원망할 수도 없다. 물건 몇 개를 사서 계산대 앞에 기다리고 있는 걸 보면 틀림없는 손님이다.

장애인이라고 다 위화감을 주지는 않는다. 언젠가 광주에 갔을 때의 장애인 총각의 행동이 아직도 잊히지 않는다. 그날 우리 식구는 어느 식당에서 밥을 먹은 뒤 카페에서 커피까지 마시고 밖으로 나왔다.

"두 분은 잠시 여기 햇볕 좋은 곳에 앉아 계세요. 요 옆 빵집에 갔다 올게요."

다리가 안 좋아 오래 걷지 못하는 어머니와 시누이에게 길가의 넓적한 바위를 가리켰다. 우리 가족은 빵을 좋아한다. 목적지에 소문난 빵집이 있으면 꼭 들른다. 그날도 시식해가며 빵을 고른 다음, 우리를 기다리는 두 사람을 향해 걸음을 빨리했다.

"어! 할머니와 고모 옆에 누가 있어요."

아이들의 말에 두 분이 앉아 있는 곳을 보니 웬 청년이 서 있었다. 무슨 안 좋은 일이 있었나 하는 걱정과 함께 긴장됐다.

'혹시 핸드백을 노리는 거 아냐? 두 분은 뛰지도 못하는데….'

이런 생각을 하며 남편을 보니 남편 역시 의심의 눈초리로 나를 봤다. 100m도 안 되는 거리가 멀게만 느껴졌다. 뛰다시피 해서 두 분과 청년 사이에 섰다. 응원군이 왔으니 감히 엉뚱한 생각을 하지 말라는 경고처럼 보이기 위해서다. 청년의 모습을 보니 어딘가 조금 부족한 듯 보였고 한쪽 팔도 없었다.

"이 총각이 우리 어깨를 주물러 주는데 왜 그리 시원한지 모르겠다."

내 생각을 읽은 듯 어머니가 우리를 안심시켰다.

'요즘 세상에 누가 할 일 없이 남의 어깨나 주물러주고 그래?'

나는 세상에 공짜는 없다는 걸 진리로 알고 살아왔다. 처음 본 사람에게 선의를 베푼 청년에게 의심의 눈초리를 풀지 않았다. 청년이 나한테도 앉아보라고 했다. 경계할 대상의 말을 듣지 않아야 한다는 건 마음뿐, 나는 최면에 걸린 것처럼 슬그머니 인도에 걸터앉았다. 청년의 얼굴이 너무 진지해서다. 청년은 한쪽 손으로 내 어깨를 주물렀다.

'혹시 이러고 나서 돈을 원하는 건 아니야? 달라고 하면 적선하는 셈 치고 조금 줘야지 뭐….'

이런 생각을 하고 있는데 청년은 다른 쪽 어깨를 주물렀다. 두 팔을 가졌다면 한 번으로 됐을 텐데, 하는 생각이 날 정도로 어깨가 시원했다.

"총각 할머니도 항상 어깨가 아프다고 해서 이 총각이 자주 주물러드렸대."

어머니는 청년이 당신 손자나 된 듯 자랑스러워하셨다.

청년과 그동안 많은 이야기를 하셨나 보다. 어머니는 처음 본 사람에게도 며칠 전에 헤어진 친구인 것처럼 말을 걸어 금세 친구로 만드는 재주를 가졌다. 어깨를 주무르고 일어서는 청년에게 어머니는 고맙다는 말을 몇 번이나 하셨다. 나는 손에 든 봉지에서 빵 두 개를 얼른 꺼내 건넸다. 청년은 잘 먹겠다며 하나만 집었다.

"우리 할머니가 생각나서 주물러드린 거예요."

그 말 한마디를 끝으로 청년은 씩 웃으면서 앞에 있는 건물을 향해 갔다.

어릴 때 사고가 나서 한쪽 팔을 잃고 뇌도 다쳤다는 청년, 머리 한쪽이 기형이라 학교 가면 학생들이 바보라고 놀리면서 함께 놀아주지 않아서 중학교까지만 졸업했다는 말을 어머니에게서 들었다. 멀어져가는 청년의 뒷모습을 한참이나 보던 어머니는 참 안됐다는 듯 혀를 찼다. 청년을 의심했던 나는 부끄러움에 청년의 모습이 작아질 때까지 보고 있었다.

중국의 노부부 이야기를 읽은 적이 있다. 대나무 막대기 하나를 사이에 두고 어디든지 꼭 함께 다니는 부부다. 아내는 오래전에 실명한 남편을 위해 막대기를 붙잡고 길 안내를 시작했다. 실명한 뒤의 30년 동안 아내는 남편의 눈이 되어주었다. 남편을 처음 만나던 21살 때, 남편은 부인을 평생 챙겨주겠다고 약속했다. 부인은 "남편 대신 제가 그 약속을 지키며 살아가려고요."라고 말했다. 나 어렸을 때도 이런 부부가 있었다. 지팡이 끝을 잡고 앞장선 아내와 뒤쪽을 잡고 따라다니던 시각장애인인 남편. 남자가 메고 온 자루에 엄마가 곡식을 부어주면 조용히 허리 굽혀 인사를 하고 돌아서던 부부였다.

"장님 부부가 올 때가 넘었는데…"

엄마는 타지에 사는 자녀가 온다는 날을 기다리는 듯한 표정을 하셨다. 한참 뒤에 여자 혼자 지팡이를 들고 나타났다. 엄마가 왜 혼자냐고 물었을 때 여자는 슬픈 표정을 했다. 한 번도 말하는 걸 듣지 못한 걸 보니 여자는 벙어리였지 싶다. 서로의 눈과 입이 돼준 부부였다.

청년을 의심하고 경계부터 했던 나 자신이 부끄러웠다. 누구나 장애인 후보다. 선천성보다 후천적인 장애가 훨씬 많다. 출산 시 원인은 1.3%, 선천적 원인은 4.7% 나머지는 후천적이라는 글을 읽었다. 마트에 돌아다니는 그 여자도 후천적 장애일 수 있다. 태어날 때는 부모의 사랑을 받았을 것이다. 남자와 사랑하고 결혼을 했을지도 모른다. 오늘도 여자는 계산대 앞에 물건 두어 개를 내려놓고 천 원짜리 지폐들을 치켜들고 침을 묻혀 세고 있었다.

정 나누기 운동

축의금 때문에 등을 지고 사는 사람들이 있었다. 직장 동료의 자녀 결혼식 때 축의금을 냈는데, 정작 자기 아이 결혼 때는 그 동료가 축의금을 주지 않았단다. 얼굴을 마주쳤을 때 미안한 표정으로 어떤 해명이라도 했으면 화가 안 났을 거라고 했다. 그렇게 데면데면하다가 가까웠던 사이가 멀어졌다니 안타까운 일이다.

"요즘 정이 메말랐어."

사람들은 가끔 이런 말을 한다. 오래전에 '정 나누기 운동'을 실천한 영애 씨가 생각났다. 그녀는 지금의 동네로 이사 오기 전의 동네 가게 여주인이다.

"안녕하세요?" 나는 새로 생긴 그 가게에 들어서며 인사를 했다. 그동안 가까운 곳에 가게가 없어서 불편했다. 2인용으로 보이는 소파에 앉아 책을 읽던 여주인은 책을 내려놓으며 반갑다고 말했다. 검은 뿔테 안경에 피부가 곱지 않고 덩치도 큰 여자였다. 우락부락한 첫인상은 책을 읽는 모습에 가려졌다. 책을 좋아하는 동질감이라고나 할까. 벽을 따라 매대가 있고 가운데는 두 개의 매대가 있을 정도로 넓지 않은 매장이었다. 나는 뻥튀기를 골라 계산을 했다. 여주인은 200원을 돌려줬다.

"뻥튀기값은 맞게 드렸는데요?" 내 말에 "뻥튀기 귀퉁이가 몇 개 깨져서 제값을 받을 수가 없어서요."라고 했다. 부서지기 쉬운 과자라 그럴 수도 있다며 거스름돈을 안 받으려고 하자 기어코 내 손에 쥐여줬다. 안 그러면 자기 마음이 편하지 않다고 했다.

그 가게는 동네 사랑방 같았다. 그녀는 가게 옆 한쪽에 있는 부엌에서 부침개를 만들거나 고구마를 삶기도 했다. 살림집은 위층이지만 종일 가게에 있다 보니 한쪽에 부엌을 만들었다고 했다.

"이거 맛은 없겠지만 가져가서 드세요."

그녀는 간식을 만들 때마다 싸줬다. 내가 괜찮다고 사양하면 "우리, 정 나누기 운동하잖아요?"라고 했다. '정 나누기 운동'이란 말이 정겹게 들렸다. 좋은 일을 나누면 배가 되고 나쁜 일을 나누면 절반이 된다는 말이 있다. 물론 내게만 주는 것은 아니었다. 다른 손님이 왔을 때도 권했다. 가게 냉장고 위에는 크지 않은 돼지저금통이 하나 놓여있다. 손님들이 넣어준 동전이 가득 차면 불우이웃돕기를 한다는 그녀. 돼지저금통이 차기 전에 자기 돈을 보태 아동복지 시설에 전했다고 했다.

나는 간식을 받기만 하는 게 미안해서 그녀에게 계속 책을 빌려줬다. 우리 집에 책이 많은 게 다행이었다. 그녀는 도서관에서 책을 빌리고 싶어도 가게 문을 닫을 수가 없다고 했다. 남편과 사별하고 딸 둘을 키운 여자다. 딸들은 취직을 했는데, 둘째 딸은 타지에 있다. 아침에 문을 열기 전에 가까운 시장에 얼른 다녀오고, 은행에 갈 때는 어쩔 수 없이 잠시 문을 닫는다고 했다.

"제가 가게를 봐 드릴게요." 그랬더니 괜찮다며 손사래를 쳤다. 남에게 신세 지는 걸 싫어하는 성격 때문이다.

가게에 앉아 이야기를 나누는 시간도 늘었다. 미성년자로 보이는 젊은이가 와서 담배를 달라고 하면 주민등록증을 꼭 보여달라고 한다. 집에 두고 왔다면서 아무리 애원해도 팔지 않는다. 요구르트 배달하는 아주머니에게는 점심때 도시락을 먹을 수 있게 소파를 내준다. 둘이 나란히 앉아 점심을 먹을 때도 있다. 가게 앞은 자주 쓸어서 항상 깨끗하다. 오래된 버드나무가 있어 잎이 많이 떨어지는 곳이다. 가게 앞에는 작은 화분이 즐비하다. 남이 버린, 죽어가는 화분을 가져와서도 잘 살린다.

그렇게 오랜 세월을 친하게 지냈다.

어느 날 그녀가 봉투 두 개를 내밀었다.

"지금 시골에 집을 짓는다면서요? 곧 이사하겠네요. 언제 애들을 결혼시킬지 모르겠지만 일단 받으세요. 나도 곧 경기도에 있는 딸네 집에 가야 해서 몇 년 간은 집을 비울 거 같아요."

그녀는 외손주를 봐달라는 둘째 딸의 부탁을 거절할 수가 없었다고 했다. 나는 그녀의 성격을 알기에 봉투 두 개를 받았다. 그녀의 두 딸이 결혼할 때 축의금을 냈었지만 나 몰라라 해도 된다. 우리 애들이 결혼하려면 아직 멀기도 했다. 가까운 사이가 아니고 떨어져 살다 보면 대개 축의금이나 부의금 내는 걸 잊거나 소홀히 한다. 돌려받으려고 내는 것은 아니다. 다만 자신은 축의금이나 부의금을 받았으면서도 상대방에게 일부러 내지 않은 경우엔 섭섭할 것이다.

축의금이나 부의금 때문에 등지고 사는 사람들의 말을 듣고 나니 양심적이고 정이 많았던 가게 여주인인 그녀가 다시 생각났다. 얼마 전에 그 동네를 지나게 됐다. 몇 년 동안 공방이었던 곳이었는데 간판은 없어졌고 문도 잠겨 있었다.

'아줌마! 가게 문 닫기 잘했어요. 요즘 대형상점이 많이 생겨 동네 구멍가게가 거의 문을 닫았거든요.'

2층으로 오르는 문은 셔터가 내려져 있었다. 그녀에게 전화해보니 그 가게는 직장에 다니는 남자가 잠만 자게 해달라고 해서 허락했단다. 없어진 가게와 베어져 흔적도 없는 버드나무, 그녀 없는 옛 동네는 쓸쓸함과 그리움을 자아낸다.

설렘의 묘약

"새집으로 이사하면 우리 며느리에게 서재를 하나 만들어줘야겠어."

언젠가 시어머니의 친구분이 "자네 어머니가 한 말이네."라며 내게 하신 말씀이다. 책이 나보다 더 좋으냐고 묻는 남편에게 손사래를 치면서도 속으로는 혀를 내밀었다. 이건 마치 "아빠가 좋아, 엄마가 좋아?"라고 묻는 것과 같다. 자기와 결혼해주면 한 달에 책을 몇 권씩 사주겠다던 남자는 그런 약속을 기억하지 못했다. 다만 시립도서관 옆에 땅을 사서 집을 짓긴 했다. 도서관이 가까이 있어서라기보다는 여러모로 조건이 좋아서였다. 우리 집 테라스에서는 도서관이 바로 보인다. 도서관 위로 집라인을 탄 사람들이 악을 쓰며 지나간다. 하루 이틀도 아닌 시끄러운 소리에 집라인 줄을 잘라 버리고 싶다. 시립도서관 위로 지나가는 세계 유일의 집라인이지 싶다. 도서관 가까이 살다 보니 굳이 많은 책을 살 필요를 느끼지 않는다. 더구나 내 책은 언제든지 읽을 수 있다는 안이함 때문인지 읽는 걸 미루기 일쑤이니 말이다.

팔아야 할 새 책을 내게 빌려준 서점 주인이 있었다. 직장에 다니면서 자취생활을 할 때였다. 퇴근하면 바로 가는 곳이 옆 건물에 있는 그 서점이었다. 학교 앞도 아니고 아파트를 끼고 있지도 않아서인지 작은 서점은 손님이 별로 없었다. 나는 서점으로 들어서며 주인 남자에게 공손하게 인사를 했다. 신문을 읽던 아저씨는 고개만 살짝 들어서 내 인사를 받았다. 나의 공손한 인사에는, 책을 뒤적거리다가 사지 않더라도 봐주기를 바라는 얄팍한 속셈이 깔려 있었다. 『설득의 심리학』이라는 책에는 '상호성의 원칙'이

적혀 있다. 누구에게 뭔가를 받으면 그에 대해 보답을 해야 한다는 강박관념이 사람에게는 있다고 한다. 30대 후반으로 보이는 그는 키가 작았지만 미남자였다. 식사 시간이면 그의 아내가 나와서 남자와 자리바꿈을 했다. 서점 안쪽에 살림집이 있었다. 키가 큰 그의 아내는 임신한 배가 무거운 듯 양손으로 허리를 받치고 걸었다.

'아저씨의 얼굴과 아주머니의 키를 닮은 아이가 태어나면 환상의 조합인데….'

이런 생각을 하다가 고개를 흔들었다. 아인슈타인과 메릴린 먼로의 일화가 떠올라서다. 당신과 결혼하면 내 외모와 당신의 두뇌를 닮은 아이가 나올 것이라고 메릴린 먼로는 말했다. 확률은 반반이기에 정반대의 결과가 나올 수 있다는 말로 아인슈타인은 그녀의 청혼을 거절했다고 한다.

물속처럼 조용한 서점에서 책을 뽑아 선 채로 읽었다. 세상에 책은 많은데 읽을 시간이 부족하다는 데 생각이 미칠 때마다 화가 났다. 서점 주인이 돼서 책을 실컷 읽어야겠다는 꿈을 꾸곤 했다. 아울러 책을 읽지 않는 서점 주인을 이해할 수 없었다.

"아가씨. 이 의자에 앉아서 봐요."

밥을 먹고 나온 주인 남자는 등받이 없는 둥근 의자를 내 쪽으로 밀었다. 그 의자는 내 전용 의자가 되었다.

"아가씨, 내가 책을 빌려줄 테니까 집에 가서 읽고 가져와요."

매일 출근하다시피 하던 어느 날, 서점 주인이 말했다. 나는 귀를 의심하며 "네?"하고 반문했다. 대여점도 아닌 곳에서 새 책을 빌려준다니 말이다. 서점 주인은 책을 손실하면 배상해야 한다는 말을 덧붙여 나를 안심시켰다. 나는 고맙다는 말을 두 번 하고 아저씨의 마음이 변할까 봐 재빨리 서점을 나왔다. 5분 거리도 안 되는 곳에 있는 집이 멀기도 했다. 방에 들어서자마자 종이로 책가위를 했다. 책 읽기를 멈출 때는 책갈피를 끼우고 음식을 먹은 후에는 손을 씻고 나서 책을 읽었다. 책값을 배상하고 싶지 않은 점도 있었지만, 책에 대한 예의이기도 했다. 도서관에서 빌린 책에 김칫국이 묻었거나 줄이 그어졌거나 가름끈이 있는데도 책장이 접힌 자국을 보면 속이 상한다. 독서 자격증도 있어야 한다는 생각이다.

잠자기 전에 누워서 읽다 보면 팔이 아프다. 누웠을 때 손을 빌리지 않고 책을 읽을 수 있는 발명품을 그려봤다. 책을 독서대에 끼워놓고 버튼만 누르면 책장이 넘어가는 그런 거 말이다. 혹시 그런 기계가 있는지도 모르겠다.

책 한 권을 읽은 후 서점으로 가면 아저씨는 "빨리 읽었네?" 하면서 내가 반납한 책은 살피지도 않고 또 골라보라고 했다. 계속 빌려보는 게 무엇하여 월급날이면 두어 권씩 책을 샀다. 그렇게 산 책 중에 두 권을 빌려 간 후배 녀석이 있었다. 내가 가장 아끼는 책이라 빌려주고 싶지 않았다. 주저하는 내게, 읽고 나면 꼭 갖다줄 테니까 걱정하지 말라고 했다. 마지못해 빌려준 건 책을 좋아한다는 동질성을 믿어서였다. 책 도둑은 도둑이 아니라면서 불길한 미소를 짓던 녀석은 결국 책을 돌려주지 않은 채 입대해 버렸다. 40년이 지난 지금까지 책은 돌아오지 않았다. 책 도둑은 도둑이 아니라는 말에 알레르기 반응을 보이던 내가 멀리서 사는 여동생의 집에 갔을 때, 수필집 한 권을 몰래 가방에 넣었다. 읽고 나서 살짝 갖다 놓으려고 했지만 나 역시 돌려주지 않았다. 뒤늦게 동생에게 자백했더니 동생은 그 책이 없어진 줄도 모르고 있었다. 동생은 내게 그 책을 가지라고 했다. 교사인 동생은 집에 있는 책을 정리할 때마다 상자에 넣어뒀다가 내게 준다. 책이라면 사족을 못 쓰는 내겐 최고의 선물이다.

세월이 흐른 후 새로 생긴 책 대여점에 갔다. 책 한 권을 뽑아서 읽다가 다리가 아파 바닥에 주저앉아 계속 읽었다.

"아줌마! 대여점에서 그렇게 읽어버리면 우리는 뭐 먹고 살아요?"

주인의 화난 듯한 목소리를 듣고서야 화들짝 일어났다. 문득, 내가 마음껏 책을 읽을 수 있도록 새 책을 거저 빌려주었던 그 시절의 서점 주인이 얼마나 고마운 사람이었는지 깨달았다. 버지니아 울프는 마음 놓고 책을 읽을 수 있는 장소가 천국이라고 했다. 대여점을 천국으로 여기는 건 내 욕심이다. 이제는 노안이 와서 돋보기를 끼지 않으면 글자가 안 보인다. 돋보기를 사용하기 전까지는 장정일의 말처럼 책만 읽는 직업이 있으면 좋겠다고 생각했다.

책은 언제나 설렘의 묘약으로 내 마음을 사로잡고 놓아주지 않는다. 어느결에 나도 이덕무 선생처럼 간서치(看書痴)가 되어 가는가 보다.

빈손

빈손으로 남의 집을 방문한 것에 관한 생각을 해봤다.

60 초반의 부부 두 쌍과 한 남자가 빈손으로 우리 집에 왔다. 집을 지어 이사 온 후 맞는 그들의 첫 방문이었다. 남자들은 "어머니!"라고 살뜰하게 부르면서 시어머니 손을 잡고 건강 안부도 물었다. 어머니는 둘째 아들의 친구 부부들을 무척 반기셨다. 추운 날이라 나는 유자차를 대접했다. 그들이 학창 시절에 가끔 집에 와서 어머니가 해준 밥을 먹고 낚시를 하러 가기도 했다는 말은 진작에 어머니에게 들어서 알고 있었다. 남자들은 아직도 교수직에서 정년퇴직하지 않았다는 것도 알았다.

나는 그들이 앉은 거실 주위를 살펴보았다. 행여나 들고 온 선물을 잊고 안 전해줬나 해서다. 여자들의 핸드백만 보였다. 그들은 몇 월 며칠에 우리 집을 방문하겠다는 의사를 미리 전했다. 그래도 급히 오느라 선물을 못 챙길 수도 있었을 것이다. '오는 길에 가게가 없었나'하고 생각해봤다. 그들이 다녀온 장례식장에서 우리 집에 오는 거리에 가게는 수없이 많다. 이따가 집을 나서면서 어머니에게 용돈으로 쓰라며 봉투 하나를 건넬 거라는 기대도 해봤다.

먼 곳에 사는 20대의 딸 친구는 저녁때에 우리 집에 오면서 음료수 한 상자를 갖고 왔다. 친구와 여행을 왔는데 지나가는 길에 친구가 보고 싶어서 들렀다는 것이다.

"어른들이 계시는 집에 그냥 올 수가 없어서요."

그냥 와도 되는데 뭐 이런 걸 다 사 왔느냐는 내 말에 딸 친구는 수줍은 듯 말했다. 뒤에 딸에게 들은 말은 이랬다. 우리 집 주위에 가게가 있는 줄 알고 왔는데, 가게가 안 보여서 다시 차를 타고 나가서 사 왔다고 했다. 우리 집 주위는 아직도 빈터가 많은 준 시골에 속한다.

또 한 사람이 있다. 선이 엄마다. 선이 엄마가 명절 전에 가져온 선물이 달걀 열 개와 어머니의 양말 한 켤레였다. 얼른 보니 양말도 노점에서 파는 걸로 보였다.

"다음에 돈 많이 벌면 더 좋은 거 사드릴게요."

그녀는 형편없는 성적표를 부모에게 내놓은 아이처럼 멋쩍어했다.

'차라리 사 오지 말지, 달걀 한 판도 아니고 열 개가 뭐야? 저것도 선물이라고…' 나는 그런 생각을 했다. 하지만 그녀에 대한 사정을 어머니에게 들은 후, 그 작은 선물이 얼마나 값진 것인지 알았다.

그녀는 스무 살에 결혼했다. 가난한 집에서 한 입이라도 줄여보고 싶은 그녀의 엄마가 정해준 남자와 억지 결혼을 했다. 내가 결혼하기 전에 그들은 우리 집에서 셋방 생활을 했다. 그녀는 남편의 잦은 폭력에 시달렸다. 고기잡이배를 타는 남편은 집에 오면 가족을 불안에 떨게 했다. 남자의 폭력이 심할 때면 보다 못한 시어머니가 나서서 말렸다. 남편이 집에 없을 때면 그녀는 숨통이 트였다. 아버지가 있을 때는 눈치를 보며 말이 없는 딸 역시 아버지의 부재 때면 재잘거렸다.

"어이! 이거 갖고 아범 없을 때 얼른 도망가소. 이리 살다가 자네 죽네."

어느 날, 어머니는 그녀에게 봉투 하나를 주면서 딸을 데리고 멀리 가라고 했다. 그녀는 어린 딸을 데리고 서울로 갔다.

"그때 여기 어머니가 안 계셨으면 나는 어떻게 됐을지도 몰라요."

자살까지 생각했다는 그녀는 어머니를 생명의 은인이라고 말했다. 타지에서 어린 딸을 데리고 안 해 본 일이 없을 정도로 고생을 한 그녀. 남편의 폭력 후유증으로 가끔 정신을 놓고 쓰러지면서도 열심히 살았다. 딸을 공부

시키고 결혼까지 시킨 후, 서울에 있을 필요가 없어서 고향으로 왔다. 나이 드니 골병이 들어서 병원 신세를 자주 진다고 했다. 기초생활보장대상자로 사는 그녀의 달걀 열 개와 양말 한 켤레는 큰 선물이었다. '부가 있으면 남에게 호의를 베풀 수 있지만 품위와 예의를 갖춰 베푸는 데는 부 이상의 것이 필요하다.' 갑자기 '찰스 갈렙 콜튼'의 이 말이 떠올랐다. 그 후로도 명절 전이면 그녀는 잊지 않고 작은 선물을 들고 어머니를 찾아왔다.

나는 딸 친구와 선이 엄마 그리고 빈손의 방문객을 비교하고 있었다. 오래전에 읽은 글이 생각났다. 홀어머니를 모시고 사는 부부가 방문을 닫은 채 뭔가를 먹었다.

"이거 어머니 드리지 말고 우리만 먹어요." 우연히 부부의 방 앞을 지나가던 어머니가 며느리의 이 말을 들었다. 며느리의 말에 아들은 당연하다는 듯 맞장구를 쳤다.

'아니, 뭔 맛있는 걸 지들끼리 먹는 거야?' 어머니는 서운한 마음이 들었다. 당장 방문을 열고 싶은 걸 참은 채 궁금증을 안고 돌아섰다. 아들 부부가 방을 비운 사이에 어머니는 아들 내외 방으로 들어갔다. 그 방에서 어머니는 딱딱하게 굳은 멸치볶음을 찾아냈다. 멸치볶음을 좋아하는 어머니지만 이가 안 좋아서 먹을 수 없다는 걸 안 부부의 배려였다.

우리 집을 찾아온 그들에게도 빈손으로 방문한 이유가 있을 터였다. 장례식장을 나와 남의 집에 갈 때는 빈손으로 가야 한다는 어르신들의 충고를 들었을지도 모른다. 우리 집까지 오는 동안에 있는 여러 가게가 문을 닫았을 수도 있다. 아, 딸 친구처럼 동네에서 선물을 사려고 했는데 가게가 안 보여서 다시 나가기 귀찮았을 수도 있다. 맡겨놓은 것도 아닌데 선물을 생각한 내가 속물인지 모른다. 나 역시 그런 실례를 저질렀을 수도 있다. 남의 집을 방문할 때 선물을 들고 가야 한다는 의무는 없다. 얼굴 보면서 지난 추억을 꺼내는 것도 얼마나 의미 있는가. 마음의 선물이 중요하다.

차를 마신 그들은 어머니와 이야기를 조금 더 하다가 일어섰다. 현관을 나서는 그들에게 어머니는 시간이 나면 또 놀러 오라고 하셨다. 그들이 떠날 때 봉투를 꺼내지 않아도 나는 이해하기로 했다. 다만 아흔이 가까운 어머니가 섭섭했겠다는 생각은 들었다. 우리 부부는 대문 밖으로 배웅을 나갔다. 그들은 중형의 외제 차 두 대에 나눠타고 떠났다. 떠나는 승용차 뒤에서 나는 아직도 '선물'이라는 화두를 잡고 있었다.

바다에 세금을 내라

병원 생활을 하는 친구가 내게 바다가 보고 싶다는 전화를 했다.

"바다가 이웃집 담장처럼 아무 감흥이 없다고 말한 게 너 아니었어?"

나는 심드렁하게 대답했지만, 친구가 드디어 바다에 관한 생각을 바꿨다는 걸 알았다. 내가 병원에 있을 때도 바다가 보고 싶었다. 병실 유리창 밖으로는 높은 건물과 하늘 그리고 전봇대와 가로수가 보였다. 바다가 보이는 곳에 있는 병원이라면 환자들의 상태가 더 나아졌을 거란 생각을 해봤다. 바다가 보이는 아파트에 사는 이 친구는 창문 너머 보이는 바다가 그저 정물화 같다고 했다. 늘 보는 바다는 큰 변화가 없어서 따분하다는 말도 했다. 그저 이웃집 담장처럼 느껴진다는 말에는 반박하고 싶었다.

바다는 수시로 변한다. 바람의 세기와 시간, 깊은 곳과 얕은 곳에 따라 색이 다르다. 잔잔한 날의 윤슬은 아름답다. 나는 마음이 답답할 때면 바다를 보러 갔다. 그러지 않으면 숨통이 막혀버릴 것만 같아서였다. 바닷가 긴 의자에 앉아 바라보는 바다와 하늘은 구분이 안 될 때도 있었다. 캄캄한 바다 위를 날다가 가끔 바다로 돌진하는 전투기 조종사가 있다고 했다. 밤바다는 까만 하늘로, 어선의 불빛은 별로 착각해 바다로 기수를 내린다는 비행착각 현상(vertigo)이 이해됐다. 바다가 보고 싶어 감옥을 탈출한 두 남자의 여정을 그린 영화도 있었다. 바다를 본 적이 없으면서도 온갖 역경을 견디고 바다로 간 두 남자. 의사에게 시한부 인생을 선고받은 그들이 바다를 앞에 두고 맞은 죽음은 어땠을까?

"물의 본질은 변하지 않아. 주위에 존재하는 것들에 의해 물의 색이 다양하게 보일 뿐이야."

친구는 말을 이었다.

"초록빛을 띠는 것은 물속에 플랑크톤이 풍부해서고, 서해가 누렇게 보이는 것은 중국에서 불어오는 황사 먼지가 포함돼서야. 홍해는 물속에 붉은색 해조류가 많아서고, 지중해의 에메랄드빛은 산호초에서 나온 석회질 성분이 물에 녹아서 그렇게 보인다니까."

바다색이 외부 환경에 영향을 받든 말든 나는 바다가 수시로 변한다고 믿는다. 바람의 세기와 시간, 깊은 곳과 얕은 곳에 따라 색깔이 다르다. 바다 앞에 서면, 그토록 풀리지 않던 매듭이 저절로 풀리는 느낌을 받는다.

바다를 보면서 말년을 보내겠다고 멀리 경상도에서 이사 온 노점상 할아버지가 계셨다. 그 할아버지의 노점상을 본 건 입원실 3층에서였다. 병실에서 할 일이 거의 없어 낮잠을 자다 보니 아침 일찍 잠이 깼다. 기지개를 켜며 습관처럼 밖을 내다봤다. 그 이른 시간에도 승객 두어 명을 태운 버스가 지나가고 산 아랫마을의 몇 집엔 불이 켜져 있었다. 그 시간에 중절모를 쓴 할아버지는 유료주차장 앞길 한쪽에 비치파라솔을 일으켜 세워 펴고 담 옆에 묶어놓은 짐을 풀었다. 물속에서 행동하는 것처럼 조금도 서두르지 않고 하나씩 꺼내 가판에 늘어놓는 동안 어둠이 서서히 물러났다. 할아버지의 모습은 물건을 팔러 나온 게 아니라 강태공처럼 시간을 보내기 위한 것처럼 보였다. 신문을 읽고 난 다음에는 멍하니 거리를 바라보다가 소주를 따라 마시기도 했다. 그 할아버지가 안 보이는 날은 무슨 일이 생겼나 하는 궁금증이 생겼다.

'퇴원하면 저기서 물건 좀 갈아드려야겠다.'

나는 그런 생각을 했다. 당장 내려가서 물건을 사고 싶었으나 다리 골절을 당해 목발을 짚고 다녔던 터라 건널목 건너기가 망설여졌다. 온종일 앉아계셔도 물건 사는 사람이 별로 없었다. 그럴 만도 하다. 몇 걸음만 걸으면 이곳에서 가장 규모가 큰 시장이 있어서다. 퇴원 후, 입원했던 병원에서 물리치료를 받고 나오는 길에 나는 할아버지의 가게에 들러 당장 필요하지도 않은 손톱깎이와 때밀이 수건, 효자손을 샀다.

"어르신, 참 부지런하시네요. 새벽부터 일찍 나오시잖아요?"

내 인사에 할아버지는 씁쓸하게 웃었다. 집에 있으면 할머니 생각이 더 난다고 하시고는 더운 날도 아닌데 부채질을 했다. 할머니의 고향이 이곳 바닷가였단다. 할아버지 부부는 경상도에서 오래 사셨다. 자식들을 결혼시키고 두 분만 오붓하게 살았는데, 할머니에게 치매가 왔다. 할머니는 결혼 전에 살았던 바닷가에서의 기억만은 잊지 않았다고 했다. 치매 치료에 조금이라도 도움이 될까 해서 이곳으로 오신 거라고 하셨다. 두 분이 바닷가를 산책하실 때면 할머니는 작은 배를 탔던 기억, 모래밭에서 개불을 팠던 기억을 떠올리며 기뻐했다면서 할아버지는 눈시울을 적셨다. 할머니가 돌아가신 후, 노점상을 하면서 시간을 보낸다고 하셨다. 그곳 주차장에 병원이 생긴 후 할아버지의 노점상도 없어졌다.

바다는 사람을 먹여 살리기도 하고 죽음을 안겨주기도 한다. 바닷가에 계속 늘어나는 숙박업소와 카페는 바다가 먹여 살린다. 바다가 보이는 곳에 있는 카페의 커피 한 잔 값이 자장면 한 그릇과 맞먹는다. 뷰(view)에 대한 값이다. 바다를 사용한 사람들은 바다에 세금을 내거나 선물을 해야 한다는 게 내 생각이다.

바다가 몹시나 그립다는 친구에게 나는 이렇게 말했다.

"친구야. 지구가 뒤집혀도 바다는 그대로 있을 테니까 걱정하지 말고 빨리 낫기나 해."

어디에나 사이비

여행 중인 찰리 채플린이 어느 마을에서 열린 '찰리 채플린 흉내 내기 대회'에 장난삼아 참가했는데 3등을 했다. 그가 친구에게 그런 사실을 말하자 친구는 "그건 자네가 자네 흉내를 냈기 때문이라네"라고 말했다. 채플린은 그때 남을 흉내 내서는 최고가 될 수 없다는 깨달음을 얻었다고 한다.
사이비는 곳곳에 있다. 우리 집 벽에는 제 기능을 발휘하지 못하는 뻐꾸기 시계가 장식품 노릇을 하고 있다. 나무처럼 보이는 플라스틱으로 만들어진 그 시계를 보고 있노라면 배신감을 느꼈던 그때가 떠오른다.

1980년대 초반의 초여름이었다. 어디선가 뻐꾸기 울음소리가 들렸다. 산이 그리 가까운 곳에 있지도 않은 이런 도시에서 들리는 뻐꾸기 소리는 새로웠다. 어린 시절, 마을 주위에 있는 산에서 자주 들려왔던 소리다. 한동안 뻐꾸기 소리를 잊고 살았던 나는 방에 있다가도 그 소리를 잘 듣기 위해 산과 가까운 쪽에 있는 부엌으로 달려가곤 했는데 어느새 그치면 안타까워 얼른 자리를 뜨지 못했다.

"너, 이런 도시에서 뻐꾸기 소리 들어봤냐? 지금이 60년대도 아니고 가까운 곳에 숲도 없는데 하루에도 몇 번씩 뻐꾸기의 맑은 울음소리를 들을 수 있다니까!"

나는 뜻밖의 행운을 거머쥔 사람처럼 흥분하며 친구에게 전화했다. 친구는 그럴 수도 있겠다고 심드렁하게 대꾸했다. 별것도 아닌 일에 나만 호들갑을 떠는 꼴이 돼버렸다.

뻐꾸기는 다른 새의 둥지에 알을 낳는다. 그 알이 부화해서 뻐꾸기가 되면 둥지 주인의 알들을 밖으로 밀어내버린다. 불청객이 주인의 둥지를 독차지하는 것이다. 둥지의 주인인 어미 새는 뻐꾸기가 자기 자식인 줄 알고 계속 먹이를 물어다 나른다. 다른 어미 새의 먹이를 받아먹으면서 자란 뻐꾸기는 20일 정도 되면 둥지를 떠난다. 둥지를 떠난 뒤에도 일주일 이상이나 먹이를 받아먹는다니 참 염치없는 새다. 그런데도 뻐꾸기의 울음은 나를 기분 좋게 만드는 힘이 있다. 어렸을 적 시골 고향 뒷산에서 울려 퍼지는 뻐꾸기의 소리는 청아했다. '뻐꾹 왈츠'를 작곡한 '요나손'도 아마 나처럼 뻐꾸기 소리를 들은 뒤에 곡을 썼을 것이란 상상까지 해봤다.

어린 시절의 뻐꾸기 소리를 회상하며 좀처럼 듣기 어려운 그 소리를 도시인들에게 들려주고 싶을 지경이었다. 그런데 날마다 듣다 보니 매양 인심 쓰듯이 몇 번 울고 마는 게 좀 불만스러웠다. 조금 더 울었으면 하는 아쉬움마저 들었다. 비 오는 날에도 우는 뻐꾸기 소리를 듣다 보니 전해오는 이야기가 생각났다. 가난한 집에 태어나 동생들 먹이느라 쑥국 한 그릇도 먹지 못해 죽은 누나의 혼령이 새가 되어 "쑥국 쑥국"하고 울었다는 전설이다.

뻐꾸기 소리를 계속 듣다 보니 이상한 점이 있었다. 시보처럼 일정한 간격으로 우는 데다 산이 아닌 뒤쪽에서 소리가 났다. 조금씩 의문이 생겼다. 뻐꾸기가 울 때마다 시간을 보니 정확하게 시보가 울릴 시간이었다. '뻐꾸기가 시간을 알 리도 없는데…혹시 시보를 알리는 뻐꾸기시계가 있는 게 아닐까?' 그때마다 시간을 보니 정확하게 시보가 울릴 시간이었다. 나는 옥상으로 올라가 뒷집 아주머니를 불러 혹시 집에 뻐꾸기 소리를 내는 시계가 있느냐고 물어보았다. 아주머니는 있다고 했다.

몇 달 뒤, 이모가 뻐꾸기시계를 선물해 주었다. 시보가 울릴 때면 두 개의 작은 문이 양쪽으로 활짝 열리면서 뻐꾸기가 튀어나왔다. 뻐꾸기는 시간의 숫자만큼 울었다. 계곡의 물 흐르는 소리가 배경으로 깔렸다. 울고 난 뻐꾸기가 집으로 쏙 들어가면 여지없이 문이 닫혔다. 자기 할 일은 마쳤으니 안에 들어가서 편히 쉬겠다는 의도처럼 보였다. 그 후로 수많은 '사이비'가 보이기 시작했다. 동네 가게의 화병에 꽂혀있는 꽃이 생화인 줄 알고 코를 대어봤더니 향이 없었다. 물방울까지 붙어 있었던 그 꽃 역시 조화였다. 음식점에 놓인 벤자민과 파키라 같은 관엽식물도 만져 보면 생명 없는 것이 많았다. 추운 날 미장원에 들어섰을 때 혀를 날름거리며 활활 타고 있는 벽난로를 보니 추위가 가셨다. 가까이 가보니 불꽃의 혀는 가짜였다.

언젠가 어머니가 꽃 한 다발을 사 오셨기에 감탄했는데 조화였다. "생화는 금세 시들어버리고 지저분한 모습을 보이지만, 조화는 오래가고 시들지도 않아." 시큰둥한 내 표정을 본 어머니가 말씀하셨다. 그런 어느 날, 옆집에서 닭 우는 소리가 들렸다. 텔레비전에서 나는 소리이겠거니 했다. 어머니 방에서 보면 그 집 방 귀퉁이가 보인다. 온종일 텔레비전을 켜놓고 사는 집이었다. 시골도 아닌 가정집에서 닭이 운다는 걸 이해할 수가 없었다. 시내에서 닭을 키워도 되나 하는 의문이 생겼다. 나는 궁금해서 옆집의 대문이 열려 있는 날을 틈 타 안을 들여다보았다. 좁은 마당 한쪽에 작은 닭장이 하나 놓여있었다. 그 안에 큰 닭 한 마리가 햇볕 아래 졸고 있었다.

모든 건 마음 먹기에 달렸다는 어머니의 말씀을 듣곤 생각을 바꾸었다. 그 뒤로 뻐꾸기 시보가 울릴 때면 눈을 감았다. 돌 틈 사이로 흐르는 맑은 물소리와 녹음 짙은 산에서 울려 퍼지는 뻐꾸기 소리의 메아리는 자연의 품에 안겨있는 것 같은 착각을 불러오곤 했다. 내가 뻐꾸기라고 생각하면 뻐꾸기이고, 물소리라고 생각하면 물소리였다.

세상에는 진짜와 가짜가 공존한다. 꼴등이 없으면 일등이 빛나지 않듯 가짜가 없으면 진짜 역시 돋보이지 않는다. 우리 집 뻐꾸기시계가 멈춘 뒤로는 건전지를 넣지 않았다. 다른 시계에 비해 건전지 수명이 너무 짧기도 했지만, 방마다 시계가 걸려있어서다. 박제처럼 달린 뻐꾸기는 건전지만 넣어주면 다시 울어주겠다는 듯 언제나 '대기 상태'이다.

두 소년

여름이면 그 계곡의 두 소년이 생각난다. 부모님과 형제자매가 백운산의 계곡에 있는 산장에 모이는 게 여름의 연례행사다. 부모님의 생일이 여름에 들어서다. 재작년부터 2년 동안은 코로나 팬데믹 발생으로 가지 못했다. 수십 번을 갔지만 기억에 생생한 일이 있다. 두 소년의 이야기다.

그해에도 우리는 예약해놓은 산장의 평상에 모였다. 평상 아래쪽 그리 깊지 않은 계곡에는 아이들이 몸을 담그고 있었다. 어른들도 있다.

"할아버지! 우리 물놀이해요!"

닭 불고기를 거의 먹었을 무렵, 어린 조카들이 남편을 불렀다. 고모부인데도 조카들은 남편을 할아버지로 부른다. 겉늙어 보이는 데다 나이로 쳐도 할아버지뻘이긴 하다. 불감청 고소원. 더운 여름에는 온종일 물속에서 살았으면 좋겠다고 말하는 남자다. 하지만 조카들이 부른다고 바로 물속에 들어가는 건 채신머리없는 짓이라는 듯 그는 가족들의 눈치를 보고 있었다. 얼른 들어가 보라는 엄마의 말에 마지못한 듯 일어섰다. 물론 조카들이 부르지 않아도 물속에 들어갈 사람이다. 그는 가벼운 옷차림으로 돌계단을 내려갔다. 아이의 눈높이로 놀아주다 보니 조카들은 여름이면 항상 저희 고모부를 기다린다.

그와 조카들의 물장난이 시작됐다. 양손으로 서로의 몸에 물을 끼얹고 피하고 얼굴의 물을 훔치고 물을 피하려고 뒤돌아서는 모습. 동심으로 돌아가 장난을 치는 그의 모습이 천진하기만 하다. 나이나 체면 때문에 주위의 시선에 신경을 쓰느라 우리는 많은 것을 참고 양보하고 포기도 하면서 살아가는 것 같다. 혼자는 살 수 없는 세상에 사는 인간이기 때문이다. 손이 작은 조카들은 물을 많이 맞은 게 억울해서인지 바가지를 들고 가서 그에게 물을 마구 끼얹기도 했다.

"야! 니들 그거 반칙이다!" 그의 말에 조카들은 "할아버지 손은 크잖아요?"라며 아랑곳하지 않았다. 우리는 남은 음식을 먹으면서 많은 이야기를 했다. 그곳은 시원하다 못해 춥다. 매미 소리, 물 흐르는 소리, 물속 사람들의 고함, 닭 읽는 냄새, 바람 따라 날리는 연기, 음식을 나르는 아르바이트생들의 잰 발걸음.

"아저씨! 왜 우리 아들을 울려요? 우리 아들이 뭔 잘못을 저질렀다고 그러냐고요?" 갑자기 옆 평상에서 여자의 앙칼진 목소리가 들렸다. 여자의 시선은 그에게 꽂혀있었다. 주위 사람들의 시선도 그쪽으로 모였다. 그와 조카들 사이에서 이방인처럼 다섯 살 정도의 소년이 물총을 손에 든 채 울고 있었다.

"얘가 먼저 우리 할아버지한테 물총을 쐈어요!"

"그래서 우리 할아버지가 하지 말라고 했는데 말을 안 들었어요."

조카들이 여자를 쳐다보며 억울하다는 표정으로 한마디씩 했다. 여자는 제 아이에게 화를 내면서 올라오라는 말만 했다. 그는 더는 놀 마음이 없다는 듯, 조카들에게 잠시 쉬겠다면서 평상으로 올라왔다. 상황은 이랬다. 그와 조카들이 신나게 물놀이를 하는 모습이 부러웠는지 옆에 서 있던 소년이 갑자기 그에게 물총을 쏘았다고 했다. 재미있게 노는 데 끼고 싶었는지 아니면 자기도 우리 조카들처럼 그를 공격 대상으로 삼았는지는 모르겠다.

"꼬마야~ 하지 마."

그는 좋게 타일렀다고 한다. 그런데 녀석은 들은 체 만 체 혼자 신이 나서는 남편의 얼굴을 향해 물총을 쏘아댔고 급기야 귀에 물이 들어갔다고 한다. 화가 난 그가 "녀석아, 그만 하라니까!"라며 조금 큰소리를 냈더니 아이가 울어버렸다는 것이다.

"저럴 땐 사과해야 하는 거 아냐?"

"저런 여자를 헬리콥터 맘이라고 하는 거야."

"내가 한마디 해주려다가 저런 몰상식한 여자와 상대하기 싫어 참았어."

우리 자매는 이런 말을 했다. 매미 소리가 그악스럽게 들렸다. 그날 오후, 그는 점심을 먹은 후 물에 또 들어갔다. 한숨 자려고 평상에 누웠는데, 입술이 보라색으로 변한 조카들이 또 불렀다. "이놈의 인기란…"하면서 그는 다시금 물에 들어갔다. 잠시 후, 여섯 살로 보이는 한 소년이 그의 곁으로 가더니 "할아버지! 제가 잡은 고기예요." 하면서 버들치로 보이는 고기 몇 마리가 담긴 병을 그에게 보여줬다.

"야, 네 할아버지 아니야. 우리 고모부야!"

자기들은 할아버지라고 부르면서 옆에서 이런 참견을 하는 조카들. 그러자 그 소년은 "죄송합니다. 아저씨!"라고 했다. 앞의 소년처럼 또 버릇없는 아이면 어떡하나 하는 건 기우였다. 소년은 예의를 지키며 장난을 쳤다. 조카들과도 동네 친구처럼 잘 어울렸다. 옆 평상의 아까 그 소년은 물에 못 들어가서 아쉽다는 듯 자기 엄마 눈치를 보고 있었고 여자는 아들의 시선을 무시했다. 한참이 지나서도 아이들은 지치지도 않는지 자기들끼리 장난을 쳤고 그는 물속에서 목만 내놓고 휴식을 취하고 있었다. 태양과 산꼭대기의 거리가 멀지 않게 보일 때 모두 밖으로 나왔다.

"아저씨, 이거 드세요."

물에서 나와 평상에 앉아 수박을 먹고 있는 그에게 조금 전까지 함께 놀던 소년이 사탕을 든 양손을 내밀었다. 고맙다는 그의 말을 들으며 소년이 돌아가는 곳을 보니 부모로 보이는 남자와 여자가 평상에 앉아 있었다. 그들은 우리를 향해 눈인사를 했다. 우리 아이와 놀아줘서 고맙다는 표정이었다.

'이 부모는 자식을 참 잘 키웠네.'

해 질 무렵, 집으로 가기 위해 갖고 갔던 물건을 차에 옮겼다. 그때 조금 전의 소년이 우리 앞으로 달려오더니 "아저씨, 안녕히 가세요."라고 그에게 허리 굽혀 인사를 했다. "너도 잘 가!"라며 남편은 머리를 쓰다듬어 주었다.

우리가 손을 흔들며 소년이 온 곳을 보니, 소년의 부모가 차 옆에서 우리를 향해 천천히 고개를 숙였다.

"나도 저런 아들 하나 낳고 싶다."

내 말에 동생들이 "언니 곧 환갑이야 꿈 깨!"라고 해서 모두 웃었다. 지금은 초등학생이 됐을 그 소년을 계곡에서 본다 해도 알아볼 수는 없겠지만 아름답고 건강하게 자랐을 거라고 믿는다.

차성애

duck6018@daum.net

오래된 연애편지

공벌레 사색

눈 깜짝할 사이

딸막이 엄마

시장 풍경

인연

할아버지의 꽃상여

월간 〈모던포엠〉 신인상(시 2007), 〈깊어지는 것들 시선〉(2010), 〈한국수필〉 신인상(수필 2020)으로 등단/ 한국문인협회 회원, 전남문인협회 회원, 여수문인협회 사무국장, 여수동부수필문학회 회원

오래된 연애편지

40년이 훌쩍 지났다. 강산이 네 번이나 변한 세월! 그사이엔 빛바랜 연애편지가 있었다. 내 나이 21살, 꽃다운 시절이라고들 했다. 문학을 꿈꾸며 많은 책을 읽었다. 책을 읽고 있는 시간은 늘 자유롭고 좋았다. 책장을 펼치면 경험해보지 못한 것들과 그로 인해 경험해보고 싶은 상상들이 책장 사이를 누비고 다녔다. 그렇게 시간을 보내던 중 군인 복장을 하고 들어서는 사촌오빠와 사촌오빠 친구인 그를 만났다. 사촌오빠는 휴가를 받아 집에 오는 길이라고 했다. 오빠의 집은 돌산이었다. 그 시절엔 돌산을 가려면 배를 타고 가야 했는데 시간이 늦으면 배가 끊겼다. 배도 끊기고 해서 작은아버지께 인사도 드릴 겸 들렀다고 했다. 아직 저녁을 먹지 못했다고 하자 엄마는 그런 오빠와 그의 허기를 메워 주려고 부지런히 저녁을 차려내셨다. 사촌오빠는 평소에도 엄마가 해주신 밥을 무척 좋아했는데 배가 고프던 차에 얼마나 맛있었는지 두 사람은 밥 두 그릇을 순식간에 비웠고 나는 보는 것만으로도 신기했다. 식사 후 아버지와 오빠는 군대 생활 이야기도 하고 큰아버지의 근황도 알려주면서 밤이 깊도록 이야기를 나누었다. 돌산에 들어가기 전 오빠와 친구분은 오동도를 구경하겠다며 나에게 함께 갈 것을 권했다. 나는 못 이기는 척하고 따라나섰지만 그다지 재미는 없었다. 오빠와 그는 알아들을 수도 없는 군대 이야기만 했다.

대문 앞에서 머뭇거리는 사람이 있어서 나가봤더니 어젯밤 오빠와 같이 왔던 군인 친구가 우리 집을 찾아온 것이었다. 이유인즉 어제 신세를 져서 고맙다는 인사를 드리러 왔다고 했다. 부모님께 인사를 드리고 나서는 나와 이야기를 나누고 싶다고 했다. 군복이 잘 어울려서인지 첫인상이 근사했던지라 그를 따라 다방으로 갔다. 이런저런 이야기를 하다가 아버지는 한 살 무렵 돌아가셨고 어머니는 자신이 입대하고 얼마 지나지 않아 돌아가셨다는데 자기는 일곱 형제 중 막내라고 했다. 집에서는 탈영할까 염려스러워 어머니의 부고를 알려주지 않았다고 했다. 그래서 어머니의 장례식에도 오지 못했다면서 얼굴 가득한 슬픔을 애써 참으려는 듯 한참을 말을 잊지 못했다. 누구에게나 어머니는 특별하겠지만 그의 어머니도 그에게 특별하셨던 것 같았다. 늦은 나이에 늦둥이를 낳은 탓에 둘은 더없이 애틋했다고 한다. 어머니는 아들만 7형제를 키우면서 행상을 꾸려 객지로 물건을 팔러 다녔다. 안 해 본 장사가 없을 정도로 몸이 부서지도록 일했지만 그래도 먹고사는 것이 늘 어려웠다고 했다. 행상의 무게보다 더 커다란 삶의 무게를 이고 발품을 팔았을 어머니는 온몸의 관절이 닳고 무너져서 결국은 돌아가셨다고 애써 감정을 누르는 모습이 안쓰러웠다. 주체할 수 없는 슬픔으로 가득 찬 그의 마음에 쉴 틈을 내어주고 위로해 주고 싶었지만 어떻게 위로를 해줘야 할지 몰라서 힘내고 군대 생활 열심히 하라고만 했다.

그 후 일주일 휴가를 받았다면서 날마다 내가 있는 곳으로 나와 차를 마시고 군대 이야기며 학교 다닐 때 등 여러 이야기를 들려주었다. 70년대 후반, 돌산은 섬이라서 여수에 있는 고등학교에 진학하는 게 쉬운 일은 아니었으며 공부를 잘해야 한두 명 들어갈 수 있었다고 한다. 어머니가 돌아가시자 큰형님이 가장이 되어 그를 대학교에 보내주셨고, 항상 아버지처럼 품어주셨다고 했다. 방학이면 돌산 후배들에게 과외를 하기도 하고 동네일도 거들어 주면서 용돈을 벌어서 학교에 다녔다는 그는 섬사람 같지 않게 하얀 얼굴과 큰 키 군복이 잘 어울렸다. 첫인상처럼 함께 있는 시간 동안 맑은 심성이 느껴지며 좋은 사람일 것이라는 생각이 들었다. 우린 자연스럽게 서로에게 끌렸다. 휴가를 마치고 돌아가는 날 내가 먼저 편지 한 장을 책 속에 넣어주었다. 함께 했던 시간이 따뜻하고 고마웠다고 답장이 왔다.

이후 서로 편지를 나누면서 제대할 때까지 그렇게 연애편지는 나와 그를 연인으로 만들어줬다.

훗날에 안 일이다. 내게서 편지가 오는 날이면 내무반 동료들과 함께 편지를 읽었다고 한다. 내무반 동료들이 내 편지를 더 기다렸다고. 그때 나는 글씨를 잘 썼다. 고등학교 다니는 3년 내내 서기를 했을 정도였다. 수업내용이나 조회 시간 등을 일일이 수기로 써야 했던 시절이어서 서기가 학급일지를 기록해서 검사를 맡았다. 그 시절엔 출판사 같은 데서 책을 만드는 건 생각지도 못했다. 일명 가리방(줄판)에 철필로 긁어 등사해서 시험출제도 했던 때다. 그때는 교지는 물론이고 반지를 만드는 게 유행이었다. 반지를 만들기 위해 가리방을 긁으면서 글쓰기 연습이 되지 않았나 싶다. 고등학교 때 글쓰기 연습을 했던 탓인지 글씨도, 글의 내용도 그의 내무반 동료들에게 인기가 있었던 것 같다. 간지러운 내용도 있었을 텐데 돌아보니 부끄럽기 짝이 없다. 제대하는 날 버스터미널로 마중을 나갔고 그는 내게 편지 한 묶음을 안겨 주었다. 처음 만났을 때처럼 심장이 뛰었다. 우리의 시간을 송두리째 되돌려받은 그 마음에 감격해서 울컥울컥 눈물을 쏟았던 기억이 새롭다.

그는 제대한 지 6개월 만에 취직이 됐고 우린 결혼을 하면서 더는 남편의 편지를 받지 못했다. 그렇지만 나는 가끔 편지를 써서 출근길에 건네곤 했다. 지금도 나는 손편지를 써서 누군가에게 마음을 전하면 설레고 좋다. 결혼생활이 40년쯤 지난 어느 날 오래된 물건을 정리하는데 까맣게 잊고 있던 편지한 묶음이 발견되었다. 내가 쓴 편지를 읽다가 눈물이 고이길 몇 번 오래된 편지의 행간마다 주고받았던 마음이 서로를 기대고 고스란히 남아 있었다. 그 편지를 딸에게 보여주었다. 대단하다면서 놀라워했다. 엄마의 소중한 연애편지를 간직하고 싶다면서 읽고 사진으로 남기는 딸 앞에서 세월의 무상함이 느껴졌다. 생각하면 아득한 날들이다. 아프고 다치고 상처로 남았던 그 많은 세월에 얽혀 힘든 날도 많았지만 그런 날들의 사이사이를 헤치며 엄마로 아내로 삶의 마디를 만들고 나이테를 만들어왔다.

오래된 연애편지를 읽으며 젊은 한 시절의 애틋한 추억을 그려본다. 오늘은 더 좋은 '나'로 살고 싶다. 작고 사소할지라도 지금보다 더 반짝이는 것들로 나의 삶이 채워지길 기도하면서 살 것이다.

*가리방: '등사판'의 일본어. 우리말로 '줄판'을 뜻한다. 줄판이란 인쇄작업을 위해 철필로 등사 원지를 긁을 때 밑에 받치는 홈이 팬 강철판을 말한다, (조선일보 그라운드 사투리 가리방에서)

공벌레 사색

앞마당에서 놀다 들어온, 두 돌이 갓 지난 딸아이의 주머니 속에 공벌레가 가득했다. "왜 이렇게 많은 공벌레를 데리고 왔어?"라고 물으면 "내 친구들이야, 함께 놀려고" 하며 대답했다. 아이가 공벌레를 바닥에 내려놓자 죽은 듯 가만히 있다가 주위가 조용해지면 둥그런 몸을 천천히 편다. 건드리면 또르르 몸을 말아버리길 몇 번 그렇게 시간 가는 줄 모르고 한동안 공벌레와 놀다가 잠이 들곤 했다.

여수 시내가 한눈에 내려다보이는 봉산동 산자락 아래, 공기가 맑아 살기 좋은 환경 탓인지 집 마당에는 벌레들이 많았다. 그중에서 공벌레가 많았다. 건드리면 몸을 말아버리는 게 신기했던지 딸아이는 공벌레와 노는 걸 무척 좋아했다. 맨손으로 날마다 공벌레를 만지고 노는 아이에게 해롭지 않을까 걱정이 되어 곤충도감을 찾아보니 해롭지 않을뿐더러 오히려 환경을 깨끗하게 해주는 이로운 곤충이라고 했다. 아이의 손에서 벗어나면 지친 듯 비틀거렸다. 딱딱하고 까만 것이 촉감도 그렇고 우선 '벌레'라는 생각에 나는 공벌레 만지는 것이 싫었다. 밖으로 보내면서 말하곤 했다. "내일은 잡히지 말거라" 나는 공벌레는 별로지만 무당벌레는 좋아한다. 공벌레와 친구가 된 아이를 보면서 무당벌레를 손등에 올려놓으면 작은 발을 꼬물거리며 손등을 타고 내려가는 몸짓이 사랑스럽고 귀여워서 무당벌레를 가지고 놀았던 어릴 적 기억이 새삼 떠올랐다.

공벌레는 위협을 느끼면 몸을 말아서 자신을 지키려는 특성이 있다. 공처럼 몸을 만다고 해서 공벌레라 하고 콩알만큼 작다고 해서 콩벌레라고도 부른다. 등에 갑옷같이 두꺼운 껍질이 덮여 있어서 등각류에 속한다고도 한다. 공 벌레는 자연과 사람이 공생하며 살아갈 수 있도록 청소부 역할을 한다고 한다. 자연의 모든 것들은 태어나고 죽고 분해되는 과정을 거치며 순환한다. 자연을 순환시켜 주는 마지막 단계에 있는 생물 중 하나가 이 분해자 공벌레이다. 썩은 낙엽, 썩은 식물, 썩은 고기 등등 거의 모든 것을 먹고 이를 배설하며 생물이 성장하는 데 도움을 준다고 한다. 콩알만 한 공벌레, 지렁이 같은 작은 것들이 가장 낮은 곳에서 지구를 지킨다는 게 얼마나 신기하고 놀라운 일인가. 1센티미터도 채 안 되는 공벌레 암컷은 배에 알주머니를 만들어서 알을 품는다. 어미는 그 알주머니에서 태어난 유충을 며칠간 애지중지 키운다. 새끼들은 어미의 배에서 며칠을 지낸 후 독립한다고 한다. 작은 곤충들의 종족 번식이 실로 경이롭다.

생각해 보니 나도 공 벌레처럼 등에 껍질을 지고 세상을 피해서 몸을 말아버리고 싶었던 순간순간들이 있었다. 결혼 초, 남편은 다니던 직장을 그만두고 사업을 했다. 사업은 번창했다. 언제까지나 괜찮을 줄 알고 저축할 생각은 하지 못했다. 오직 아이들의 교육에 정신을 쏟았다. 바이올린 선생님을 집으로 오게 해서 개인과외를 시켰고 피아노 영어학원 등 '엄마의 극성'으로, 지금 생각해 보니 아이들도 힘들었을 터이다. 어쩌면 나의 꿈을 아이들을 통해서 이루고 싶었던 것은 아니었을까, 어릴 적 나는 피아노가 너무 배우고 싶었다. 그 시절은 누구나 할 것 없이 어려웠다. 종이 위에 건반을 그려놓고 그 종이 건반을 두드리며 놀았던 기억이 아련하다.

아이들이 피아노나 바이올린 연주하는 것을 보고 있으면 마냥 행복했다. 하지만 그 행복은 오래가지 못했고 위기가 찾아왔다. 남편이 큰댁에 보증을 서 줬던 게 화근이었다. 큰댁은 규모가 큰 건축자재 납품사업을 했는데 경기가 바닥으로 곤두박질쳤고 보증을 서 줬던 금액은 꽤 컸던지라 감당하기 어려웠다. 재산을 다 잃어버리고 남편도 그로 인한 충격이 컸던지 힘들어지기 시작했다. 수시로 빚 받을 사람들이 찾아왔고 급기야 남편은 피신할 수밖에 없었다. 그런 날들이 반복되며 내 삶도 허물어져 갔다. 먹지도 못하고 나갈 수도 없었다. 나는 한겨울 앙상한 나뭇가지처럼 말라 갔다. 내가 잘못하지 않았어도 책임을 져야 했다. 책임의 값은 무서웠다. 나는 마치 아이의 손에서 벗어나지 못한 공벌레처럼 바들거리며 떨었던 고통의 시간이 내 등에 점점 쌓여갔다. 세월의 위로였을까. 그토록 힘들었던 아픔의 날들도 시간이 지나니 아물어갔다 지금 생각해 보면 몸서리쳐질 만큼 힘들었던 시간, 어찌 견디었을까 싶었던 시련이 우리 가족에게 단단한 자양분이 되지 않았을까.

습한 날씨 탓인지 거실 바닥에 공벌레 한 마리가 기어 다닌다. 살짝 건드렸더니 또르르 몸을 말아버린다. 어두웠던 그늘의 추억이 되어버린 지난날이 떠올랐다. 거실 바닥에 앉아 공 벌레를 바라보며 생각에 잠겨본다. 저렇게 작은 몸으로 기적을 만들며 커다란 희망과 사랑으로 지구와 닿아 있는 공벌레. 동그랗게 몸을 말아 제 세상을 지키던 호주머니 속 공벌레처럼 딸아이와 아들은 동그란 세상의 어느 한 축을 지키며 제품을 키워가고 있다. 그런 아이들이 대견하고 감사하다.

공벌레의 사색을 통해 지난 시간의 상처 난 마음을 동글동글하게 다독여본다. 누군가가 말했다. 살아있음은 기적 같은 축복이라고. 사람들이 알아야 할 것을 온몸으로 실천하는 자연의 작은 미물에게도 감동받는 일상. 자연과 사람이 함께 사는 삶이지 않을까. 자연이 주는 작은 것들에 자주 감동하며 살아가고 싶다.

눈 깜짝할 사이

소소한 일상을 살던 어느 날, 예기치 않은 사고가 일어났다. 7시 30분, 12시 30분, 5시 30분. 똑같은 시간에 밥상이 침대 위에 놓인다. 편안하면서도 불편하게 느껴지는 환경. 병실의 어색함에 지루하게 하루가 지나갔다. 불편한 사람들이 더 불편한 사람들을 돌봐주면서 서로의 마음에 다리가 되어주는 곳이 병실이었다. 아마도 아픔이라는 같은 동질의 현실 때문이리라.

그야말로 눈 깜짝할 사이에 갑자기 쾅 하며 부딪히는 소리와 함께 정신을 잃었다. 몇 초간의 정적이 흐른 것 같았다. 사람들의 시끌시끌한 소리에 눈을 떠 보니 상황은 아수라장이었고 무릎에서는 피가 흐르고 통증이 느껴졌다. 가슴이 두근거리고 손과 다리가 풀려 온몸은 사시나무 떨리듯 떨렸다. 겨우 차 문을 열고 무릎을 절뚝이며 나와 보니 부딪힌 차량의 사람들도 어깨를 부여잡고 놀란 가슴을 쓸어내리고 있었다. 다친 곳은 없느냐고 물어보려는데 대여섯 명의 남자들이 사고 현장을 에워싸고 웅성거렸다. 순식간에 레커차 두서너 대가 오고 그야말로 남의 일로 여겨졌던 일이 내게도 일어난 것이다. 보험사에도 연락해야 하는데 얼떨결에 아무 생각이 나지 않았다. 친구를 만나러 가는 길이었기에 친구에게 연락을 했다. 겨우 정신을 차리고 보험사와 연락을 하니 조금만 기다리라고 한다.

충격으로 인해 다친 곳의 통증이 더 아프게 느껴졌고 부딪칠 때 터진 무릎에선 피가 흘렀다. 아, 사고구나. 그것도 아주 대형 사고가 났구나. 내 차의 상태는 앞 범퍼가 폐차 직전의 흉한 모습으로 찌그러졌다. 검은 연기가 나고 범퍼에서는 기름이 흐르고 유리는 깨어져 엉망이었다. 보험사 직원이 와서 사고 현장을 수습했다. 휴일이어서 병원들은 쉬는 곳이 많았다.

보험사 직원이 안내하는 병원으로 갔다. 교통사고는 후유증이 크기 때문에 입원해서 엑스레이를 찍고 경과를 지켜보자고 했다.

병실은 4인실이었고 먼저 입원해있던 세분이 누워계셨다. 낯설고 어색한 환경. 사고가 안 났으면 좋으련만 내가 잘못했나? 갑자기 밀려오는 불안감. 평소에도 마주 오는 차가 있으면 내가 먼저 양보해주고 피하는 쪽이었는데 괜한 자책으로 마음을 다스리기 힘들었다. 흔히들 말한다. 안 좋은 일이 생길라치면 꿈자리가 사납다고. 밤새 어두운 골목을 헤매고 차를 잃어버려서 찾으러 다니는 꿈을 꾸었었다. 그 꿈 탓이었나? 애써 운이 안 좋아서 난 사고라 생각하고 싶었다. 이런저런 복잡한 생각으로 병실에 누워 있는데 친구에게서 문자가 왔다 "얼마나 놀랐니? 사고는 언제나 누구에게나 일어나는 거야. 놀란 가슴 생각하니 나도 가슴이 뛴다. 스스로는 쉬지 않을 것 같으니 쉬어가라고 멈추게 한 거야! 세상엔 뜻하지 않은 일들이 많단다. 그 많은 일들 중 하나라고 생각하자." 친구의 따뜻한 마음에 왈칵 눈물이 났다.

그래 그동안 쉼 없이 너무 앞만 보고 왔구나. 고정된 범주의 구조가 아니라도 사람들은 금방 인연을 만들었고 같은 구성원들이 만들어내는 인연의 의리와 정은 참 맑고 순수했다. 자연스럽게 입원한 사람들과 이야기를 나누다 보니 힘들지 않은 사람이 없었다. 바로 내 옆의 할머니는 90세인데 신체 어느 한 부분도 움직이지 못하고 가느다란 의식을 붙잡고 있었다. 하루 종일 간병인이 할머니의 손과 발이 되어주었다. 주사기를 통해 음식을 투여하고 하루에 두 번 산소를 주입 시켜주고 있었다. 그 고통은 당해보지 않으면 알 수 없으리라. 할머니도 최선을 다해 열심히 사셨을 것이다. 지켜보는 것도 힘든데 본인은 어떠할까. 간병인 아주머니께서 친어머니 모시듯 진심으로 간병을 해주고 있어서 마냥 고마운 마음이 들었다. 앞 침대의 아주머니는 다리 수술을 하고 일주일 동안 꼼짝도 못 하다가 어제부터 조금씩 움직이기 시작했단다. 그런 와중에도 남편의 식사 걱정하느라 마음은 집에 계셨다. 먹다 남은 김치를 모아 김치찌개를 끓여 준다는 애틋함 속에 연민이 묻어나는 건 나만의 마음일까. 문득 '여자의 일생'이라는 노랫말이 스친다. 아내와 어머니의 삶이었고 일생을 통해 나보단 가족이 먼저였을, 때론 여자로 살고 싶지 않았을까. 그분의 삶의 애환이 내게 전이된 듯 울컥했다. '그래, 어차피 이렇게 주어진 시간이라면 편하게 쉬어 보자' 임병식 선생님의 〈수필쓰기 핵심〉을 찬찬히 읽어보기로 했다. 50년이 넘도록 글쓰기를 하면서 느꼈던 수필에 대한 지식과 경험이 자세하게 쓰여 있었다. 진작에 볼 걸, 시간이 없다는 핑계로 많은 것을 뒤로 미뤄왔었다. 책 앞 페이지에 "내 수필에 2%가 채워지면 누군가의 인생도 바꿀 수 있다!"라는 문구가 가슴에 와닿는다.

누군가의 인생에, 모자란 공간을 채워 주는 멋진 글을 쓸 수 있다면 얼마나 좋을까. 주변 환자들이 잠든 시간에 글을 쓰기 시작했다. 최대의 집중력을 발휘하여 글을 써 보니 시간 가는 줄 모르고 새벽까지 글쓰기에 전념하기도 했다. 글을 쓴다는 건 자기성찰의 한 방법일 수 있을뿐더러 삶을 진심으로 들여다보는 길이라는 것도 알 수 있었다. 책을 읽다가 중간중간 메모도 해 본다. 수필은 정신의 산물이며 1인칭 문학이기도 하다는 글을 읽을 땐 고개가 끄덕여졌다. 읽고 싶은 책도 보고 글도 쓸 수 있었던 한 달여의 특별한 시간을 보내고 함께 병실을 썼던 분들과 특별한 인연으로 만나 마음을 나누었기에 아쉬운 작별이지만 아픔을 가진 서로에게 걱정과 애정 어린 마음을 모았기에 위로가 되었던 날들이었고 그 또한 삶의 한 자락이었다. 모두 건강하시고 빨리 회복하시길 바라는 마음이다. 이 특별한 기회를 계기로 진심을 담은 글을 써 볼 것이라는 다짐도 해 본다.

사고는 순식간에 일어날 수 있으며 그로 인해 돌이킬 수 없는 나락으로 빠져 버릴 수 있다는 걸 현실로 체험했다. 삶의 매 순간순간을 최선을 다해서 살아야겠다.

임병식 선생님의 수필 「시련 중에 건져 올린 소득」 중의 한 문장을 생각해 본다. 불행의 끝에는 나락이 아닌 씨앗이 심어져 있는지 다시 살아낼 힘을 얻게 만든다는 선생님의 글처럼 나도 다시 살아낼 씨앗을 심어 튼튼한 나무가 되어 보리라.

딸막이 엄마

굿노래를 부르며 흥에 취해 한참을 흥얼거리다 보면 소란스러웠던 내 안의 감정들이 고요해지고 그냥 기분이 좋아진다. 가깝게 지내는 딸막이 엄마가 어느 날 중창단에 들어오라고 권유했다. 봉사활동도 하고 한 달에 한 번 노래로 거리공연을 하는 봉사동아리 같은 곳이라고 했다. 나는 망설임 없이 좋은 사람들과 노래하기 위해 중창단 일원이 되었고 활동을 시작했다. 한 번의 무대공연을 위해 수십 번을 연습한다. 한 사람이라도 음 이탈이 있으면 화음이 틀어진다. 화음을 이루기 위해서는 어긋나고 엉킨 곳을 이해하는 연습부터 한다. 음과 음 사이의 화음만을 이해하기보다는 사람과 사람 사이의 이해가 먼저다. 서로를 이해하고 알아가다 보면 어느새 마음뿐 아니라 화음도 절로 맞아간다. 사람과 노래가 하나 되어 아름다운 화음이 어우러지듯 서로 배려하고 격려하는 마음이 더 절실하다는 걸 배운다.

공연을 하기 위해 자리를 잡은 돌산공원에서 알토, 소프라노, 테너, 베이스가 가을 저녁의 부드러운 바람결에 서로의 키를 맞추며 제 자리를 찾는다. 기타 소리가 돌산공원 '여수 밤바다'를 물들이면 화려한 조명들이 배경으로 나선다. 나들이 나온 사람들과 관광객들이 보내는 박수 소리는, 행복이 서로를 알아보고 악수하는 것 같은 어울림이 된다. 악보 속 음표가 한자리에 모인 사람들을 가까운 이웃으로 만들고 노랫말이 환한 꽃등이 되어 피어오른다. 앵콜이 나오면 사람들과 함께 부르는 노래는 참으로 근사하고 멋진 밤이 된다.

회원들이 각자 자기 일을 가지고 열심히 생활하면서 틈틈이 재능기부를 하며 봉사를 하는 단체다. 공연의 목적은 결식아동 돕기 자선공연이며 회원들이 전문 가수처럼 노래를 잘해서 공연하는 것은 아니다. 기타와 노래를 좋아하는 사람들이 사회에 작은 도움이라도 되고자 모여서 열심히 연습하고 무대에 선다. 무엇보다 우리의 노래를 들으러 오는 사람들과 마음을 나누는 모습들이 해 질 무렵의 따뜻한 노을 같다. 노을이 물길을 열어 홍시빛으로 바다가 물들어갈 즈음 회원들은 악기를 배치하고 음향을 테스트하며 공연 준비를 한다. 구경하는 사람들의 불편함을 덜어주기 위해 관람할 계단에 깔판을 깔아 놓는다. 준비를 마친 회원들은 각자 집에서 가지고 온 음식을 차려놓고 소풍 나온 아이들처럼 신나게 음식을 나누어 먹으며 리허설을 한다. 오히려 리허설이 재미를 더한다. 구경 오신 분들이 호응해 주는 박수 소리에 흥이 오른다. 여행길에서 우연히 마주한 공연에 함께 어울려 노래도 하며 즐거워한다. 노래는 사람과 사람 사이의 길을 내어주는 일이 아닐까, 기분 좋은 노래에 누구랄 것도 없이 흥에 겨워 행복한 자리가 된다.

회원 중에 '딸막이 엄마'라는 별명을 가진 분이 있다. 네 번째 아이를 낳고 보니 또 딸이어서 이제 딸은 마지막이길 바라는 마음으로 이름을 딸막이로 지었다고 한다. 그래도 아들에 대한 미련이 남아서인지 한 번 더 시도한 결과 또 딸이 태어나서 그녀는 딸 다섯의 딸 부자 딸막이 엄마가 되었다. 작고 아담한 그녀는 야무지고 부지런하다. 집 뒤뜰에 텃밭을 만들어 고구마, 감자, 파, 상추 등 채소를 길러 이웃들과 나누어 먹는다. 닭장을 만들어 씨암탉 열댓 마리를 키우고 있는 것이 인상 깊었다. 처음엔 대여섯 마리였는데 암탉이 알을 품어 가족을 늘린 것이란다.

가을이 깊어가는 어느 날, 그녀는 절친 몇을 불러 집에서 점심을 먹자고 했다. 맛있는 냄새가 먼저 반겼다. 한 상 잘 차려진 음식이 야무진 손끝을 느끼게 했다. 웃음을 조미료로 더하니 푸짐하기 그지없는 점심이 되었다. 햇살이 고명으로 내려앉은 커피를 마시며 행복은 이런 거야. 누가 먼저랄 것도 없이 기타 연주를 하고, 잔잔하게 깔리는 기타 소리에 우리들의 목소리가 더해지니 그보다 더 즐거울 수 없었다. 코로나로 공연이 중단되었기에 오랜만에 함께 불러보는 노래였다. 코로나가 잠잠해지면 우린 다시 모여 공연하기로 했다. 그동안 살아온 이야기를 하며 목젖이 보이도록 웃는 웃음은 찡하게 서로의 마음을 울리기도 했다.

딸막이 엄마는 남편의 벌이만으로는 생활이 어려워 식당을 했다고 한다. 성격도 좋고 솜씨도 좋아서 식당은 시작과 함께 문전성시를 이루었다. 식당은 여서동 한재터널과 멀지 않은 곳에 있었는데 영구라는 해리성 장애를 가진 젊은 남자가 한재터널 주위를 떠돌아다녔다. 날마다 같은 시간에 헝클어진 머리를 늘어뜨린 채 지나가는 차들을 안내하는가 하면 문지기를 자처하기도 했다. 영구를 알아보는 사람들이 손을 흔들어 주기도 했다, 나도 그곳을 지나면서 영구를 본 적이 있다. 한겨울 추위에 떨고 있는 영구가 불쌍해서 밥을 챙겨주면서 영구와 딸막이 엄마와의 인연은 시작되었다. 그 날 이후로 식당의 바쁜 시간을 피해서 3시쯤 영구를 오게 해서 매일같이 밥을 챙겨주었다. 남루한 차림과 지저분한 모습이 측은해서 머리도 감겨주고 수염도 다듬어 주곤 했는데 영구에게 밥을 주는 그녀를 못마땅하게 생각하는 사람들도 있었다고 한다. 하지만 그녀는 못마땅해하는 그들을 대수롭지 않게 여겼다. 항상, 더 잘 챙겨주지 못하는 아쉬움이 컸다고 한다. 사정이 있어 식당을 그만두면서 인수한 식당 주인에게 영구를 부탁했지만 거절당하는 바람에 한동안 영구가 눈에 밟혀 힘들었다고 했다. 그녀의 따뜻한 마음에 진심으로 박수를 보냈다. 봉사하는 일에는 용기가 필요하다.

누군가를 도우면서 사회의 그늘진 곳에 마음을 나누는 일이지만 실천한다는 게 쉽지 않은 일이기도 하고 방법을 몰라서 봉사가 더 어려운지도 모른다. 교육을 통해서 요즘은 어느 정도 봉사라는 사회통념이 자리를 잡아가고 있는 것 같다. 함께 살아가는 사회에 배려와 나눔이 온기로 채워지면 좋겠다. 세상에는 훌륭한 사람이 많다. 평범하고 소박하게 살아가면서 웃음과 사랑을 이웃들과 실천해 가는 사람들도 많다. 나는 딸막이 엄마를 통해서 보통 사람들의 건강한 삶이 얼마나 사회를 행복하게 하는지, 선한 영향을 주는지 새롭게 느끼고 배웠다. 화음이 잘 어우러질 때 아름다운 노래가 되듯, 삶 또한 좋은 사람들과 함께 환하게 웃고 노래하며 화음을 이룰 때 아름답고 따뜻해지지 않을까! 이웃의 더 좋은 면을 보며 더 나은 사람이 되려고 애쓰며 살련다는 딸막이 엄마의 말이 오래 기웃거리며 내 안을 품어 주었다.

시장 풍경

여수 최초의 서 시장은 난장에서 판을 차리고 장사를 하던 '여수읍장'으로 시작되었다. 서쪽에 자리하고 있어서 서시장이라고 했다. 동항에 자리한 동정시장 또한 전통시장이긴 하지만 서 시장만큼 규모가 크진 않다. 서 시장은 100년의 역사를 자랑할 뿐만 아니라 전남 동부권에서는 가장 오랜 역사를 가진 전통시장이다. 매 4일과 9일이면 어김없이 장이 열린다. 장이 열리면 인근 섬 주민들은 교통이 불편하기에 장날을 기다려 물건을 팔거나 구하기 위해 배를 타고 뭍으로 나선다.

시장에는 사람들에게 필요한 것이 다 모여있다고 볼 수 있다. 사고파는 행위는 물론이고 축제의 장으로도 부족함이 없다. 각설이의 구성진 타령은 사람들의 발길을 한곳으로 불러 모은다. 유행가를 개사하여 삶의 애환을 함께 나눈다. 혼잡한 틈새에 각설이의 엿판은 잘 놀고 가라는 하나의 쉼터 같은 곳이다. 시장 한 바퀴를 구경하면 양손 가득 봉지가 들려진다. 시장은 물건이나 음식도 싸지만, 덤을 주고받는 재미를 더 한다. 배고픈 사람들의 식욕을 자극하는 전 부치는 냄새, 국밥 냄새로 늘 잔칫집 같다. 시장 안팎은 왁자지껄한 풍경으로 들떠있다. 비가 오면 질척이는 대로 장이 열리고 눈이 내리면 눈을 맞으며, 계절과 함께 시장 사람들은 역사를 만들었다. 근래에 들어 시장은 대형마트에 밀려 침체를 겪고 있다. 시장을 침체의 늪에서 구해내기 위해 시에서는 시장 재정비사업을 추진했다. 현대화된 서시장은 오랜 전통의 정겨움이 사라진 아쉬움이 있지만, 시대의 변화를 거스를 수는 없는 것 같다. 그나마 전통시장의 맥을 지키고 있는 분들께 감사함을 느낀다. 시장은 세상의 작은 축소판 같다. 다양한 사람들이 다양한 삶의 모습을 만들며 정보를 만들어낸다. 시장은 아주 작은 것에서부터 큰 것까지 사람이 만들어 낼 수 있는 모든 것, 자연이 내어주는 모든 것들이 집대성된 곳이다. 시장은 그렇게 함께 살아가는 세상을 만들어왔다.

시장 모퉁이를 돌아서면 미용실이 있다. 장날이 되면 장도 보고 파마를 하려는 할머니들과 아주머니들이 미용실 안을 가득 채운다. 모란미용실은 할머니들의 놀이터이기도 하다. 파마하러 오신 어른들을 위해 원장님은 점심을 준비해 두신다고 했다. 그동안의 안부를 묻기도 하며 따뜻한 밥과 차를 대접한다. 원장의 나이는 50대 중반 정도로 추정되지만 정확한 나이는 아무도 모른다. 점심과 차까지 대접하고 받는 파마 값은 만 오천이다. 놀랍기도 하고 신기하기도 해서 물었더니 어머니를 모시는 마음으로 어르신들을 만난다고 한다. 장날은 종일토록 쉴 틈도 없이 파마를 말아야 한다며 웃는 모습이 너무나 해맑다. 이런 사람들이 모여 선한 세상을 만들어 가는가 보다. 기댈 수 있는 사람들이 서로를 의지하는 이야기가 스며들어 있기에 따뜻한 풍경일 것이다.

명절이 가까울 즈음이었다. 평소에 가까운 지인이 한 이틀 떡 판매하는 일을 도와달라고 해서 떡 파는 아르바이트를 했다. 주변은 떡집을 비롯해 셀 수도 없을 만큼 작은 가게들이 즐비하다. 명절 음식을 준비하는 사람들의 발길로 시장 안은 시끌벅적했다. 뜨거운 시루에서 갓 나온 떡을 참기름을 묻혀 가면서 떼어내어 파는 일이 내 몫이었다. 아침 8시쯤이었을까 남루해 보이는 아저씨가 떡집 앞을 서성거리며 살 듯 말듯 망설이길 몇 번, 그러다 아쉬움을 남겨놓고 그대로 가버렸다. 순간 여사장님의 쉿소리가 들리더니 재수 없다고 “에이 퉤퉤” 하며 소금을 뿌렸다. 놀라웠다. 안타까운 사연이 있을지도 모르는데 이런 식으로 사람을 대할 수 있는가. 옛날 어른들이,

첫 손님이 잘못 들면 종일 장사가 안된다는 선입견에서 오는 행위일까 하고 있는데 바로 옆 떡집에서 지나가는 사람이 하마터면 떡 판을 엎을 뻔했다. "조심해서 다녀야지 눈은 뒀다 뭐 한당가" 짱짱한 목청이 시장 안에 울려 퍼진다.

짧은 시간이지만 정신이 없다. 경험하지 못한 삶의 모습이 낯설었다. 갑자기 나를 향해 "어이 그걸 그렇게 하면 어쩐다냐" 무슨 말인지 못 알아듣고 어물거리자 "내 말이 안 들려? 말을 하면 알아들어야지, 말이 말 같지 않은갑네" 떡에 참기름을 발라서 옮기라는 것이었다. 시키지 않아도 그러려던 참이었는데 앞뒤 설명도 없이 마치 눈빛만 봐도 알아야지 하는 듯했다. 울컥했지만 눈치가 없었던 나의 탓으로 돌렸다. 10시 반쯤에야 아침을 점심 겸해서 먹는 것 같았다. 먹고 싶지 않아서 사양했더니 또 혼잣말로 투덜거린다. 시장 사람들은 원래 이런가 싶었다가 '아니겠지, 시장에서 일하는 사람들에게 편견을 갖는 건 옳지 않아. 해 보지 않은 일이어서 낯설어서 느껴진 감정이겠지' 명절 분위기가 한껏 무르익은 시장은 사는 사람들과 파는 사람들이 얽혀 그대로 풍경이 되었다.

직업도 다양했다, 칼을 파는 아주머니가 참 인상적이다. 손수레에 여러 종류의 칼을 싣고 다니면서 칼의 성능을 설명하면 그걸 눈여겨 듣다가 사는 사람들도 있었다. 떡집에는 중국인 종업원 2명이 일했다. 말도 서툴렀지만 열심이다. 20킬로나 되는 쌀 포대를 들어 기계에 들이붓고, 쌀가루를 떡시루에 담아 쪄내기도 하고 자기 키만큼의 그릇들을 설거지하는 것까지 쉼없이 일했다. 바닥은 장화를 신고 일을 해야 할 만큼 질척거렸다. 새벽 4시부터 나와서 일을 하다 보니 배가 고픈지 연신 떡을 집어 먹는다. 돈 버는 일이 최우선이기에 새벽부터 그들은 최선을 다했다. 그들이 꿈꾸는 세상이 대한민국에서 이루어졌으면 좋겠다. 시장을 재정비하면서 눈이나 비바람을 막기 위해 지붕을 만들어 참새들이 들어올 틈이 없을 것 같은데 희귀한 장면이 펼쳐졌다. 어디선가 한 무리의 참새가 떡집 안으로 날아들어 바닥에 흘린 쌀가루를 쪼아 먹는 게 아닌가, 사람이 다가가면 포르릉 날아올라 떡집 난간 위에 앉았다가 다시 날아오기를 여러 번, 도시 참새들의 생존 방법이 이런 거구나. 살기 위해 터득한 방법이 신기하고 사랑스러웠다. 이틀 동안의 떡집 경험은 각자의 방법대로 살아가는 삶의 모습을 내 안에 그려내고 있었다. 이곳 서시장에는 2~3년밖에 안 된 상인들도 있지만 40년을 넘긴 분들도 계신다고 했다. 오랜 세월을 견디며 닳고 닳은 낡은 가게의 기둥이 세월의 꿈과 노동, 눈물과 아픔, 기쁨과 행복, 시장 사람들의 반질반질 둥글어진 이야기를 품고 있는 듯했다.

인연

내가 사는 주변에는 중·고등학교가 많다. 다소 거리가 먼 곳도 있다. 인근 학교에 다도 수업(授業)을 다닌 적이 있었다. 벌써 5, 6년 전 일이다. 학교가 있는 순천 낙안까지 가려면 불편한 점이 많았다. 거기다 다기며 차를 챙기는 등 꼼꼼히 수업 준비를 해야 하기에 한 번 움직이려면 여간 복잡한 게 아니었다. 다도 수업은 일반 교사들처럼 일정한 수입이 있는 것도 아니었다. 거의 봉사 차원이라 해도 과언이 아니었다. 아이들을 만나는 것이 그저 좋았다. 하지만 불편함이 거듭되다 보니 강의를 정리하게 되었고 강의를 정리한 후 내가 사는 아파트 상가에 자그마한 가게 하나를 마련했다. 내가 만든 차를 좋은 사람들과 마시며 위로하며 이야기 나누는 게 좋았다. 차 만드는 일은 봄에 나오는 여러 가지 재료를 채취해서 말릴 건 말리고 덖을 건 덖는다. 자연에서 얻어진 차는 여러 효능을 가지고 있다. 목련차는 알레르기나 비염에 좋다든지, 도꼬마리차는 짓무른 곳이나 염증을 완화해준다든지. 차의 성분을 일일이 열거할 수 없지만 차마다 특유의 성분을 지니고 있다. 덖고 말리고 여러 과정을 거쳐 완성된 차를 보면 마음이 뿌듯하고 행복하다.

손끝에서 느껴지는 어린 순들의 감촉. 모질게 추위와 아픔을 겨울 동안 잘 견디어 봄을 맞이하는 새순의 강인함과 청초함이 그렇게 좋을 수가 없다. 찔레 순과 칡 순은 좋은 차 재료가 된다. 여린 줄기를 꺾어 덖고 말리고를 몇 번 거치면 구수하고 건강한 차로 변한다. 지천에 가장 흔한 칡 순은 버틸 곳만 생기면 어디든 뻗는다. 산과 들의 무법자가 되어 거침없이 세력을 넓힌다.

오래 비워두었던 가게 내부를 수리하여 흰 벽지를 발랐다. 흰 벽지가 밋밋해서 벽지에 그림을 그려 넣으니 가게 안이 봄 꽃밭처럼 환해졌다. 누구랄 것도 없이 그리고 싶은 것을 그려 넣고 이야기를 만들어냈다. 찻집은 자연스럽게 놀이 공간이 되었고 어느 지인 선생님께서 찻집에 어울릴 것 같다며 수석 한 점을 놓아주셨다. 동물 형상의 수석인데 앙증맞은 것이 꼭 물개를 닮았다. 가게를 오가는 사람들은 그걸 보면서 "고놈 잘생겼다"라고 한마디씩 한다. 근사한 수석 한 점이 가게 안에 놓이니 벽지의 꽃밭과 잘 어울렸다. '소담찻집'은 사람들과 소담하게 어울리고 싶어서 지은 이름이었다. 지어놓고 보니 꽤 마음에 들었다.

그러던 어느 날, 허드레 물건을 정리해두는 창고에서 웬 고양이 울음소리가 났다. 처음엔 잘못 들었나 하고 지나쳤는데 그 뒤로도 계속 고양이 울음소리가 들리는 것이었다. 그러다가 나와 마주친 고양이는 출산일이 가까운 듯 배가 불러있었다. 아마 새끼를 낳으려고 자리를 찾아다닌 듯했다. 고양이는 어둡고 침침한 곳에 새끼를 낳는다고 고양이의 특성을 잘 아는 지인이 귀띔해 주었다 나는 담요를 깔아주고 동물병원에 전화를 했다. 동물병원에서는 길고양이에게 사람이 해줄 수 있는 건 별로 없다고 했다. 오히려 "사람 손이 타면 해가 될 터이니 만지거나 가까이 가지 마세요."라고 했다. 그로부터 며칠 후, 밤늦게까지 생강차를 만들고 있을 때였다. 심상치 않은 고양이 울음소리가 들려왔다. 진통을 하는 것 같았다. 다음 날 아침에 만난 녀석은 출산으로 인해 지친 듯 배가 홀쭉히 꺼져있었다. 그리고 엉덩이 주변에는 핏자국이 있었다. 인터넷을 검색해 보니 새끼를 낳은 고양이에게 북어를 끓여 주는 것은 산모들이 미역국 먹는 것과 같은 효과가 있다는 것이다. 북어를 푹 끓여 주었다. 신통하게 북어를 다 먹어 치웠다. 그 일이 있고 난 이후로 가게를 찾아오는 친구들이나 손님들이 빈손으로 오지 않고. 고양이 가족을 위해 참치 캔이나 멸치 같은 것을 가져오기도 했다.

얼굴에 점이 박힌 고양이는 그렇게 소담 찻집의 이름을 따서 '소담이'가 되었다. 고양이는 사람 소리가 나면 숨어서 꿈쩍을 하지 않는다. 그래서 손님이 없는 아침저녁으로 먹이를 놓아주면 잘 먹었다. 나는 가게를 드나드는 사람들에게 당부했다. 혹 새끼들을 보더라도 손대지 말아 달라고 나와 고양이는 가끔 시선이 마주쳤다. 늘 밥을 챙겨주는 나를 알아보는지 마주쳐도 도망가지 않았다. 나는 말을 건넸다. "헤치려는 게 아니야 도와줄게"라고 하면 알아듣는 듯 가만히 있다. 녀석은 내가 출근하기를 기다리기라도 하듯 가게 문 앞에서 서성이기도 했다. 눈을 깜박이며 눈인사를 하기도 했다. 고양이가 눈을 깜박이는 건 친한 사이와 인사를 하는 것이란다. 우리가 제법 친해진 어느 날 문 앞에 죽은 쥐가 놓여있는 게 아닌가. 오래된 상가다 보니 가끔 쥐가 들락거리기도 하는데 소담이가 잡아다 놓은 것 같았다. 나는 놀라지 않았다. 좋아하는 사람에게 고양이가 보은하는 마음으로 물어다 놓은 것을 알고 있었기 때문이다. 하지만 이런 일은 흔치 않은 일이라 한다. 느닷없이 받은 선물에 놀라긴 했지만 소담이의 마음이 고맙고 기특했다.

한 열흘쯤 지나니 새끼들의 울음소리가 들렸다. 이때는 젖먹이는 모습도 보여주고 새끼들을 데리고 나와 놀기도 하면서 나를 보면 앙앙거리고 다리 사이로 몸을 갖다 대며 애교를 부리기도 했다. 고양이의 성장은 매우 빨랐다. 2~3개월이 되니 어른 고양이만큼 컸다. 그런 소담이가 4개월여 만에 또 임신을 했다. 고양이는 한 번 교미를 하면 정자를 몸속에 저장해 두었다가 임신을 한다고 한다. 신비한 종족 번식법이다. 소담이는 3번의 새끼를 우리 가게에서 낳았다. 고양이는 새끼 낳는 장소가 정해지면 습성상 같은 장소에서만 새끼를 낳는다고 한다. 나는 새끼를 낳을 때마다 북어를 끓여주며 건강하길 바랐다.

가게를 드나드는 사람들은 가까운 지인들이었다. 딸아이가 생일선물이라고 팔찌를 선물해 줬는데 자랑삼아 보여줬던 게 화근이었다. 다음날 팔찌가 흔적도 없이 사라졌다. 공연히 이 사람 저 사람 의심을 가졌던 그 생각은 오래 나를 괴롭히며 힘들게 했다. 때마침 뉴스에서는 갓난아기를 쓰레기통에 버린 비정한 엄마와 돈 몇 푼에 친구를 죽인 사람의 기사가 보도되었다.

금수만도 못한 인간들이 아닌가, 짐승도 제 새끼를 돌볼 줄 알며 은혜를 갚을 줄 아는데 하물며 사람들이 어찌 저럴 수 있을까 싶어서 씁쓸했다. 그런 뉴스를 대하고 나니 지극 정성으로 새끼들을 키운 소담이가 더욱 기특해 보였다. 가게 문을 나서니 10월의 부드러운 바람이 가슴을 어루만진다. 소담이와 만남을 통해 귀한 마음을 알았고 세상은 자연과 함께라는 것을 깨달아간 날들이었다. 세상 모든 생명은 존귀하다. 그 후에 나는 가게를 접었지만 소담이에게 미안했다. 비록 다시 떠돌이 길고양이가 됐겠지만 언제 어디서든 굶지 말고 무사히 잘살기를 빌어본다.

할아버지의 꽃상여

내게 봄날의 햇살이셨던 할아버지는 다정한 친구였다. 예닐곱의 작은 기억의 틈으로 할아버지는 꽃상여를 타고 요령 소리 따라 저승길로 떠나셨다. 지금 생각하면 내 가슴속에 최초로 슬픔을 깊이 남긴 일이지 싶다. 상여는 색색의 종이꽃이 화려하게 장식되어 마치 나비들이 떼로 앉아 있는 듯했다. 요령을 흔들며, 할아버지의 이승과의 작별을 고하는 앞소리꾼의 소리는 애간장을 끊게 했다. 앞소리꾼의 사설 소리를 이해할 수는 없었지만, 어찌나 서럽고 구슬프든지 어린 나이임에도 슬픈 노래라는 걸 알 수 있었다. 상여꾼들이 앞소리를 받아 "어하 넘차 어하넘" 하면 더 서러웠던 생각이 난다. 어린 나에게도 삼베옷이 입혀졌고 할아버지 상여는 코스모스, 땅콩밭, 누렇게 익은 벼가 있는 논밭을 따라 한 바퀴 돌았다. 가족들은 뒤를 따르며 모두 흐느끼며 울었다. 오랜 시간이 흘렀지만 지금도 그 기억은 너무나 선명하다. 어린 나이에 죽음의 의미를 알지 못했으나 어른들이 울고, 할아버지를 다시는 볼 수 없다는 생각에 나도 서럽게 울었다.

할아버지는 동네 서당 훈장님이셨다. 흰 모시 저고리와 두루마기를 정갈하게 입으시고 머리에 상투를 틀어 단정하게 갓을 쓰고 계셨다. 우리 집안은 뿌리 깊은 유교의 전통을 지키는 집안이었다. 증조할아버지께서는 우리 할아버지와 큰할아버지 두 형제를 두셨는데 집안 전통에 따라 자식들도 유교의 전통을 계승해주기를 바라셨다. 큰할아버지는 증조할아버지의 뜻을 따르셨다. 그래서 21세기인 지금도 큰 할아버지 댁 재종형제들은 모두 상투를 틀고 갓을 쓰고 그 자녀들은 머리를 길게 땋고 다닌다, 의복도 한복에 두루마기 차림이다. 외출이라도 할라치면 사람들의 시선이 집중된다. 결혼 전까지 남자들도 여자들도 머리를 길러서 땋고 다녔다. 그 모습은 영락없이 티브이 속 사극 배우들 같다. 결혼하면 남자는 상투를 틀고 갓을 쓴다. 여자가 출가하면 쪽을 진다. 2020년 7월에는 큰댁 조카의 결혼식이 있었다. 어쩌면 그것이 마지막 전통 혼례이지 않을까 싶다. 큰할아버지댁 마당에서 몇 번 보긴 했으나 관심을 가지고 보긴 처음인지라 기대가 되었다. 주례는 6촌 언니의 남편이 하셨다. 혼례식이 시작되면서 혼례 의식에 따라 주례가 축문을 읊었다.

"하늘의 천신과 땅의 지신님께 고합니다. 두 사람의 혼례를 축복해 주십시오."

저절로 숙연해지고 경건한 마음이 들었다. 자연의 섭리에 따르는 사람의 도리가 삶의 기본이 된다는 혼례 의식 속의 축문은 커다란 울림으로 다가왔다. 하늘의 신과 땅의 신께 고하는 아름다운 혼례를 치른 젊은 부부의 삶은 어떨지 들여다보고 싶었다. 자연과 사람이 축복하는 전통 혼례 풍습은 귀하지만 현대문명에 밀려 사라져 가고 있어 몹시 안타깝다.

6촌들은 철저한 한문 학습을 우선으로 했지만, 시대에 뒤처지지 않기 위해 한글과 영어 공부를 틈틈이 하며 세상과 소통하려고 노력했다. 나에겐 6촌 오빠지만 얼추 우리 엄마와 연배가 비슷한 오빠가 계신다. 아버지 같은 오빠는 풍수지리에 대단히 해박한 지식을 갖고 계셨던 터라, 동네에서는 물론 여수 시내서도 꽤 이름이 났다. 새해가 되면 높으신 분들이 토정비결이나 신년 운수를 보러오곤 했다. 오빠는 우리들에게도 한해가 시작되면 토정비결을 봐주시면서 나쁜 일이 있으면 미리 조심해야 한다고 조언을 아끼지 않으셨다, 그래서인지 나의 의식 속엔 자연스럽게 그런 분야에 대한 관심이나 정서가 스며들어 있다. 하지만 나는 오래된 천주교 신자다. 다만, 조상들이 지키며 믿어왔던 것을 존중하며 하나의 문화로 이해하고자 하는 마음을 가지고 있다.

할아버지는 변화될 시대를 예견하시고 증조할아버지의 뜻을 따르지는 않았다. 그렇다고 전통을 무시하지는 않으셨고 지킬 건 지켜야 한다며 예를 중하게 여기셨다. 서당은 점점 신학문에 밀리면서 할아버지의 훈장님 자리도 쇠락해갔다. 그 후 할아버지는 농사를 지었으나 매사에 서투르셨다. 할아버지 대신 할머니의 허리는 고된 농사일로 집 앞 당산마루 등처럼 휘어지셨다. 할머니는 소탈하셨고 치맛자락이 터져도 웬만하면 그냥 지나치셨다. 그럴 때마다 할아버지는 말없이 할머니 치맛단을 꿰매어 주실 만큼 자상하고 다정하셨다. 할아버지 집 마당에는 오래된 감나무와 유자나무가 있었다. 말랑하게 잘 익은 홍시를 따 주시면 얼마나 맛있던지, 그 맛은 달콤한 기억으로 지금도 혀 밑에서 감도는 듯하다. 나는 선비 같은 고운 품위를 지니신 자상하고 따뜻한 할아버지가 늘 좋았다. 대청마루에 앉아서 할아버지는 한문도 가르쳐주시고 책도 읽어주셨다.

희끄무레 동이 트기 전 할아버지와 할머니는 일찍 일어나셔서 산책 겸 바닷가에 가셨다. 두 분 사이를 따라나서는 건 언제나 여간 즐거운 일이 아니었다. 첫 새벽에 바닷가를 돌면 간밤에 떠밀려온 오징어, 생선, 미역 따위의 아침거리들이 광주리에 가득 찼다. 어린 나는 새벽 동트기 전 잉크빛 감색 물감을 뿌려놓은 것 같은 하늘이 가슴 두근거릴 만큼 좋았다. 생선이나 해초를 줍는 것도 큰 즐거움이었다. 여름밤이면 바로 집 앞의 너럭바위나 모래강변에 나가 더위를 식히고 물속을 걸으며 밤바다를 누볐다. 물속을 걸을 때마다 폭죽 터지듯 일어나는 불꽃을 밟으면 밟을수록 달려드는 불꽃이 무섭기도 했지만 신기하고 재밌었다. 물속에서 터지는 불꽃은 야광충이라 했다. 야광충은 세포질이 여러 개의 발광성 알갱이로 구성되어 있어 알갱이가 자극받으면 발광한다고 한다. 특히 한여름 밤 수온이 높은 해변에서 흔히 볼 수 있는 현상이며 배가 지나간 뒤 물결 속에 빛나는 것도 이러한 야광충의 발광현상이라고 한다. 야광충은 약 2mm의 작은 플랑크톤이다. 호주 태즈메이니아의 섬 호바트 해변에 은하수를 뿌려놓은 듯, 야광충이 발광(發光)하는 바다는 자연의 신비함 그 자체라고 한다.

내 유년의 기억에 생생한 할아버지의 죽음은 충격이었다. 나는 그날을 잊지 못한다. 동네 사람들이 마당에 가마솥을 걸고 돼지고기를 삶고 전을 부쳤다. 마당은 울음소리와 음식 냄새, 사람들의 분주함으로 소란스러웠다. 마당 한가운데 놓인 꽃상여는 화려했지만 무섭기도 했다. 상여꾼들이 상여를 메고 할아버지가 머무르셨던 곳을 두루두루 다니며 이승에서의 마지막 작별을 고하는 의식을 베풀었다. 앞소리꾼이 사설을 하는 가운데 상여가 머뭇거리면 친지들이 하나둘 상여 머리의 새끼줄에 지폐를 꽂아 주었다. 그 돈이 저승길의 노잣돈이라는 것을 나이 들어서야 알게 되었다.

전통 장례 문화의 중심이었던 상여가 지금은 설화 속에나 나올법한 옛이야기가 되어버렸다. 어린 기억 속에 각인된 할아버지의 꽃상여는 지금도 여전히 슬프다. 신풍 바닷가 유년의 추억은 한 편의 풍경이 되어 나의 감성을 키워주지 않았나 싶다. 할아버지를 생각하면 다정한 미소와 정갈한 모시 적삼의 흰 두루마기가 떠오른다. 세월이 많이 흘렀어도 그 모습은 내겐 변함없는 그리움이다, 언제나 내게 봄날의 햇살이셨던 할아버지, 그립습니다.

박주희

hee82525@daum.net

Cassie Logan에게
가사리에 가다
풍경에 대한 낱말 내지는 유추
시월의 퍼스낼리티
물
차 심부름
할머니와 툇마루

한국상담학신문 주간 및 칼럼니스트/ 고려대학원 아동언어코칭학과 상담코칭 졸
현 사) 한국청소년지도학회 여수지부/ 〈심리학, 나를 찾아서〉 심리상담소 운영
사) 한국청소년지도학회 독서치료연구회 정회원/ 광양문협회원
여수해양문학상 대상(시 부문)

Cassie Logan에게

안녕, 나는 한국인 아줌마 박주희야.

Cassie, 아무리 읽고 읽어도 마음이 아픈 건 왜일까? 너를 보면 자존감 높은 한 인간으로서 비굴하지 않게 키워낸 부모님이 훌륭하시다는 생각밖에 들지 않는단다. 너의 시야에 잡힌 크라켄 선생의 '위선'이 부끄럽지만, 그 선생은 그저 당시 시대적 배경과 사회적 광증에 수동적으로 몰입된 희생자의 모습으로 읽힐 뿐이지. 그러나 우리 누구에게나 있을 법한 그 비겁하고 야비한 모습이 분노를 터뜨리게 하는 건 '차별'이란 단어 때문이라고 생각해. 혹시 '레드 써머'를 너도 들어서 알고 있지? 그때 살아있었다면 너도 굉장히 분노했으리라 믿어. Jim crow laws 법에 얽매여 있었던, 남북전쟁 후 1876~1965년 동안 그 당시 백인사회에서 분리 및 차별을 당한 상황 속 흑인들이 백인들의 폭력과 학대에 일어선 1919년 그 순간 말이야. 그때 백인들이 보여준 비겁한 태도는 오늘날에도 계속되고 있는 것 같아. 오로지 증오의 화살을 흑인들에게만 겨누며 흑인공동체가 백인 미국을 정복하려 한다고 기소했었지. 도둑이 제 발 저리는 격이고, 방귀 뀐 놈이 성질낸 격이라고 생각해!

1930년대 대공황의 시기에 태어나 백인 소작농이 아닌 몇 안 되는 자작농으로서 감당할 수 없는 부당한 차별은 그 사연을 읽는 동안 내내 나를 전율케 했단다. 단지 흑인이기 때문에 겪는 인종차별 방식이 과연 현대사회에서는 사라진 것일까? 인간에게서 사라진 것일까? 아님, 너를 통해서 인간이 가진 윤리와 도덕의 패러다임이라는 물음을 작가는 하고 싶었던 것일까?

너의 눈을 통해 그려지는 그 진실이 불편했는지 아직도 몇몇 주에서는 이 책을 금지하고 있다고 인터넷에서 읽었어. 21세기, 현 이 시대에 주 정부가 흑인 농장주에게 백인 농장주보다 높은 세금을 부과하고, 정부 자금조달을 지원해 주지 않으려고 한다는 사실엔 치가 떨리는 부끄러운 일이야. 그런 사실이 알려질까 봐 구체적으로, 사소하지만 사소하지 않은 차별을 깊숙이 그려내는 너의 모습이 그려진 책이기에 주 정부들이 금서로 정해 놓았다고 믿어진다. 뉴베리 수상작들은 흑인에 대한 인종차별과 인권 운동을 그린 책들이 많이 있다고 이번에 배워 알게 되었어. 아동문학상이란 특성상 뉴베리 수상작들은 인종차별이나 사회적 문제점들을 어린 아동의 시각으로 다루는 작품들이 많대. 그런 의미에서 너를 통해 다시 한번 더 인종차별이란 무거운 주제를 한국 사회에서 생각해 보는 계기가 되었어!

실은 내 아이들도 한국 사회에서 '혼혈아' 혹은 은근히 멸시하는 투의 '노랑머리'로 불리는 아이들이거든. 잘 자랐고, 아낌없이 교육을 후원한 덕택에 남부럽지 않은 성인으로 잘살아가고 있지만, 학교 다니면서 알게 모르게 우리 아이들이 당해야 했었던 '린치', 나도 모르게 끓어올랐거든. 단순한 상황에 불과했었어. 네가 앉아야 할 자리, 그 자리에 크라켄 선생이 주도적으로 매리 로우를 앉게 했지. 순간적으로 너는 고집 세고 이상한 아이로 전락했고 말이야. 내 딸은 너의 상황과는 달랐지. 선생이 양심의 거리낌도 없이 딸에 대한 일말의 동정심도 없이 가혹하고 무자비하게 직접적으로 아이를 공격했으니 말이야! 생각하면 아직도 치가 떨리곤 해. 중학교 3학년 때 일이야. 쉬는 시간마다 복도에 나가 무릎을 꿇게 해서 아이들 구경거리를 만들어 놓고서도 그것으로 모자라 딸 애 볼을 양쪽으로 꼬집으면서 "나는 네가 싫어! 어서 전학 가버려, 네가 미용을 해? 최고가 된다고? 천만에 너는 아무것도 못 할 거야!!!" 그 선생과 크라켄 선생을 겹쳐 보아도 한국판 그녀가 더 센 것 같기도 해! 너는 상상이 가미된 존재이고 우리 딸은 실화이니까 말이야! 딸은 지금 스무 살이 넘었지만 순수하기만 했던 영혼이 그 일을 겪은 직후 얼마나 무너져 내렸는지 엄마인 나와 오직 하늘만이 알 일이지. 우울이라는 치명적인 바이러스에 감염된 딸을 보는 엄마의 심정을 너는 알겠니? 딸도 나도 힘든 시기를 거쳐왔지. 이제야 겨우 성장 스토리를 격하게 치러낸 전사의 위엄을 갖추었지만 그래도 언제 어떻게 흔들릴지 불분명해서 엄마인 내가 힘들거든!

너의 책을 읽은 후, 단편소설을 한 번 써 볼까 하는 생각이 드네. 아직도 억울하고 분한 그때 그 일을 말이야. 암튼 시작해 볼게. 힘을 줄래? 시간 나는 대로 틈틈이 막내딸 사건을 다시 생각하고 말을 할 수 있었고 다루어 볼 용기를 주어 고마워!

가사리에 가다

여수시청에서 화양면으로 가는 도로를 따라간다. 소라면 관기초등학교 앞쪽으로 차를 우회전하면서 들어서면 어느새 멀리 가사리 갈대밭이 사람을 반긴다. 관기리와 접한 이곳, 바다를 여닫는 수문 품은 방파제를 걷다 보면 드넓은 갯벌에 든 노을이 따사롭다. 채 빠져나가지 못한 짙푸른 파도의 성화에 이리저리 푸르게 여문 갈대숲의 어린 수초들이 바람과 수어를 나눈다.

순천만이 메타폴리스 적이어서 북적인다고 한다면 가사리는 느긋하고도 한적한 모습이다. 갈대밭만 있는 게 아니라 갈대 섬들이 수문 안쪽으로 있어서일 게다. 오월이 되면 갈대들이 쑥쑥 푸른 줄기와 잎으로 푸르러진다. 철썩철썩 물의 처소에서 다가오는 신선한 공사 기간들이 콧등에 와 닿는 바람 숏는다. 뭍과 갯벌이 풍경을 나누면서 갈대들이 무언의 물길을 여는 아름다운 곳이다.

넘실넘실 반달이 손톱 속에서도 넘친다. 바다와 갯벌 위로 쏟아져 출렁거리는 낮달은 수문 바깥으로 쏟아지면서 온통 푸른색이 눈부시다. 먼 섬들이 수평선을 따라 들락거리면서 쭉 늘어선 능선으로 부푼다. 해안선을 따라 길냥이는 굴속 새끼를 먹이느라 연신 무언가를 물어 나른다. 대낮 물보라 머금은 아기고양이 수염이 후르르르 찔레꽃처럼 떨고 있다. 퐁퐁 갈대밭 돌아 나와 갯벌 가로지르는 갯여울을 듣는다. G선상의 나지막한 물소리, 들릴 듯 말듯 끝내 저문다. 알게 모르게 사랑하는 이들을 위해 여는 기도의 물길이다. 저 머나먼 바다로 떠나는 기원, 나도 물빛 젖은 맑은 길 하나 저리 길게, 길게 내고 싶다. 아니, 수평선 하나 가슴에 심어 놓아도 좋겠다. 철썩철썩 늘 소리치는 파도, 그 물짐승 따라 물을 피울 수도 있겠다. 넝쿨넝쿨 넘치지 않는 물이랑에 노을을 탁본한다. 수평선 드나드는 바람을 색칠한다. 낮별들도 가끔은 서로 길이 어긋나나 보다. 길냥이처럼 떠도는 낮별들이 가르릉 가르릉, 갯여울 물소리로 구른다.

대낮, 소쩍새도 오지게 찰진 소리로 솥 적다고 퍼붓는다. 어느새 저녁 한나절, 작정하고 밤마실인지 소쩍소쩍 가사리 생태관 뒷산 등성이 소쩍새가 요란하게 오월의 봄밤을 갉는다. 관내 유치원, 초, 중, 고 학생들과 대학생들의 체험장이면서 청소년 수련관 등과 연계된 또 다른 체험학습이 이루어지는 야외 학습장, 소쩍새가 다녀가는 소리, 부쩍 치솟는다.

그 앞마당에 심어진 각종 나무를 자세히 살펴보면 역시나 또 남향이다. 기우는 각도, 일렁이는 위치 등 남향이란 말은 이 세상 모든 그리움의 정령들이 나누는 신호일까? 회색빛 갈대숲은 둥글게 제 처소를 말아 올리고 물결과 등을 맞대어 철썩이는 소리, 수면 위로 내걸린 달무리 하나, 침습한다. 허공에 가라앉는 저 안개, 동그란 달빛 허문다. 푸른 피 정수하며 젖어드는 저 갈대숲, 모처럼 느릿느릿 봄밤 늦은 저녁이 저물고 있다.

풍경에 대한 낱말 내지는 유추

가문비나무 두툼한 가지들이 가득 들어오던 푸른 베란다를 가진 집, 앞뒤 사방의 창마다 달이 뜨고, 별들이 밤하늘에 가득했다. 특히 겨울철 오리온좌는 바로 큰방 바깥 하늘이었다. 어둠을 밝히던 별들, 그믐달이 뜰 때면 그믐달 곁 개밥바라기와 두어 개 별들이 바로 창문 위 가문비나무 두 그루 사이에서 오롯이 보이는 풍경을 좋아했다. 그리 빛나지도 않고 그렇다고 기죽지도 않고 그저 그 두 그루 나무 사이 어슴한 아름다움, 그 은은함 속으로 빨려 들어가 한참을 목을 늘이며 창가에 서 있곤 했다. 뒷 베란다 네 그루 목련과도 친해졌다. 사월의 낮달은 수요일이면 새하얀 목련이 친친 검은빛 꽃비로 내릴 때까지 오래오래 머물다 갔다. 아파트를 빙빙 둘러선 벚나무들은 로제트형으로 서 있었다. 꽃잎 폭죽처럼 쏘아 올리던 봄, 통곡처럼 목련이 지고 벚꽃이 진 후, 풀잎 무성한 낮은 언덕엔 백모란 화사하고 상앗빛 섬초롱꽃이며 아름드리 벚나무들과 동백나무 빙그레 둘러싼 한복판, 오월이면 아파트 입구 쪽 정자에선 등꽃 화사하게 불을 밝혔다.

여름은 선물 같았다. 창문을 열면 한여름 푸른 낮달과 그 은빛 망사저고리 같은 구름과 낮달의 조화로움이라니! 때로는 한지처럼 투명하게 찢어진 흰 구름, 떠오르는 구름이 물통 속에 푹 잠길 대로 잠긴 펄프 같다. 한 덩이 떠내어 체를 치면 얇은 한지처럼 제 결대로 흩어지고 모이다 한낮의 몸을 말리는, 그러다 슴슴한. 그러다 반듯한.

팔딱팔딱 집 안을 뛰어다녔다. 좋아서였다. 침엽의 향이 스며드는 그 상쾌함이 너무나 좋았다. 그렇게 서늘하고 쾌적할 수가 없었다. 가문비나무에 스며드는 새벽노을, 그늘에서 스며드는 청량한 바람, 거실에 들어와 앉은 목련을 한참 팔을 휘감으며 길게 돌아앉은 노을의 실루엣은 그만의 방식대로 그렇게 오래 머물다 갔다. 방목된 한 마리 작은 짐승처럼 쉬는 날 수요일이면 늘 집 안에 들어앉아 행복을 만끽했다. 한여름 더위에 선풍기도, 에어컨도 필요 없었다.

늦은 밤, 일을 끝마치고 현관문 열고 들어서면 어느새 은은한 기척, '아!' 푸른 가문비나무 그림자를 가진 달이 창문을 통째로 방바닥 입구에 오려놓았다. 어슴푸레한 고요, 그 달빛 밟을까 봐 까치발을 딛는다. 불도 켜지 않았다. 방 안쪽으로 간신히 달빛을 건넜다. 달빛은 방문 앞에서 서서히 이동하여 창문 아래 누운 나의 허리를 스쳐 건너갔다. 청량한 음률로 달빛이 뚝뚝 떨어졌다, 온몸이 비늘로 덮이는 것 같은, 느릿느릿 신선한 달빛과 나 사이의 고요는 낙도의 파도처럼 해맑았다. 침잠하듯 스르르 잠이 들곤 했다. 그런 밤은 푹 잤다. 베란다에 장정처럼 버티고 서 있던 가문비나무 두 그루, 밤낮을 가리지 않고 사시사철 늘 피톤치드 향기를 온 집안에 퍼뜨렸다. 자연채광이 된 집안은 참으로 상쾌했다. 오래되어 낡은 아파트였지만 두 그루 침향과 그늘이 좋아서, 너무 좋아서 이사를 왔던 것인데, 어쩐지 두려웠던 느낌이, 누가 시샘하며 훼방할 것 같았던 그 행복이 결국 현실로 다가와 일이 터지고 말았다.

이면지처럼 용도가 다한 아파트 앞면은 서너 살 멋모르는 아이가 장난감을 가지고 놀다 부숴버린 것처럼 잔해만 뒹굴고 있었다. 구름 없는 맑은 밤, 더욱더 선명했던 오리온좌 나란한 별 셋, 어슴어슴 초승달과 별들이 모조리 나뒹굴었다. 침엽을 말하던 가문비나무, 두툼한 푸른 가지들이 바닥에 나뒹굴었다. 우수수, 모조리 내팽개쳐졌다. 깊은 밤 별들도, 두 그루 사이에 뜨던 해와 달도, 개밥바라기와 함께 초저녁 밤하늘도 화물차에 실려 통째로 어디론가 실려 가버렸다, 사방이 휑하고 퀭했다.

전기톱과 사다리 전동차 소리 요란한 날, 마침내 일이 벌어지고 말았다. 풍경이 내게 남기고 간 낱말들은 '유추에 대한 불가능' 그 자체였다. 여름이 오기 전 태풍에 전깃줄 보호한다면서 가문비나무와 함께 살던 팽나무도 아예 몸통만 남긴 채 사지가 절단났다. 그렇게 잘린 팽나무 너머 풍경은 먼 지평선 아래 낮은 지붕들을 보여주었다. 콘크리트로 올린 사각 틀을 지닌 직사각형 옥상들이었는데, 중동지방 사막의 지붕을 닮은 그 지붕들은 가로등과 어울려 먼 나라를 연상케 했다. 텅텅 비어버린 풍경의 곳간은 소실점도 없이 그렇게 머나먼 이국의 비경이 되었다. 관리사무소에 항의하자, 대답인즉슨, 아래층 사람들의 끈질긴 민원 때문이라 했다. 푸르게 신명을 말아 올리던 즐거움이 사라진 나는, 창문과 베란다를 바라볼 때마다 속이 허해졌다. 광속으로 결딴난 행복은 잔디밭 나이테와 함께 잘렸다. 퇴색한 레코드판 같은 나이테의 햇수를 세어보았다. 대략 52개, 나이테를 셀 때마다 뭉클거려서 눈물이 울컥 나왔다.

그 후부터였을 것이다. 집 안으로 들어설 때마다 나에게 귀를 기울이던 집이 사라지고 날 선 느낌이 든 것은, 가문비나무의 온기가 사라진 집, 한아름 가득한 피톤치드 향, 그윽한 채광이 사라진 집 안에서 시름시름 마음에 금이 갔다. 덩달아 집 안으로 들어서면 누가 우는 것만 같은 착각이 들었다. 빼앗겨버린 풍경 때문에 괴로웠나 보다. 뇌졸중, 경추요통, 척추측만증, 척추협착증, 허리디스크, 어깨 회전근 3개 파열, 굵직한 병마들이 풍경을 잃어버린 몸속으로 찾아 들어왔다. 잔인한 일상의 연속이었다. 한여름엔 직사광선이 쏟아져 집 안에 있기가 너무 괴로웠다. 집 앞 어린이 놀이터는 벚꽃과 팽나무들이 있어 그나마 마음을 달랠 수 있었는데, 그 팽나무 여섯 그루도 무참하게 잘려 나갔다. 몸통만 남은 을씨년스러운 앉은뱅이 팽나무 몸통을 보는 것조차 괴로웠던 어느 여름날, 슬픈 나를 위로라도 하는 것처럼 다 잘려버린 가지들 위로 수북하게 푸른 순들이 솟아났다. 반가웠고 고마웠다. 관리사무소 여직원이 "선생님 보세요, 나무들 저리 다 잘라놓아도 살아나요" '그래, 팔 잘리고 다리 잘리더니, 보기만 보아도 절망 같던 나무들이 그래, 푸르게 다시 이파리를 내서 다행이다!' 싶었다.

참혹한 봄이 병마처럼 휩쓸고 간 아파트, 이제는 그곳을 떠나와서 다행이다. 정말 다행이다. 잊을 수 있어도 잊히지 않겠지만, 어쩔 수 없이 귀로 겪어야만 했던 가문비나무의 나이테와 목련의 통곡을 듣지 않아도 된다. 이제는 내 안에 곧추선 풍경, 가문비나무 두 그루, 그 푸른 날말들을 잊을 수 있어서 나 참, 다행이다.

시월의 퍼스낼리티

지리산으로 가는 길, 날씨는 조금 흐려 있었다. 비 소식은 없었다. 넘실넘실 휴양림에 도착하자, 고구마를 얼른 쪄서 내놓으니 모두들 좋아라한다. 밤도 삶았다, 땅콩은 껍질을 벗겨 뭉근한 불에 볶았더니 약간 설익으면서도 깔끔한 맛. 저녁을 먹고 책을 읽고 싶은데 주거니 받거니! 술을 마시지 못하는 나는 그냥 엎드려 쉬는 척만 하다가 슬며시 밖으로 나왔다. 단풍나무들이 건너편에서 무리 지어 빨갛게 타오르는 숲길을 열고 있다. 자연 산책로라는 팻말이 붉은 능선에 몸을 기댄 채 저도 저문다. 푸르스름한 늑골마다 저녁노을에 타는 조그만 계곡 하나가 적막 한가운데에서 실핏줄 휘감으며 제 아랫도리 살빛 드러낸다.

젖은 물소리로 흐르는 산과 계곡을 엿듣는 시간, 시월이 섬섬옥수로 건네주는 바람 소리 가득 찬다. 물소리로 쓰는 편지를 귀로 오래도록 읽는다. 물빛 젖은 단풍잎 바다다. 멀리서 내려오신 초저녁 별빛들이 계곡의 물소리에 몸을 섞는다. 숲으로 와서 숲길을 걷자고 마음이 재촉하기를 잘했다. 일어나기를 잘했다. 밖으로 나오기를 참, 잘했다. 자화자찬이다. 헤매는 발길 정처 없다. 노을 반짝이는 한 귀퉁이에서 흥흥거리는 산초를 발견한다. 오뉴월 아까시나무 같은 이파리, 그러나 더 작고 보드랍고 향긋한 냄새가 난다. 한 잎 따서 입에 넣어본다. 생즙 가득 입안에서 향기롭다. 하나의 푸른 이미지가 입안 가득 번진다. 알알이 열린 열매들이 탐스럽다. 풍만한 향기가 나를 쓰다듬는다.

산등성이 입구, 구절초들이 가을 지킴이처럼 서 있다. 바람이 사는 산에 왔음을 실감한다. 포만감이 든다. 풍경의 포만감이다. 새털구름 완전히 뒤덮인 하늘이 푸르다. 숲은 이끼와 버섯들과 낙엽이 층층 개켜놓은 흙길이다. 시월의 숲이 주는 나뭇잎들의 흔들림, 바람이 나뭇잎 새 새로 빠져나가는 풍경의 뒷모습을 쫓아 자연 휴양림 산책로를 들어선다. 나무와 나무의 줄뿌리들로 얽히고설킨 샛길이다. 삭은 낙엽의 냄새가 신선하다. 양쪽으로 야광 빛 물오리나무가 떨군 노란 이파리들이 부엽토 위에 수북하다. 자꾸만 바람이 가벼이 낙엽을 들추는 소리, 바람이 바람의 내부를 놓아버려서 이젠 이 세상 모든 길을 향하여 풍화된 길, 다져지고 다져진 흙길이다. 푸른 이끼들이 눈물을 먹고 돋아난 자리마다 가슴이 촉촉해진다.

검불과 나무토막 같은 황폐한 말들이 길을 스케치하듯 널브러져 있다. 그 자리 위에도 저녁 광선들이 어느덧 가득 눈부시다. 나무와 나무의 생각들이 물든 자리, 제 안의 생각들을 놓아버린 낙엽의 흔적들이 무수하다. 얼굴을 간지럽히는 내 키만 한 댓이파리들이 서너 개씩 서로 마주치는 소리, 바람소리로 돋는다. 소나무, 단풍나무, 상수리나무 사이에서 연둣빛 아스라한 노란 야광 빛을 일으키면서 물오리나무들이 우수수 이파리들을 막 떨구자, 울긋불긋 그야말로 총천연색 낙엽 비가 온몸으로 내려와 꽂힌다. 아주 오래도록 이 길을 한 십여 리쯤 더 걸었으면 좋겠다. 몇십 리쯤 더 깊숙한 숲의 안쪽으로 걸어 들어가면 드디어 나는 멀리서 온 그리움의 실핏줄을 더듬을 수 있을지도 모르겠다. 흐트러지는 저 수많은 적막의 중심들에게 귀 기울인다. 숲을 듣는다. 푸른 저녁 안개가 천천히 숲을 잠식한다.

숲에 닿은 노을이 사그라들 때쯤 되어서야 이 세상의 저녁들이 이 세상을 견디다 못해 드디어 돌아앉은 그림자마저 사라진다, 단풍잎 서로 젖은 몸을 계곡으로 풀어놓는데 작은 별 하나가 시월 그 숲을 빠져나간다. 함께 오지 못한 미지의 당신이 물속의 방안에서 온통 숲의 그늘로 휘어지고 있다. 사르르 제 몸을 대지에서 일으켜 다시금 어디론가 가는 길, 그 웅알거리는 한 계절을 끌고 나는 당신에게로 간다. 스스로 떠나는 자 되어 떠나는 시월의 숲에서 함께 오지 못한 미지의 시간들을 사색해 본다. 떠나오는 자 되어 돌아오는 시간, 그가 곧 이 숲에 당도하리라. 시월의 숲이 주는 흔들림, 그 새 새로 빠져나가는 저녁 하늘의 모습이 어둑해진다.

시월의 퍼스낼리티, 이만하면 되었다.

물

아팠다.

먹으면 토하고 설사하고 아예 음식을 몸 안에 넣을 수 없었다. 둘째 아이 출산 후 감기약과 신경안정제 부작용이었다. 그런데도 병원은 원리원칙만 내세우며 모르쇠로 일관했다. 내가 나를 살려야 했다. 병원 중환자실을 퇴원했다.

물을 골랐다. 물에게도 마음이 있다고 생각했다. 나를 살릴 물, 이쁘다 이쁘다 하면 육각수를 차려입는 물이 필요했다. 밉다 밉다 하면 형체도 흐물흐물 퍼져버리는 예민한 물, 병원에서 나와 물 공부부터 시작했다. 아무것도 먹을 수 없어 물과 죽으로 연명하면서, 갓난 둘째를 일 년간 남에게 맡기면서 물을 공부했다.

설거지하면서 퐁퐁을 쓰지 않기로 작정했다. 수세미는 아크릴사로 뜨개질해 썼다. 물줄기에 미끌한 액체 성분을 흘려보내고 싶지 않아서 그런 물을 아끼고 보존해야 한다는 생각에 나는 필사적으로 세제를 쓰지 않았다. 세탁기를 돌릴 때도 옷을 빨랫비누로 비누질해 빨래를 했다. 그야말로 필사적으로! 그 습관이 이제 나름 편해져 다행이다.

2019년 기준으로 세계인구는 약 76억이라고 한다. 지구라는 수국, 물이 물을 끌어당기고, 물이 물을 밀쳐내며, 물이 물을 태우고, 물이 물을 끌어올린다. 하늘에 뜬 구름 한 덩이가 코끼리 4,000마리 정도의 무게라고 한다. 톡톡! 베란다 난간에 부딪히는 빗소리, 구름 한 덩어리에서 지금쯤 코끼리 몇 마리가 빠져나왔을까. 쓸데없는 생각에 잠기며 빗소리를 듣는다.

그릇을 탓하지 않는 물, 오히려 그릇의 모양대로 변하는 물, 사람에게 닿으면 사람의 모습이 되고, 꽃에게 가 닿으면 꽃이 되고, 나무에 가 닿으면 나무가 되고, 어떤 대상이든지 그 대상의 모습대로 맞추어주는 물, 넘치고 흐르는 성질이 있어 구속하기 시작하면 아프기 시작하는 물! 언제부턴가 물이 미끌미끌해졌다. 그래서 수세미를 쓰기 잘했다고, 절대 비누를 사양하며 물도 그만큼 적게 사용한다.

아들 이름이 강을 의미하는 '가람'이다. 깊은 호수를 연상케 하는 눈을 지닌 아들, 아들에게 이 이름을 지어준 이유는 물처럼 흐르는 순리를 따르라는 뜻이 있어서였다. 아들은 가슴에 수평선이 있는 바다를 향해 늘 작은 배를 띄우는 강물이다. 순리를 따르는 강물이다. 이쁜 우리말 사전'에서는 '가람'을 다음과 같이 풀이한다.

넓고 길게 흐르는 큰 물줄기를 강이라고 합니다. 산이 땅의 뼈대라면, 강은 땅의 핏줄이지요. 강은 원래 가람이었습니다. 우리 글이 없던 시절에 이것을 한자 강(江)으로 쓰다가 세월이 흐르면서 가람은 사라지고 강만 남았지요. 뫼가 사라지고 산(山)만 남은 것처럼요. 가람은 저 혼자 갑자기 생겨난 것이 아닙니다. 깊은 산속 샘이나 선샘에서 솟아난 물이 산골짝으로 흘러내리고, 개울물과 냇물이 더해져 큰 물줄기가 된 것이지요. 그래서 실개천, 시내, 개울, 여울, 따위는 결국 한 줄기로 이어지는 물줄기랍니다.

하늘의 흰 구름을 보라, 수없이 새하얀 많은 가슴속 언어들을 주저 없이 보여준다. 하얀색 구름사전이라고 부르며, 푸르고 시린 허공에 쓰는 구름의 글자들을 읽는다. 바람이 그 붓을 들어 구름 글자들을 얼마나 빠른 속도로 휘갈기는지, 구름의 언어들이 바람의 붓으로 비로소 태어난다. 그림글자들이다.

구름 한 덩어리가 코끼리 사천 마리 무게와 맞먹지만 지상으로 추락할 때면 방울방울 빗방울로 해체된다. 단 한 방울의 빗물도 무게를 느낄 수가 없다. 수증기의 입김들이 방울방울 안개가 된다. 물이 제 가슴으로 품는 나뭇잎 하나하나, 꽃잎 하나하나, 풀잎 하나하나가 갖가지 새파란 빛깔들이다.

이 세상에 존재하는 모든 색깔이 꽃잎들에게로 치달려 갔음이 틀림이 없다. 과연 꽃이다. 꽃은 색채의 힘이다. 이 세상 모든 색깔에겐 구르는 바퀴가 달렸나 보다. 어떤 색깔은 아주 작은 바퀴가 있어 굴러 굴러 패랭이꽃에게 가 그 숨결이 닿는다. 어떤 색깔은 아주 커다란 물의 바퀴로 굴러 시체꽃에게 가 닿는다. 어떤 바퀴에겐 날개가 있고 또 아주 작아 허공을 구르며 날아가 산유화나 밥알 같은 이팝을 터뜨린다. 물의 또 다른 표정인 구름은 참으로 신기하다.

물이다. 물의 일이 그러하다. 몸속으로 흘러들어와 피가 된다. 사람을 살린다. 짐승들을 살리고 모든 생명을 살리는 물, 물은 그래서 도덕적이다. 참으로 도덕적이어서 순리라 일컬음이 맞다. 순리가 아니라면 어떻게 수없이 많은 생명을 살려 살아가게 하랴. 그래 그 맑고 청정한 도덕의 힘이 아니라면, 어찌 물이 그 본분을 다하랴. 참으로 다행스럽다.

수없이 많은 갖가지 빛깔들의 물고기들은 그래서 경외스럽다. 도덕의 힘이다. 그래서 푸른 별이다. 그 도덕의 힘이 있기에 바다는 뭍의 시차에 예민하다. 지구 온난화란 인간이 얼마나 도덕에 무관심한지를 보여주는 단적인 예일 뿐이다. 맑고 고운 물의 성품을 저버리는 현대를 사는 우리가 안타까울 뿐이다.

물의 성품은 순리, 그 자체이다. 물은 도덕이며 지극히 도덕적이다. 한 방울의 물도 하늘에서 내려와 허투루 쓰이지 않는다. 생수, 알칼리수를 마시면서 약수터를 하루도 거르지 않고 다녔다. 맑은 공기를 들이마시며 점차 몸이 나아졌다. 둘째를 1년 만에 내 손으로 키우게 되어, 그야말로 사람 같은 사람이 된 기쁨이야 두말할 나위가 없었다.

차 심부름

어릴 적
외할머니댁 나들이
외할아버지 차 심부름

복도 지날 때 조심해라
할아버지 이노옴 하신단다
찻쟁반 받쳐 들고 계단 이 층을 오른다

뒤뚱뒤뚱
까치발 사알살
그래도 삐꺽

할아버지, 빙그레

동네 분들이 덩달아 빙그레
햇살이 환한 방 안으로
바다가 맑은 아침!

거문도라는 기억의 파편, 아마 다섯 아님 여섯 살의 까마득한 의식의 심연에서 건져 올리는 기억 부스러기들은 아무리 건져 올려도 그렇듯 어스름

회색빛 물고기를 닮은 기억들이다.

학교 사택 담장에서 말려주시던 싱싱한 쥐고기에 대한 기억의 한 파편, 아직도 껍질을 쫘악 짝! 벗겨 내는 젊은 엄마, 손이 바쁘시다.

그때쯤의 선명한 기억이라면 장난을 잘 치시던 외할머니집 갈 때마다 차 심부름하던 기억이다. 정색을 하셨다. 생전 처음 만난 기억인지 새롭다. 부엌에서 이거저거 준비하시는 할머니는 엄마와 내가 들어서자마자, "아이고, 오랜만이다, 우리 딸!, 시집살이 힘들지" 하면서 눈물을 글썽거리셨다. 그때 처음 시집살이라는 단어가 나의 뇌리에 박혔다. "어머니, 넷째 ○○이에요" "오마야? 니가 그리 영리하다는 ○○이냐? 우리 손녀 잘 왔다. 할아버지 차 좀 내어드리고 오거라!" 그 즐거우신 음성이 아직도 귓전에 싱싱하다.

외손녀에게 차 심부름을 시키면서 열 올리셨던 할머니, 아무리 발끝을 들고 걸어도 삐끗거리는 마룻바닥이 원수였다. 땀까지 발릴 정도로 긴장한 나에게 겁주는 소리만 했다. "전번에도 쾅쾅거리고 복도 걸어갔제? 할머니가 그 소리 다들었다잉! 조심조심 꽃발 딛고 걸어야된다잉, 잘하믄 용돈 준다잉!"

웃음이 광대뼈에 묻어 볼이 전체적으로 실룩거렸으나 그 당시 그 어린 나이에는 그 웃음의 의미가 무엇이었는지 알 수 없었다. "네!" 내심 인자하고 상냥한 할아버지를 뵐 수 있어 할머니가 무서워도 꾹 참고 다시 올라가고 싶지 않았던, 두렵기만 한 공포의 마룻바닥을 걷는 그 심부름을 마다하지 않았다.

외갓집은 거문도 섬동네 바닷가 목조주택이었다. 입구에서부터 천정이 아주 높았다. 마당이 넓은 공간 위에 덮개가 있어 비가 와도 염려 없이 보였다. 그 다다미 이층집에 갈 때마다 엄마는 나를 꾸몄다. 머리를 땋고 검은색 일색일 뿐이지만 이쁜 원피스를 입혀 주셨다. 쫄래쫄래 엄마 손을 잡고 바닷가를 걸어 외할머니집에 도착하면 할머니는 늘 먼저 차 심부름을 시키셨다. 소반에 과일과 이쁜 꽃 찻잔과 앙증맞은 찻주전자와 소량의 떡을 올리신다.

"잘 들고 가야 한다잉, 바닥 소리 안 나게 사뿐사뿐, 쟁반 엎을라, 조심해

라잉!!" 좁고 어두컴컴한 계단을 차 쟁반 들고 오르면 삐그덕 소리는 나지 않지만 그래도 계단은 얌전한 잠복기. 오르자마자, 길게 늘어선 짙은 자폐의 갈색 마룻바닥은 공포 그 자체였다.

두 개 방을 지나는 복도가 왜 그리 길었는지, 두어 번이었을까? "삐꺽!" 마루가 비명을 지를 때마다 할머니가 듣고 있을까 봐 들키지 않으려 더 조심했고, 넘어질까 봐 두려웠다. 마룻바닥이 마치 살아있는 생물처럼 느껴졌다. 마루가 뒤따라오는 것만 같기도 했고, 지켜보는 것 같기도 했고 확 달려들 것 같기도 했다. 조심스럽게 발을 내디뎠는데도 삐꺼덕! 소리에 놀라 흠칫거릴 때마다 머리에 쥐가 났다. 심장은 또 왜 그리 쿵쾅거리는지!

사뿐거리는 발바닥이 뒤뚱뒤뚱 오리발이 되는 건 시간 문제, 작은 팔뚝이 저절로 경직된다. 시끄러울까 봐 식은땀까지 흐른다. 드디어 할아버지 계시는 미닫이 방문 앞, "할아버지"하고 부르면 "들어오너라!" 응답하시는 순간 그 음성이 너무나 좋았다. 두려움이 사라진다. '드디어 다 왔다!' 속으로 외치며 안심이 된다. 긴장감도 엷어진다. 뒤돌아보니 지나온 어두컴컴한 마룻바닥이 드디어 그 아가리를 닫는다. 휴! 얼른 고개를 돌려 얌전히 미닫이문을 민다. 열자마자, 신세계다. 아! 저절로 입이 벌어진다. 출렁출렁, 파도 소리 가득 찬 방 안, 햇살에 물비늘 부서지며 출렁거리는 앞섬 풍경이 멀리 환하다. 바다보다 먼저 햇살이 들어와 앉아 있고 산마루에 든 흰 구름 하늘이 함빡 청청하다. 눈이 부신다. 윤슬이 출렁거리는 앞섬 덕촌은 산마루 흰 구름 함빡, 풍경이 방 안에서 둥둥 떠다닌다. 바깥은 텅 비어 있다.

햇살과 바다와 바람, 기억 속 하얀색 옷차림의 외할아버지는 인자하게 미소를 지으신 채 마룻바닥으로 희디흰 도포 자락이 정갈하게 드리워진 앉은 자세이시다. 잉크병이었던가 한쪽으로 치우시며 떡을 조청에 찍어 먹여주시던 기다란 손가락, 잠시 흰 구름처럼 뽀송뽀송한 할아버지 품, 외할아버지 소맷단은 초가을 푸른 억새처럼 서걱거렸던 것만 같다.

외할아버지는 한의원을 하셨다. "동네분들이 계시니 할아버지 차 내어드리고 꼭 인사하고 얼른 나와라잉.” 외할머니 말씀은 이미 함흥차사다.
“아이고, 선상님 손녀가 참으로 이쁩니다잉!”
무릎을 꿇고 외할아버지 정갈한 탁자 위, 차를 고이 따라 올리면, “고놈, 시집가도 되것어라!”, “예끼, 사람아, 선상님 손녀딸 보고 못하는 소리도 없네잉!” 마을 분들이 순박하게 주고받는 말속에 내심 마음은 우쭐대곤 했다.
볼 때마다 언제나 다정한 분이셨다. 내 땋은 긴 머리를 쓸어내릴 때마다 너무나 따뜻한 미소를 지으셨다. 무릎을 꿇고 물러나 앉아 있는데 “이리 오너라” 미소를 지으며 이름을 부르신다. 무릎으로 앉히신다. 잠시 앉아 있음이 얼마나 포근한지! 별로 말씀이 없었지만 따스한 기운이 번지곤 했다. 그 무릎에 앉아 나는 조청에 찍은 떡이며 깎은 과일을 아기 새처럼 받아먹었다.
빈 쟁반을 들고 마루를 나와 걸으면 언제 그랬느냐는 듯 마루는 삐꺽거리지도 않았다. 마루가 살아있는 생물처럼 느껴져 달려들 것만 같았던 두려움은 반감되었다. 쟁반이 무겁지 않아 총총 발걸음도 가볍다. 그 어두컴컴한 계단이 그래도 무서워 빨리빨리 아래층에 도착하면 마지막 할머니의 “잘했다”라는 칭찬에 온몸이 둥실둥실 하늘을 날아다녔다.
‘거문초등학교 신축공사’라는 말에 잠시 떠오른 어스름 빛 추억! 외할아버지와 할머니의 기억이 있는 거문도, 거문초등학교에 아버지가 발령 나셨을 때 우리 식구는 사택으로 가 살았다. 쥐치어를 아마 일본으로 수출한다고 했다. 그런 쥐치어를 동네 분들이 많이 가져다주셨다. 원 없이 먹은 기억이 새롭다. 그 싱싱한 맛들이 지금은 없다!
그 초등학교, 신축공사라니, 감회가 새롭다. 아버지가, 학생들이 가꾼 학교 화단에 예쁜 나무 울타리 너머 붓꽃 톡톡 터지는 계절이었다. 추억 몇 알 까맣게 익어 튀어나오는 시간, 하루에 두 번 오로지 배편만이 이동 수단이었던 그곳에 응급환자가 생기면 레펠 가능한 전문 인력을 싣고 날아오르는 응급 헬기의 신속 대응에 “정말 고마워라!” 감탄하는 시간!

할머니와 툇마루

바닷가 언덕 위에서 바다와 앞섬이 바라보이는 집에서 어린 시절을 보냈다. 언덕 위 좌우로 길이 나 있었다. 집에서 마당 왼쪽으로는 옆집과 마을로 이어진 길이 나 있었고, 그 길은 토끼풀이 널려있었다. 오른쪽으로는 바다와 이어진 아랫길이었다. 약간 경사졌고, 군데군데 천연 암석들이 계단처럼 널찍해서 길 오르다 보면 그 위에 서서 내려다보는 바다란 여러 빛깔들이었다.

길과 길 사이 돌담이 세워져 아침이면 해송이 그늘을 드리웠다. 그 안쪽으로 물봉선화가 가득했다. 할머니가 좋아하던 꽃이었다. 다른 한쪽 바닷길은 쭈욱 방파제로 이어져 바다와 맞닿아 있었다. 일출 때면 바다는 금빛으로 빛나고 그 빛을 받으면서 걷다 보면 어느새 학교에 다다르곤 했다.

한여름 대낮, 그 바다에서 쏟아지는 햇살의 눈부심에 어린 나조차도 이끌려 바다로 뛰어들게 했다. 햇살 목욕이었다. 하늘에서 쏟아지는 금빛 줄기에 몸을 맡기면 온몸이 시원해졌다. 그 바다에서 늘 튀어나오는 투명한 금색에 이끌려 물결에 몸을 맡기곤 했다. 그러면 바다는 진종일 우유처럼 온몸에 출렁이곤 했다.

그 바닷길은 작은 벼랑 위에 또 마을이 있었다. 아예 커다란 벼랑으로 솟구치는 지점에 마을이 세워지기도 했는데 그 위에는 마을회관이 있었고 그 앞집은 외삼촌 댁이었다. 그 집과 우리 집 사이 담 모퉁이에 문이 하나 있어서, 외숙모가 부를 때마다 우리는 쪼르르 그 문을 통해 드나들곤 했다.

또 하나의 다른 길은 뒤란 텃밭과 툇마루 사이, 돌담에 처져있는 나무문이었다. 그 문을 나서면 조금 넓은 마을 길과 이어진 골목이었는데 그 실핏줄 같은 골목길이 '국자네'라고 불리는 고모 집으로 몇 걸음 이어져 바로 코 앞이었다.

술 잘 마시고 노래 잘 부르던 목소리 걸걸한 외숙모네 집은 옆문으로 들락거렸고, 키 크고 말쑥한 고모네는 뒤란으로 나다녔다. 그러나 그 뒤란 문은 언젠가부터 특별한 일이 없는 한 열리지 않았다. 문 아귀가 잘 맞지 않아 결혼, 명절 같은 때에만 삐꺼덕거리며 열렸기 때문이었다. 그러나 집 대문으로 나가도 고모네는 지척이라 어린 나로서도 별로 불편함이 없었다.

뒤란 텃밭은 발목만큼 돌담으로 이어져 쌓아 올려져 있었다. 바로 그 위에서 푸성귀들이 땡볕에도 잘 자랐다. 그 주위를 둘러쌓은 높다란 돌담에 담쟁이들이 넘실거렸다. 텃밭 드나들던 뒤란 문에 거의 반 팔 간격으로 난 툇마루 끄트머리에서 할머니는 머리를 빗어 내리시곤 하셨다. 해살거리는 볕이 뒤란에서 쟁쟁거리는 소리를 지르며 한여름을 사르는 때, 붉고 푸른빛이 탯줄처럼 늘어지고 엉클어져 영글어가는 텃밭에서는 고추가 한창이었다. 봄이면 강낭콩이, 가을이면 무, 배추가 자랐다.

안방 뒷문을 열면 한여름에도 시원하게 바람 일던 곳, 그 툇마루 그늘에서, 한겨울엔 볕 깊숙해서 바람 없이 따스하던 그 양지 녘에서 젖은 은비녀를 뽑아내시던 할머니. 가만가만 참빗으로 머리칼 올올이 다 빗어 내리시면서 동백기름을 바르시곤 하셨다.

늘 하시던 말씀이 생각난다.

"여자는 머리카락을 조심해야 돼. 아무 데서나 머리 빗으면 안 된단다."

마룻바닥에 떨어진 머리카락을 손으로 쓸어 모으시며,

"이제 머리카락 빗을 때마다 떨구어진 내 머리카락도 이렇게 몽칠만한 나이가 되어가나 보다"

새삼스레 동백기름과 할머니 생각이 난다.

임경화

prettylim21@daum.net

나의 소띠 친구들

6월 예찬

1948년 여수의 10월을 기억하며

나만의 여수 10경

아득한 나이

친정 부모님과 함께 책 읽는 시간

음식과 글쓰기

1969년 여수 출생/ 전남대 국어국문학과 졸업
현재 독서학원 운영

나의 소띠 친구들

나에게는 소띠 친구 세 명이 있다. 네 명이 만나는 모임에서 나만 원숭이띠로 맏이지만 그들을 어린 이로 대접한 적은 없다. 소띠라는 동질성이 있어서 그들이 더 끈끈해진 것 같다.

우리는 주로 카톡으로 소통하다가 누군가가 "우리, 만날까요?" 하면, 기다렸다는 듯이 모임 장소와 시간 등을 일사천리로 결정한다. 대개는 저녁을 먹은 후 찻집으로 가서 두 시간 이상 수다를 떤다. 애들 이야기, 직장 이야기, 부부 싸움 이야기, 나라 걱정 등이다. 이야기 욕심들이 많아 누군가 한번 이야기를 시작하면 번호표로 대기해야 하나 싶다. 집에 돌아올 즘에는 목이 잠겨 있고 따끔따끔 아플 정도다. 우리는 살다가 억울한 일, 기쁜 일이 생기면 이 친구들에게 들려주려고 자기 이야기를 차곡차곡 저장해놓고 만날 날을 고대하고 있다.

나는 이들과 만남 전에는 수다의 참맛을 몰랐다. 그저 우리 사회에서 통용되는 '여자들의 수다'라는 관용구로만 이해했다. 대책 없이 무질서하고 가치 없는 행위로만 생각했다. 겪어보니 우리 삶의 저변에서 평범한 수다 모임이 이렇게 대단한 역할을 해낼 줄이야. 예전 우리 어머니들은 고추당초보다 맵다는 시집살이의 서러움을 '시집살이'라는 노래로 승화시켰다. 그녀들에게는 시어머니와 남편이 모르는 은밀한 수다 모임이 있었을 것이다. 수다 모임 친구들은 훌륭한 선생님이요 상담원이었을 거다. 믿을만한 사람 앞에서 꼭꼭 감춰뒀던 속내를 터놓는 순간은 새 삶의 가능성이 열리는 역전, 전복, 성장의 순간이다. 일상의 존재에서 서사의 존재로, 비루한 존재에서 존엄한 존재로 나아가는 그런 순간 말이다. 나는 이 모임에서 속내를 터놓고 말하는 행위가 우리에게 닥친 불행과 고통을 이기고 슬픔을 성장으로 이끈다는 것을 체험했다. 오죽하면 소설가 가브리엘 가르시아 마르케스는 자신의 자서전 제목을 『이야기하기 위해 살다』로 짓고 "한 사람의 삶은 그가 살아온 삶이 아니라 그가 기록하는 삶"이라고까지 했을까.

모임의 좌장격인 C 씨. 그녀는 슬픔을 과시하거나 자신에게 연민하지 않는 사람이다. 일찍 엄마가 돌아가시고 몸이 약한 아버지를 위해 학교, 직장 다니면서 밥상을 차렸다. 고등학교 시절 시장에서 미꾸라지를 사다가 직접 추어탕을 끓여서 아버지 밥상에 올렸던 이다. 우리에게 그 이야기를 들려줄 때 특별한 점은, 고생의 서사보다는 추어탕 레시피를 더 강조한다는 것이다. 나는 이 고등학생 아이가 미꾸라지를 사다 추어탕을 끓여내는 것이 나라를 구한 장군의 무용담보다 더 대단한 일로 여긴다. 이십여 년 전 처음 만났을 때부터 생각의 깊이와 차원이 달라 보였던 그녀였다. 접혀진 부채를 펼치면 수많은 주름이 나타나듯 그녀 안에도 굽이굽이 무수한 이야기들이 쌓여 있을 것이다. 그녀는 우리 중 누군가가 참혹한 일을 겪어도 차분하게 다독이고 현실을 직시하게 만드는 편이다. 타인의 고통에 대해서는 값싼 연민보다는 굳건한 연대를 취하는 사람이다. 양손 가득 장을 봐 와서 척 건네고 가는 방식으로 연대를 표현한다. 장 보따리에는 애들 먹을 삼겹살, 미역국에 넣을 쇠고기, 사과, 애들 과자, 두부, 계란 따위가 빵빵하게 들어 있다. 심지어 딸이 있는 집에는 생리대를 여러 묶음 넣어준다. 유머 감각은 얼마나 뛰어났는지 그녀가 있는 자리에선 웃음소리가 끊이지 않는다. 슬픔이라는 노른자를 감싸 안은 웃음의 미학이 있는 그녀. 말할 때는 목소리나 톤에 떨림이 없고 오히려 무신경하거나 무덤덤하게 말하는 편이다. 존재의 밑바닥에 있는 서러움이나 처연함을 내세우지 않고 슬픔의 은하계를 단단한 중력으로 떠받치고 있는 사람이다.

M 씨는 완도의 약산에서 어린 시절을 보냈다. 그녀의 고향 이야기와 여섯 언니들 이야기가 우리에겐 백석의 평안도만큼이나 그립고 아련한 근대의 풍경이다. 막내딸인 M 씨는 인정 많고 유쾌한 언니들의 살뜰한 보살핌을 받으며 건강을 회복하는 중이다. 얼마 전에 코로나로 친정어머니가 세상을 떠나셨다. 장례식 후, 우리에게 엄마 젊은 시절 이야기, 8남매 키우시던 이야기, 언니들과 엄마 사이의 이야기들을 담백하게 들려주었다. 그녀의 이야기는 한 편의 문학작품 같다. 사건의 당사자가 되어 사건 속에 있을 때는 당장 한 치 앞이 안 보이지만 타인에게 이야기하는 순간은 무대에 올려진 작품이 된다고나 할까. 이것은 삶의 신비인가, 말하기의 매력인가.

그녀를 떠올릴 때면 슬며시 웃음이 나는 일화가 있다. 몇 년 전 어느 회원의 개업 행사 때, 당시 현역 국회의원인 J 의원이 들어왔다. 생각지 못했던 의외의 인물이라 모두 쭈뼛거리고 있는데 우리의 M 씨는 손을 번쩍 들더니 큰 소리로

"아이구, 의원님! 바쁜 분이 어찌 이렇게 오셨대요?"

이렇게 외치며 악수를 청했다. 수줍음 많은 우리 회원들은 M 씨의 발랄함과 낙천성에 혀를 내둘렀고 아직도 우리 사이에 회자되는 일화이다. 인정은 얼마나 많은지 만날 때마다 빈손으로 오는 법이 없다. 멸치, 토마토 등 뭐든지 봉지 봉지 나눠서 가져온다. 우리는 M 씨를 만나고서, 어린 시절을 시골에서 보낸 사람들은 넉넉함과 푸근함, 순박함을 갖고 있다는 편견을 갖게 되었다. M 씨는 말할 때 몸짓이나 표정이 큰 몫을 해내는 편이다. 혀를 차거나 인상을 찌푸리거나 환하게 웃거나 손뼉을 치면서 추임새를 크게 넣는다. 공감의 몸짓과 표정이 이야기를 더 풍부하게 해준다. 요즘 M 씨는 넝쿨장미, 제라늄, 사과꽃 등등으로 정원을 가꾸고 있다. 고양이들도 이 집에 와서 여러 번 해산하고 분가를 했는데, 고양이들이 M 씨의 관상과 수더분한 말투를 보고 이 집에 눌러사는 것 같다.

소띠 친구들은 다들 소처럼 부지런한데 그중 최고는 E 씨이다. 키가 큰 E 씨는 팔다리가 긴 만큼 껑충껑충 내달린다. 직장생활도 바쁜데 농사를

짓는 친정 부모님을 도와 자신의 인맥을 활용하여 해마다 부모님의 토마토를 완판시킨다. 토마토가 얼마나 맛있는지

"E 씨 아버지는 자식 농사만큼 토마토 농사도 잘 지으시네."

우리는 이런 칭찬을 아끼지 않았다. 손끝이 야문 E 씨는 음식도 맛있게 만들고 공예품도 잘 만든다. 특별한 날에는 동전 지갑에서부터 컵 받침, 열쇠고리, 수제공책, 심지어 핸드백까지 선물 받는 호사를 누린다. 우리들 냉장고에는 그녀가 만든 딸기잼, 오디 잼, 청귤 효소 등이 칸칸이 채워져 있다. E 씨는 감정 표현을 과도하게 하지 않는 편이다. 욕설이나 비속어 등을 전혀 쓰지 않고 감정도 절제하여 말한다. 어려서부터 맏이로 집안의 농사일을 돕고 할머니와 엄마의 고부간 줄다리기 사이에서 신중하게 처신한 티가 말투에 역력하다. E 씨는 얼마 전 20여 년 동안 살던 집을 떠나 새로운 곳으로 이사했다. 우리 세 사람은 모두 제 일처럼 기뻐하면서 솜씨 좋은 그녀가 집을 얼마나 예쁘게 꾸며놨을지 기대하는 중이다.

언젠가 내가 지금보다 좀 더 나은 사람이 되어있다면 아마 소띠 친구들과의 수다 모임 덕분일 것이다. 우리는 수다로 삶을 배우고 삶을 성장시키고 전망을 찾아간다. 누군가에게 나의 삶을 이야기하는 순간, 나의 삶은 재해석되고 본질과 비본질이 무엇인지 확실하게 정리, 재편될 테니까. 우리는 서로에게 받은 사랑과 지혜를 또 다른 누군가에게 베푸는 것으로 갚고 있다.

사랑하는 나의 소띠 친구들, 부디 건강하고 행복하기를!

6월 예찬

6월은 나에게 선물 같은 달이다. 일 년 열두 달을 늦은 시간에 퇴근하기에 더 그렇다. 저녁 8시가 되어도 사방이 어둡지 않으니 6월의 퇴근길은 밝고 쾌청하기만 하다. 햇빛을 받아 낮달맞이꽃이 벙글벙글 웃고 있고 매실은 땡글땡글 익어가는 6월의 저녁. 늦게까지 새들의 노래가 들리고 살랑거리는 바람까지 불어주니 산다는 게 참 행복하다.

6월이 되면 몸과 마음이 가벼워지고 싶어진다. 삶의 의무를 잠시 내려놓고 실컷 자연을 즐기고 싶다. 나는 유독 슬픔에 예민하다. 어느 해 봄날, 남쪽 바다에 자식을 잃어버린 부모들이 많은 이 땅에선 새잎이 돋아나는 것도 마음 놓고 기뻐할 수 없는 4월이 되었다. 이팝나무꽃이 한창 피어나는 망월동을 생각하면 결코 웃을 수 없는 5월이다. 물론 6월이라고 이 땅에 슬픈 일이 없지는 않았다. 하지만 내가 태어나기 전의 일이라 빚을 진 기분은 없다. 그동안 내가 겪어 낸 여러 번의 6월이 참 각별하다.

20여 년 전 어느 6월 저녁이었다. 그날도 바쁘게 퇴근해서 친척 언니 집에 맡겨 둔 아들을 데리고 집으로 가던 길이었다. 언니 집 뒷동에 우리 집이 있어 아들을 안고 10분이면 도착하는 거리다. 그런데 그날따라 안겨 있던 아들이 내려달라고 발버둥을 쳤다. 그래 몇 번 걷다 다시 안아달라고 하겠지 싶어 땅에 내려놨다. 아들은 내 손을 잡더니 계속 총총 걷는 게 아닌가. 나를 끌고 다니면서 화단에 있는 풀도 만져봤다가 꾸물거리는 작은 개미들도 따라갔다가 하면서 뒤뚱뒤뚱 걸었다. 그 작은 손으로 내 손을 꽉 잡고 제가 원하는 곳을 왔다 갔다 하면서 걸었다. 그동안 엄마 품에 안겨서 집에 가던 아들이 자기 발로 걸어서 집으로 돌아갔던 첫 발걸음이었다. 아들과 손을 잡고 걸었던 최초의 동행은 내 삶을 다하는 날까지 잊을 수 없을 것 같다.

그날의 나는 감격에 겨워 몹시 흥분했던 것 같다. 이제 이 아이가 내 품에서 땅으로 내려왔구나, 두 발로 대지와 호흡하며 제 앞에 펼쳐진 삶을 헤치고 살아가겠구나 하는 생각을 했던 것 같다. 나는 젊은 엄마였고 아들은 어린아이였지만 그날이 우리가 인간 대 인간으로 최초의 동료가 된 날이다. 작은 아기와 걷기에 적당히 쾌적하고 밝은 6월의 저녁이었다.

개망초꽃은 6월의 우리 산천에 많이 피는 꽃 중의 하나이다. 너무 흔해서 특별할 게 없는 꽃이지만 나에겐 중학교 때 국어 선생님을 떠오르게 하는 꽃이다. 방과 후 독서반에 가면 담당인 국어 선생님이 우리에게 단편소설을 한 편씩 읽어주셨다. 6·25전쟁을 배경으로 한 어느 소설에 이런 글이 있었다. "난생처음 보는 듯한, 해바라기를 축소해 놓은 모양의 동전만 한 들꽃"이라고 묘사한 문장이다. 나는 유독 이 문장을 기억하고 있었고 실제 어떤 꽃인가 찾아보기도 했지만 뚜렷한 답을 찾을 수 없었다. 결국, 나 혼자서 개망초꽃으로 결정해 버렸다. 이 소설을 읽어주셨던 국어 선생님은 훗날 유명한 소설가가 되셨다. 선생님은 동그란 금테 안경을 쓰고 보라색 옷을 즐겨 입으셨다. 수업 시작 전, 지원자에게 앞으로 나오게 해서 재미있는 이야기를 반 친구들에게 들려주도록 하는 시간을 마련해 주셨다. 아이들의 이야기를 제일 좋아한 사람은 선생님이었다. 제일 잘 듣는 사람도 선생님이었다. 소설가로 이름을 날리신 후 여러 편의 심리 에세이 책도 내셨다. 어렸던 우리는 선생님의 속사정을 몰랐지만 그때가 한창 신산스러운 삶을 통과하는 중이었다는 것을 나중에 인터뷰를 읽고 알았다.

한번은 내가 글쓰기 대회에 입상해서 선생님과 버스를 타고 시상식장을 가게 되었다. 선생님은 나를 의자에 앉히시고 본인은 내 옆에 서 계셨다. 수줍음이 많았던 나는 선생님 옆에서 아무 말 없이 앉아 있었다. 이런 나를 보고 선생님은

"경화는 말이 없구나."

이렇게 다정하게 말씀하셨다. 책망하는 투가 아니라, 말 없는 모습을 그대로 존중해주는 마음이 느껴졌다. 말 없는 아이는 침묵으로도 제 기분과 생각을 나타내고 있다는 것을 알아주신 최초의 어른이다. 나도 나중에 어린 아이에게 눈빛을 꼬옥 맞추면서 상냥하게 말하는 사람이 되겠다는 결심을 했던 날이다.

내 인생에서 가장 큰 고통을 겪게 된 것도 6월이었다. 예기치 않는 일들 속에서 허우적거리다 운명적인 문장을 만났다.

"큰 슬픔을 견디기 위해서 반드시 그만한 크기의 기쁨이 필요한 것은 아닙니다. 때로는 작은 기쁨 하나가 큰 슬픔을 견디게 합니다. 우리는 작은 기쁨에 대하여 인색해서는 안 됩니다. 마찬가지로 큰 슬픔에 절망해서도 안 됩니다. 우리의 일상은 작은 기쁨과 우연한 만남으로 가득 차 있기 때문입니다."

신영복 선생의 글이다. 신영복 선생이야말로 자타공인 '큰 슬픔'의 대가가 아닌가. 그런 분에게, 고통을 잊게 하는 작은 기쁨은 어떤 것이었을까? 다행히 내 직업은 작은 기쁨의 대가들인 아이들과 함께 생활하는 일이다. 천운으로는, 단순하고 긍정적인 성격을 타고났다. 절망이 올 때마다 천진한 말과 웃음, 사랑을 준 아이들 덕분에 슬픔의 시간을 통과할 수 있었다. 더 많이 웃고 더 크게 감동하는 사람이 되었다. 나는 이 문장대로 살고 이 문장을 실현해가는 중이다.

나의 6월은 햇빛으로 말한다. 햇빛은 빛깔과 공간과 입체를 완성한다. 필연적으로 그 속에서는 아름다운 이야기들이 만들어진다. 곧 장마와 불볕더위의 계절이 다가오고 있다는 것을 알면서도 6월의 행진은 멈추지 않는다. 오히려 나무들은 더 맹렬히 햇빛 에너지를 제 몸에 흡수하여 성장 동력으로 삼는다. 나도 여러 번의 유월을 지나왔다. 6월의 감동과 6월의 문장과 6월의 웃음이 내 광합성의 동력이 되어줄 것이다. 남아 있는 여러 번의 6월을 기대하는 이유이다.

1948년 여수의 10월을 기억하며

매일 신월동 해안도로 쪽으로 해서 출근하다 자주 보게 되는 장면이 있다. 관광버스에서 내린 사람들이 심각한 표정으로 인솔 강사의 설명을 듣고 있는 모습이다. 그들이 단순한 관광객이 아니라는 것은 금방 눈치챌 수 있다. 사뭇 비장하고 심각한 그들의 표정으로 말이다. 특히 10월에는 그런 모습을 더 자주 본다. 관광버스에 붙은 안내문에서 그들이 전국 방방곡곡에서 온 사람들이라는 걸 알 수 있다.

여수의 10월은 역사적인 달이다. 신월동 바닷가가 한적한 휴양지 바다가 아니라는 사실을 출근할 때마다 상기한다. 우리 지역의 아이들과 함께 신월동에서 만성리까지 여수의 1948년 10월을 기억해야 하는 이유이기도 하다. 해마다 10월이 되면 아이들과 함께 여순사건 공부를 하고 있다. 몇 해 전 양영제 작가의 『여수역』을 읽고 나서는 의무감을 가지고 하고 있다. 내 고향 여수를 사랑한다고 하면서 나는 강진, 해남, 순천을 곁눈질했다. 강진. 해남 등에 깃들어있는 우아하고 고적한, 그리고 완만한 자연을 닮아 기품 있는 문화예술의 향취, 지조 있는 선비들의 유배 문학을 흠모했다. 그것으로 내 고향 여수와 비교했다. 여수의 1948년 10월을 제대로 모른다면 낳아준 부모의 초라한 모습을 부끄러워하는 나 같은 자식이 계속 태어날 것이다. 신월동에서 만성리까지 여수 전체가 전인격적으로 다가오는 감정을 느낀 후 70여 년을 숨죽여 울고 있던 그 눈물을 닦아주고 다독이며 안아주고 싶었다.

가족과 함께 간 카페 뒤에 공장이 14연대 군대였다니… 나는 거기가 14연대 군대인 줄은 꿈에도 몰랐다. 어렸을 때 저기에 들어가고 싶다고 아빠를 졸랐던 것이 생각난다. 그런데 아빠는 그곳에는 절대 들어갈 수 없다고 했다. 내가 그 끔찍한 사건에 있었으면 얼마나 무서웠을까?' -정**(초등 3년)-

여수에는 관광객이 많이 온다. 바다 보러 온 사람, 딸기 모찌 먹으러 오는 사람, 친척, 친구, 가족들을 만나러 오는 사람 등등 그 많은 사람 중 여순사건 때문에 오는 사람은 없는 것 같다. 아직은 여순사건이 6.25 전쟁이나 5.18처럼 많이 알려져 있지 않기 때문이다. 나도 작년에 알았다. 더 빨리 알았으면 좋았을 텐데….

빨리 대한민국 곳곳에 여순사건의 진실이 제대로 알려지면 좋겠다. 딸기 모찌 먹으러 오는 사람들도 이런 역사적 사건을 알았으면… 좋겠다. 정**(초등 5년)-

74년 전, 여수 신월동에 주둔한 국방경비대 제14연대 소속 일부 군인들은 제주 4.3사건 진압 명령을 거부했다. 군인으로서 국가의 명령에 불복종한다는 것은 죽음을 각오한 행위였을 것이다. 제주도 4.3 진압은 동족상잔의 비극을 가져올 것이 자명하므로 결사반대를 외치고 일어났던 그들. 그들의 저항이 반란이 아니라 봉기였음을 주장하는 목소리가 힘을 얻고 있다. 이념을 넘어서 아직도 미완 상태인 민족의 분단을 극복해야 할 핵심 과제로 인식하고 있기 때문일 것이다.

나는 여순사건에서 14연대 부대들이 동포들에게 총부리를 겨눌 수 없다고 했던 선택이 옳은 것 같다. 아무리 이승만이 시킨다고 해도 자신의 동족을 어떻게 죽일 수 있나? 우리 할머니, 할아버지는 어떻게 버텨왔는지 모르겠지만 할머니 할아버지에게 여순사건에 대해 오늘 여쭤보고 싶다. 할머니가 그때 여수여중을 다녔다고 했으니까 잘 알 것 같은데 왜 말씀을 안하셨을까? 우리

할머니, 할아버지가 겪은 여순사건을 알고 싶다. -김**(초등 6년)-

관광객들이 보기에 여수는 너무 아름답고 평온하게 느껴질 것이다. 나 역시 그렇다. 아름다운 도시라고만 생각했고 여수 밤바다 노래가 어울리는 도시라고만 생각했던 여수에 이런 비참하고 슬픈 역사가 있었다니… 여순사건 다큐 영상에서 8살에 여순사건을 겪은 할아버지의 증언을 들으니 그 할아버지만큼은 아니지만 나도 여순사건 때 사람들이 너무 불쌍하고 사건이 너무 끔찍했다. 14연대는 대통령의 말을 거부하고 제주도로 출동하지 않은 것은 죽음을 각오한 행동이었을 것이다. 다시는 이런 끔찍한 역사가 되풀이되지 않아야 하고 결코 있어서는 안 되는 여순사건이다. -김**(초 6학년)-

신월동에서 시작된 여순사건 역사기행은 만성리 희생자 위령비에서 마무리된다. 신월동 14연대 주둔지, 이순신 광장, 서초등학교, 중앙초등학교, 마래터널, 만성리 형제묘 곳곳에 참혹한 역사의 비극이 숨어있다. 이곳들이 하나같이 아름답고 평온한 풍경이어서 더 비극적이고 더 역설적이다. 아이들의 생각도 다르지 않았다.

사건 발발에서 여순사건특별법 제정을 거쳐 오늘까지 걸린 세월이 무려 74년이다. 그해에 태어난 아이가 어느 아이의 할아버지, 할머니가 되었을 세월이다.

앞으로 우리가 보내야 할 시간은 74년 세월에 흘렸던 여수의 눈물을 닦는 일로 채워야 한다. 우리의 할아버지, 할머니들이 영문도 모른 채, 국가폭력의 희생자가 되어 앙가슴 쥐어뜯던 사연과 진실을 밝혀내야 한다. 희생자의 신원(伸冤)을 이루어야 할 시간이다.

여순사건은 왜 그렇게 많은 희생자를 만들어냈는지 이해가 안 된다. 다들 침묵하고 쉬쉬하면서 살아야 하는 분위기에서 유가족들은 얼마나 억울했을까? 반란과는 전혀 관련 없는 사람들까지도 무차별적으로 죽었다는 것은 더

비극적이다. 이제라도 이 사건을 제대로 밝혀야 한다. 몇 년이 걸리더라도 말이다. -최**(중2)

아이들은 간절하게 원한다. 우리들의 공동체에 정의와 평화가 도도하게 흐르기를! 아름다운 산천에 다시는 비극적이고 참혹한 역사가 되풀이되지 않기를!

'시민'이라는 존재는 저절로 탄생하지 않는다. 우리가 사는 공동체의 운명에 관심을 가지고 공동체의 평화를 위해 노력하는 시민이 세상을 바꿔놓았다. 근대 이후 세계 역사 곳곳에 일어났던 수많은 혁명이 그것을 증명하고 있지 않은가.

아이들이 우리의 공동체를 사랑하고 공동체를 돌보며 공동체의 운명을 스스로 결정하는 시민으로 자랄 수 있기를 바란다.

나만의 여수 10경

전국에서 손꼽히는 관광지가 된 덕에 여수 시내 유명 식당에 가면 시에서 제공한 여수 10경 홍보 판을 심심찮게 볼 수 있다. 시에서 선정한 것이어서 그런지 유명 관광지 일색이지만 전통적으로 전해오는 여수 10경은 대개 이런 거였다.

고소대에 휘영청 떠오르는 달
만선의 고깃배들 돌아오는 경호도
은은한 저녁 종소리에 밤이 깊어가는 한산사

여수 특유의 활력과 고아한 아름다움이 느껴진다. 1937년에 선정되었다고 한다. 그 세월만큼이나 모든 게 달라졌고 여수 사람들의 사람살이도 변했다. 나만이 간직한 여수 10경이 있다. 첫 번째는 한재터널을 막 통과한 내리막길에서 바라보는 구 여수 시가지이다. 한재터널을 기준으로 여서동과 구시가지가 전혀 다른 표정을 보여주는 매력이 있다. 멀리 보이는 두 개의 큰 대교들 근처에서는 어판장의 고함소리, 만선을 기대하며 파도를 가르며 출항하는 고깃배들의 힘찬 엔진소리도 들리는 것 같다. 근처 남산시장에는 대처에 사는 자식들한테 보낼 해산물을 아이스박스에 포장하는 어머니들의 그윽한 미소가 보이는 것도 같다. 여수의 신산한 역사를 모두 지켜보았을 자산공원도 든든히 여수 시가지를 받쳐주고 있다. 객지로 먼 길을 갔다가 비로소 한재터널을 통과해야 여수에 왔다는 안도감이 드는 걸 보면 내 몸과 마음도 여수의 일부가 된 지 오래다.

만성리에서 오천공단으로 돌아가는 언덕배기의 메타세콰이어길을 두 번째로 꼽는다. 이곳은 대개 소중한 사람들과 함께 간다. 아름다운 이 길에 있으면 함께 있는 우리가, 이 삶이, 이 시간이 소중하다는 감정이 생긴다. 가을의 갈색 길도 아름답지만, 야들야들 새순이 돋아나는 새봄의 길도 대단하다. 언덕길에서 바라보는 만성리의 둥그런 해안선과 멀리 보이는 무역선들, 잔잔한 바다에 떠 있는 오동도까지, 탄성이 절로 나올 수밖에 없다. 메타세쿼이아를 위시해 동백나무, 배롱나무가 만들어주는 그늘 밑에 서면 자연의 조용한 위로가 눈물겹기까지 하다. 최백호가 해운대의 달맞이 언덕을 노래로 만들었듯 만성리 언덕도 누군가가 아름다운 노래로 만들어주었으면 좋겠다.

세 번째로는 돌산 평사에서 금천으로 올라가는 언덕배기를 사랑한다. 이곳은 특히 겨울에 아름답다. 지금은 곳곳에 우후죽순으로 펜션단지들이 들어서서 아름다움의 시야가 좁아지고 시선은 불편해졌다. 개발 전, 막히지 않은 시선으로 바다와 산을 볼 수 있었던 시절, 겨울 칼바람이 금천 언덕배기를 한 바퀴 휘익 돌아갈 때의 그 아름다운 겨울 서정과 낭만은 잊을 수 없다. 해풍을 맞고 파릇파릇 돋아나는 금천의 겨울 시금치, 그 시금치를 단단히 품어 키워내고 있는 건강하고 붉은 돌산의 흙을 사랑한다. 세상의 어떤 삿된 기운에도 훼손될 수 없는 절대적 아름다움이 존재한다고 믿는다. 다만 빽빽하게 들어선 펜션들이 금천 언덕배기에 더 이상의 상흔을 남기지 않았으면 하는 바람이다.

네 번째로는 여수~순천 국도를 꼽는다. 자동차 전용도로가 생겼지만 순천 갈 일이 있으면 나는 일부러 국도를 택한다. 그 길에는 계절마다 피는 꽃들이 줄줄이 있어서다. 그중 최고는 배롱나무꽃이다. 율촌초등학교를 지나는 길에 이어진 배롱나무 길은 다른 데서는 보기 드문 하얀 꽃을 볼 수 있다. 오월에 피는 오동나무꽃은 신풍을 지나 율촌 들어가는 초입에 많다. 키가 얼마나 큰지, 넓은 오동나무의 잎만큼이나 그늘도 넓다. 이곳의 오동나무에 반해 오동나무꽃이 좋아져서 오동나무를 노래한 시만 골라 읽어본 적도 있다. 제철 음식을 찾듯 제철 풍경을 찾는 풍류객이 되어 이 꽃들이 피어날 때면 일부러 이 길을 따라 여정을 잡는다. 이 길에서 나는 꽃 피기를 기다리는 마음을 배웠다. 꽃잎이 떨어지고 잎이 지자마자 바로 그리워지는 여수~순천 간 국도의 꽃들이다. '삼백예순 날 하냥 섭섭해 우는' 마음까지는 아니더라도 벽(癖)에 가까운 뜨거운 마음이다.

시내버스 2번 종점 차고지에서 출발하는 버스를 경도 오가는 배 위에서 보는 것도 순위에 들어간다. 넘너리에서 신월동 금호아파트 밑으로 휘도는 그 길의 모습과 야트막한 능선이 제일 아름다울 때는 뉘엿뉘엿 노을이 질 때다. 그 능선은 숨을 멎게 한다.

"이 삶에 감사하라!"

"너는 또 새로워지고 있다!"

두근거리는 마음을 진정하려고 잠시 바다로 눈을 돌릴 때면 배 위를 나는 갈매기들이 이런 노래를 나에게 불러주는 것 같다. 5월 찔레꽃이 한창일 때는 군내리에서 성두마을 가는 길을 찾아가야 직성이 풀린다. 예전에는 이 길에 큰아버지 산소도 있었다.

> 어쩌다 찾아오면/ 잔디풀, 도라지꽃/ 주름진 얼굴인 양, 웃는 눈인 양/ "너 왔구나?" 하시는 듯/ 아! 아버지는 정다운 무덤으로 산에만 계시네.

아동문학가 이원수 선생의 시 '아버지'가 떠올라 찔레꽃을 실컷 본 후 돌산 향교 막 지나는 산등성이에 큰아버지 무덤을 찾기도 했다. 지금은 선산의 봉안당으로 모셔져 있어서 화태대교 쪽 바다를 쳐다보며 큰아버지를 그리워한다.

그 외에도 유년 시절 내 모든 추억의 첫 수원지요, 내 삶의 세 번째 스승인 백야도 이모부가 '정다운 무덤'으로 잠들어 계신 백야도, 시인 네루다가 한동안 기거하면서 시를 썼다는 칠레의 한적한 마을 이슬라 네그라를 상상하게 만드는 성두마을 초입의 바닷가 절벽과 언덕배기, 접시꽃 보러 갔던 돌산 계동 마을이 나의 여수 10경에 오르는 곳이다. 여수를 떠나 있는 내 사랑하는 친구들이 그리울 때면 함께했던 이곳들로 당장 달려가 그리움을 달랜다.

내 고향 여수. 이곳에서 나는 많은 것을 배웠고 많은 사람을 만났으며 많은 일을 겪어냈다. 나를 품어주고 길러준 이 산천을 어찌 사랑하지 않으랴. 상처 많은 역사마저 감당해낸 내 고향 여수! 내 심장에 새겨둔 이름이다.

나는 탐험가로, 유목민으로 여수의 진경을 찾으러 골목골목을 누비며 여수의 아름다움을 해석하는 발걸음을 멈추지 않겠다.

아득한 나이

내가 살아온 세월이 수천 년, 수만 년은 족히 된 것같이 아득하게 느껴질 때가 있다. 생경한 장면에서 느닷없이 눈물이 난다든지 역사의 시간표를 거스르는 장면을 만나 분노가 솟구칠 때이다.

옛이야기 "해님 달님"의 어머니가 건넛마을에 일하러 갔다가 허겁지겁 떡을 챙겨 들고 집으로 돌아올 때 그 마음이 어땠을지, 구구절절 이해되는 것도 그런 경우다. 날은 어두워가고 배고파 우는 아이들 얼굴이 눈에 밟혀 옷고름을 휘날리며 집으로 달려가는 어머니. 원본에는 젖먹이 막내 아이까지 있다고 하니 그 어머니는 더욱 애가 탔을 것이다. 더구나 갓난아기를 기르는 어머니들은 아이에게 제때 젖을 먹이지 않으면 젖이 퉁퉁 붇게 되니 날아서라도 아이들 곁으로 가고 싶었을 것이다. 고단한 하루 일을 끝내고 아이들 곁으로 달려가는 어머니들의 저녁 행렬은 인간의 출현 이래로 오늘까지도 계속되고 있다. 세상에서 가장 절절한 행렬이다. 황선미의 동화 〈마당을 나온 암탉〉에서는 그 세계를 이렇게 그려놓았다.

"어두워지는 들판. 그 속을 뚫고 어미가 달려가고 있었다. 눈도 못 뜬 새끼들 때문에 곧 돌아와야 하는, 바람처럼 재빠르지 않으면 살 수 없는 어미. 고달픈 애꾸눈 사냥꾼."

족제비는 주인공 잎싹을 평생 따라다니며 위협하는 적으로, 잎싹의 아이까지 노리는 섬뜩한 애꾸눈 사냥꾼이다. 행여 족제비에게 자식이 물릴까 봐 엄마 잎싹은 어느 한 날 편안하고 깊은 잠을 자본 적이 없다. 한평생을 이렇게 살았던 잎싹인데 결국 족제비에게 제 몸을 스스로 내어주고 생을 마친다. 자신을 위협했던 족제비 역시 새끼를 지켜야 하는 슬픈 어미임을 알게 된 후다.

먹이를 물고 새끼들에게 달려가는 어미들의 이미지는 수천, 수만 년 전부터 내 몸과 내 의식에 쌓여 있다가 이 동화 속에서 감응했다. 나 역시 어미들의 저녁 행렬에 참여한 한 어머니로 일을 끝내자마자 얼마나 종종거리며 아이들에게 달려갔던가. 어미 새가 물어올 먹이를 기다리며 입을 벌리고 있을 아기 새들을 위해 오늘도 세상의 어미들은 절절한 몸짓으로 퇴근길을 날아간다.

버스 정류장에서 자신이 타고 갈 버스를 목이 빠지게 기다리는 사람들을 본다. 그들을 보고 있으면 내 눈에 촉촉하게 눈물이 고인다. 어떤 산만함이나 해찰을 찾아볼 수가 없는 표정들이다. 이 버스를 타기 위해 태어난 사람들처럼 다른 곳에는 전혀 눈길을 주지 않고 오직 버스가 올 방향만 간절하게 쳐다보고 있는 사람들이다. 우리 인류 모두는 기다리는 데 일가견을 가졌다. 어려서는 일 나간 엄마, 아빠를 기다렸고 커서는 연인이나 배우자를 기다렸고 지금은 억압이 없는 자유롭고 평등한 세상을 기다린다. 나는 수천 년 전, 장성 축조에 동원된 남편을 기다리는 아낙네가 되었다가 장사 나간 남편이 진 데를 밟을까 걱정하는 정읍사의 아낙네가 되었다가 다시 버스 정류장의 그들한테 눈길을 보내며 고인 눈물을 닦아낸다.

역사의 시간표를 거꾸로 돌리는 듯한 시대착오적인 플래카드에는 분노가 솟구쳐 오른다.

"○○상가 거리조명 설치 사업을 지원해 주신 ○○○ 시의원님 감사합니다."

"○○시 도시권 부두 안전 및 야간경관 개선사업 국비 확충해주신 ○○○ 국회의원님 감사합니다."

"교통 혼잡 해결을 위한 우회도로 개설을 위한 특별교부금을 확충해주신 ○○ 의원님 감사합니다."

상가회, 번영회 등의 이름으로 내걸린 이런 플래카드들은 사업의 예산을 확충해 준 국회의원이나 시의원들에게 감사하다는 내용이다. 선량한 의도로 넘기기엔 너무 모욕적이다. 제도적인 민주주의는 이루었으나 누군가는 심리적인 봉건시대에 살고 있는 것 같다.

1920년대 신경향파 작가 최서해의 〈홍염〉 마지막 장면을 떠올려본다. 중국인 지주 인가에게 소작료를 못 내서 딸을 뺏기고 화병으로 아내까지 죽자 도끼를 들고 지주의 집에 쳐들어가 불을 지른 문서방. 그의 처절한 몸짓이 마지막 장면에 이렇게 묘사되어 있다.

> 문서방은 딸을 품에 안으니 이때까지 악만 찼던 가슴이 스르르 풀리면서 독살이 올랐던 눈에서 뜨거운 눈물이 떨어졌다. 이렇게 슬픈 중에도 그의 마음은 기쁘고 시원하였다. 하늘과 땅을 주어도 그 기쁨을 바꿀 것 같지 않았다. 그 기쁨! 그 기쁨은 딸을 안은 기쁨만이 아니었다. 적다고 믿었던 자기의 힘이 철통같은 성벽을 무너뜨리고 자기의 요구를 채울 때 사람은 무한한 기쁨과 충동을 받는다.

나는 문서방이 느끼는 기쁨이 철통같은 봉건의 성벽을 무너뜨린 평범한 개인의 긍지와 희열 때문이라고 생각한다. 봉건시대를 살지 않았어도 그들이 느꼈을 좌절과 무기력을 짐작할 수 있다. 수많은 문서방들이 저 플래카드를 본다면 어떤 감정을 느낄까? 봉건제의 성벽을 무너뜨린 이들의 굳센 함성이 나에게 흐르지 않는다면 저 플래카드를 보고 이렇게 분노와 모욕감을 느끼지는 않을 것이다.

아장아장 걷던 아이들이 개미들에게 돌을 던지는 장면을 보면서 이런 생각을 하기 시작했다. 수십만 년 전, 먹이 피라미드의 맨 밑에 있었던 인간들의 두려움과 공포가 고스란히 아이들의 몸에 내재해 있는 것 같다. 태아 시절 엄마의 뱃속에서 지내는 10달 동안 척추동물의 발생과 진화과정을 거쳐온 것처럼 인간의 역사가 우리 한 사람 한 사람에게 내재하여 오늘날까지 작동하고 있다고 믿는다.

오십몇 살의 인생 경험과 식견으로는 납득되지 않는 일이 너무 많다. 그럴 땐 내 몸과 의식에 축적된 인류의 모든 시간을 헤아려 해결할 수밖에 없다. 우리는 모두 인류의 오랜 역사와 기억의 총화다.

친정 부모님과 함께 책 읽는 시간

아버지가 책꽂이에서 어린이 책을 꺼내 읽고 계시길래 반가운 마음에 『몽실언니』를 권해드렸다. 『몽실언니』의 시대 배경이 아버지 어린 시절과 맞으니 재미있게 읽으실 것 같았다.

"아~ 몽실이가 불쌍하드라. 북촌댁만 안 죽었어도 몽실이가 그렇게 힘들게 안 살았을 것인디…."

하루 만에 그 책을 읽으신 아버지는 안타까워하셨다. 아버지에게는 몽실언니가 책 속 주인공이 아니라 숫제 옆집 사는 아이다. 이런 점에서 아이들과 노인들은 책을 대하는 태도가 닮았다. 이들은 이야기를 만지고 즐기면서 이야기를 살려낸다. 결국은 자신들이 읽은 이야기를 새 국면으로 완성시키는 최고의 독자들이다.

얼마 전에 친정에 된장을 가지러 간다고 전화를 드렸다. 부모님께 읽어드리고 싶은 책이 있어서 된장 핑계를 댔다. 아버지는 불콰해진 얼굴로 누워계셨다. 내가 오면 함께 저녁을 먹으려고 기다리다가 배가 고파 막걸리를 한잔하셨단다. 엄마가 그런 아버지한테 잔소리를 해도 아버지는 허허 웃기만 하신다. 설거지를 끝내고 소파에 앉으니 아버진 그새 술기운 때문에 잠이 드셨다. 이야기의 최고 독자인 아버지가 잠자리에 들어서 아쉽게 되었다.

엄마랑 둘이서만 책을 읽었다. 엄마는 방바닥에 누우시고 나는 소파에 기대어서 『손 없는 색시』를 읽었다. 옛날에 어떤 사람이 있었는데 딸 하나를 낳고 부인이 죽었대, 그래서 후처를 얻었지. 근데, 이 후처가 엄청나게 전실 딸을 구박하는 거야. 이러면서 구구절절 색시의 슬픈 인생 이야기를 읽었다. 엄마는 이야기를 듣는 내내 가만히 있질 못하셨다. 앉았다 일어났다, 손뼉을 치다가 욕까지 하셨다. 계모한테 구박받는 전실딸한테 "아이야~ 아이야~" 후처 말만 믿는 아버지한테는 "염병하네, 죽일 놈" 손이 잘린 채 쫓겨난 전실딸에게 "아이구, 아이구. 어쩌끄나." 우물 속에서 두 손이 나와서 물에 빠진 아이를 구해내자 "오메 오메, 잘했다 잘했다." 이렇게 감정 표현을 하셨다. 이런 적극적 경청자가 있는지라 읽는 나도 들썩들썩 신명이 났다. 마지막에 색시와 신랑과 아들 세 식구가 행복하게 살았다며 끝냈더니 "그럼 계모는?" 하신다. 책 마무리에 계모에 대한 언급이 없어서 계모는 먼 데로 귀양 보냈대 하니까 "하믄하믄, 그래야지." 하고 안심을 하신다. 어린이 독자들처럼 노인 독자들도 악인에게 벌주는 화소가 있어야 심리적 안정감을 얻는 것 같다.

아이들한테 읽어 줄 때는 뺐던 부분을 엄마한테는 살짝 넣어서 읽었다. 계모가 전실딸에게 죽은 쥐를 넣은 후 서방질해서 애를 뱄다고 모함하는 장면이다. 계모가 메밀묵을 쒀서 주니 전실 딸의 얼굴에 기미 같은 것이 오르는 것도 포함했다. 열이 많은 엄마에게 메밀차를 사드리기로 한 걸 깜박했던 게 떠올랐다. 이야기는 어른, 아이 가리지 않고 서로의 마음을 여행하고 처지를 들여다보게 한다.

채인선 작가의 『딸은 좋다』는 딸을 셋이나 둔 엄마에게 맞춤한 책일 것 같아 읽어드렸다. "사람들은 말했다. 딸 낳으면 비행기 타고 아들 낳으면 기차 탄다는데 딸 낳아 좋겠네. 우리 엄마는 웃음을 지었다."라는 첫 문장을 읽는데, "아이구, 책에도 그런 말이 있냐" 하시면서 막 웃으신다. 일상에서 흔히 하는 말이 책에 실려 있다고 신기하시단다. 한 문장 한 문장을 흘려듣지 않고 문장을 어루만져서 문장에 질감을 부여하는 독자가 바로 우리 엄마다.

권정생 선생님의 『해룡이』가 그림책으로 나왔길래 도서관 책꽂이에 기대서서 읽다가 마지막 장면에서는 꺽꺽 울었다. 아버지. 엄마한테 읽어드리고 싶어서 일을 끝내고 그 책을 들고 친정으로 갔다. 아버지는 TV를 끄고 자리에 누워 들으시고 엄마는 내 옆에 누워 같이 그림을 보면서 들으신다. 좌청룡 우백호의 대형으로 아버지는 좌, 엄마는 우를 맡았다. 엄마는 연속극 보듯이 "아이고 어쩌까, 쯔쯔쯔" 감탄사와 부사를 남발하신다.

"아빠, 주무시지?"

눈을 감고 계시는 아빠한테 물으니

"안 잔다."

하시더니 몇 장 남겨 놓고 새근새근 잠드셨다. 예전에 우리 아이들을 재웠듯이 아버지를 책 읽기로 재워드렸다. 『해룡이』를 부모님과 읽으면서 작품을 이해하는 폭이 넓어지는 것을 느꼈다. 해룡이가 가장 행복했던 시절의 그림을 본 엄마는 해룡이 아기들이 너무 이쁘다고 하셨다. 나병 때문에 해룡이의 눈썹이 빠졌을 때쯤엔 코를 팽하고 푸셨다. 엄마의 이런 섬세한 감성을 예전에는 몰랐다. 가족에게 부담이 되기 싫어 집을 나갈 결심을 하는 해룡이가 떠나기 전, 가족의 겨울 준비를 할 때가 가장 가슴 아팠다. 겨우내 가족들이 쓸 땔감도 쌓아놓고 지붕을 새로 엮어놓고 아이들 새 옷도 마련하는 장면이다. 며칠 후 친구 K에게도 이 이야기를 해주었더니 그 부분에서 눈이 벌게졌다. 본인이 집을 나올 때 아이들 반찬을 해서 냉장고를 채워놓았던 기억이 떠올라서란다. 우리 둘 다 먹먹해진 가슴을 한참 동안 진정시켜야 했다. 이야기가 끝났을 때쯤엔 엄마랑 나의 눈도 벌겋게 변해 있었다.

"왜 착한 사람들이 복을 못 받고 이렇게 슬프게 살까?"

원래 착한 사람이 힘들게 사는 법이라는 것이 엄마의 대답이다.

부모님이나 어린이들과 책을 읽으면 혼자 읽을 때보다 훨씬 재미있고 깨달아지는 게 많다. 노인이나 어린이는 놀랍도록 적극적으로 이야기에 반응하여 이야기가 텍스트로만 머물지 않게 한다. 함께 있는 공간과 시간까지도 풍부하고 다채로워진다. 나와 그들과의 관계는 이야기를 통해 더욱 견고해지고 새롭게 나아간다. 누군가에게 사랑을 고백해야겠는데 쑥스러워 못하겠다는 이가 있다면 나는 당장 책 한 권을 들어 상대에게 읽어주길 권한다. 나에게나 그에게나 최고의 독서법이자 사랑법이다.

음식과 글쓰기

시집을 볼 때, 목차에서 가장 먼저 찾아 읽는 시는 나무, 꽃을 노래한 시이고 다음은 음식을 노래한 시이다. 문태준의 '논산백반집', '주먹밥'과 안도현의 시집 『간절하게 참 철없이』는 애지중지 간직할 정도다.

이 분야에선 백석이 최고라는 것이 나만의 생각은 아닐 것이다. "이 히수무레하고 부드럽고 수수하고 슴슴한 것"이라는 문장은 해금 조치 이후 백석이 처음 소개될 때부터 지금까지 얼마나 많은 이들을 사로잡았던가. '선우사'에서는 흰 밥과 나와 가재미가 세상 가장 좋은 친구라니, 과히 요즘 말로 음식과 시에 진심인 백석이다. 그의 시 '여우난골족'에 만약 "인절미 송구떡 콩가루 차떡의 내음새"와 "무이징게국을 끓이는 맛있는 내음새가 올라오도록 잔다"라는 부분이 빠진다면 이런 절창이 완성되었을까? 음식이 빠진 잔치는 생각할 수 없고 생업과 일상의 풍경을 가장 잘 보여주는 것이 음식 아닐까 한다. 추상적인 전언만으로 가득 찬 글 속에 음식을 묘사한 문장이 삽입된다면 단박에 생생한 글이 될 가능성이 생긴다. 글 쓰는 과정과 태도는 음식을 만드는 과정과 태도와 많은 점이 닮은 것 같다.

우리 집 아이들이 아직 어렸을 때 나도 초보 주부라 주로 소시지 야채볶음, 계란찜 같은 난도 최하위 수준의 음식을 낑낑거리며 차려 식탁에 올렸다. 어느 날인가 미처 장을 보지 못해 마땅한 재료가 없어서 냉장고에 남아 있던 음식 재료로 간단한 음식을 만들고 난 후 그 과정을 글로 써 본 적이 있었다.

"뜨겁게 달군 프라이팬 위에 올리브유를 살짝 둘러 착착 썬 마늘을 올린다. 타다닥 기름 튀기는 소리를 들으며 마늘이 살짝 노래지면 햇양파와 당근을 볶아낸다."

이 간단한 음식 만들기를 글로 쓰니 근사한 문장이 탄생했다.

음식을 만들 때 들이는 정성과 노력이 글쓰기에도 그만큼이고 음식을 만드는 마음이 글을 쓸 때 마음과 다르지 않다. 뜨끈뜨끈한 밥 한 그릇, 멸치와 다시마를 우린 육수에 된장을 풀어 애호박, 버섯, 두부를 넣고 팔팔 끓여낸 된장국, 뜨거운 프라이팬에 식용유를 둘러 휘휘 달걀을 풀어 돌돌 말아 부쳐낸 계란말이. 삶을 담은 글쓰기가 예술이 되듯 음식 만들기도 글로 쓰면 한 편의 예술이 된다. 나만의 된장국, 계란말이 요리법을 생생하게 묘사하여 글로 쓰면 우리 삶의 속성과 본질을 무엇보다 잘 보여주는 글이 될 수 있을 것이다.

음식 만들기와 글쓰기의 가장 큰 특징은 고유성인 것 같다. 이 세상에서 오직 나만이 만드는 음식, 이 세상에서 오직 나만이 쓸 수 있는 글. 이것이 삶과 글의 고유성이 아닌가. 삶의 모습이 똑같은 사람은 세상에 아무도 없다. 조리법이 똑같아도 똑같은 음식은 아니다. 오늘 했던 음식을 내일 다시 한다 해도 같은 음식은 아니다. 글을 쓸 때도 누구나 할 수 있는 말, 하나마나 한 말을 쓰는 것을 경계해야 하는 것처럼 음식 역시 오직 나의 손맛으로 만들어내는 가장 고유한 창조 행위이다.

예전에, 교회 권사님들이 모여서 각자 김장한 이야기를 나누는 걸 옆에서 들었다. 화려한 요리 비법들이 마치 무공을 세운 장군들의 무용담처럼 들렸다. 단맛을 내기 위해 홍시를 넣는다는 이야기까지… 세상에 이렇게나 다양한 김장 요리법이 있다니 새삼 놀랐다. 오직 나만이 쓸 수 있는 고유한 글, 오직 나의 손맛으로 만든 고유한 음식.

냉장고에 쌓여 있는 음식 재료가 바로 음식이 되지 않는 것처럼 글쓴이의 경험이 바로 글이 되지는 않는다. 오이, 양파, 고춧가루, 참기름 같은 평범한 음식 재료가 나의 손맛으로 먹음직스러운 오이무침이 탄생하는 것처럼 별것 없는 시시한 일도 쓰는 이의 관점과 해석 능력으로 근사한 글이 만들어진다. 조물주의 경지를 매일 매일 체험할 수 있는 곳도 우리들 각자의 부엌이다. 생선, 채소 등 준비된 음식 재료를 싱크대에 올려 깨끗이 씻고 다듬고 데치고 볶고 조리고 튀기고 볶아서 마침내 정갈하게 담아본 사람이라면 충분히 공감할 것이다. 완성 후의 뿌듯함도 크지만 손을 움직이고 몸과 마음을 집중시키는 그 행위 자체에서 느껴지는 희열이 가장 큰 즐거움이다. 국물이 넘치거나 새까맣게 타버리는 실수를 범할 때도 있다. 때로는 조물주도 실수한다.

음식을 만들 때마다 좀 더 맛있게 하고 싶어 조미료나 감미료 등을 첨가하고 싶은 유혹을 떨쳐버리기가 쉽지 않다. 과도한 '자기애'를 글쓰기에서 버리기 어려운 것처럼 말이다. 그래서 음식과 글쓰기에 필요한 수학 공식은 더하기가 아니라 빼기이다. 담백하면서 깊이 있는 글, 명료하지만 아름다운 글들은 여러 낱말을 섞고 보태서 만들어지는 것이 아니라 오히려 버리고 또 버려야 만들어진다. 음식 명인들이 조미료를 과도하게 넣는 경우를 본 적이 없다.

글쓰기와 음식 만들기의 치유성도 빼놓을 수 없다. 나의 오감을 동원하여 조물조물 무치고 냄새 맡고 맛보는 행위는 육체의 주인이 나임을 확인하는 역동적인 과정이다. 병원에 오래 입원해있던 선배한테, 퇴원하면 가장 먼저 하고 싶은 일이 뭐냐고 물었더니 조물조물 시금치나물을 무치고 싶다고 해서 한참 웃었던 일이 있다. 일을 하면서 건강한 육체의 힘을 스스로 느끼고 싶은 것은 본능에 가까운 것 같다. 외롭고 슬플 때 글을 쓴다고 고통이 해결되지는 않는다. 그러나 글을 쓰고 있는 나 자신을 본다면 그 생명력을 확인하면서 자가 치유를 경험하게 될 것이다. 한 줄 한 줄 써 내려가는 문장이 나를 치유하고 나를 살린다. 나와 내 삶을 살리는 살림의 최고 행위는 음식 만들기요 글쓰기이다.

변산 모항 쪽에 눈 오신다 기별 오면 나 휘청휘청 갈까 하네
귓등에 눈이나 받으며 물메기탕 끓이는 집 찾아갈까 하네

-안도현 <물메기탕>

병어회 먹을 때는 꼭 깻잎을 뒤집어 싸 먹어야 한다고,
그래야 입 안이 까끌거리지 않는다고

-안도현 <병어회와 깻잎>

음식에 대한 시를 큰 소리로 읽는 것만으로도 위로와 치유가 된다.

김종호

poulokim@daum.net

‘엔진 달린 발’ 면허증 갱신

사회사업가, 사회복지사/ 1988년 이래 주로 사회복지단체 설립자, 대표, 이사장, 고문, 회장, 위원 등 역임, 현재 사회복지법인 베타니아복지재단 이사장, 여수시육아종합지원센터 대표(운영위원장 겸), 전국장애아동보육기관협의회 고문(전 회장), (사)한국숲유치원협회 고문(전 회장), 여수장애인연합회 고문(전 회장), 여수시사회복지협의회 고문(전 부회장)
국민포장 수훈, 보건복지부장관 표창 등 수상 다수/ 제31회 문협 주관 여수시민백일장 장원(산문)/ 강의 및 특강, 연수(세미나) 등 교육활동 약 700회/ 매스컴 출연 22회 및 기사, 칼럼 게재 등 55편/ 저서『인권과 복지』『작은 나루 이야기』『숲을 품은 아이들』 사례연구집『인권올림 차별내림』『생태적 통합보육모델 연구 Ⅰ～Ⅹ』

'엔진 달린 발' 면허증 갱신

1982년 8월 16일. 내 평생에 처음 운전하는 날을 잊을 수 없다. 지체장애인으로 목발을 짚고 수십 년을 살아왔던 나에게 '엔진 달린 발'을 업그레이드시킨 날이기 때문이다. 살아오면서 도움 없이 이동이 어려웠던 조건에서 이제는 내가 가고 싶은 곳은 어디든지 빨리 갈 수 있게 되었고 오히려 가족이나 타인들의 이동을 도와주는 사람으로 운명이 바뀐 날이다.

나는 운전면허증을 경찰서에서 처음 수령한 날부터 거의 1개월을 날마다 우는 울보가 되었다. 차 시동을 걸면서도 울고, 차를 닦으면서도 울고 저녁에는 주차하면서 수고했다 쓰다듬으며 울었다. 잘 걷지 못하던 내 신체장애가 엔진 달린 발로 재활한 것처럼 여겨졌기에 그러했다.

3살 때 소아마비로 인해 중증 지체 장애아가 되면서 나는 어머니, 할머니 등에 업혀 초등학교 3년을 다녔다. 그게 창피하여 걸어보려고 수없이 넘어져 무릎이 성할 날이 없었다는 것이 초등학교 시절의 기억이다. 초등학교 6년 동안 매년 개근상, 우등상을 받았는데 1, 2학년 때 어머니도 개근상을 받았던 기억이 선명하다. 모진 노력 끝에 4학년부터는 목발을 짚고 학교에 다녔지만, 동무들과 소풍은 한 번 가보지 못하고 졸업했다.

그런 내가 34살에야 운전면허를 취득하였다. 신체장애인도 운전이 가능하게 된 도로교통법이 1982년 6월 21일에 개정되어 시행된 것이다. 나는 결혼하고 두 자녀를 둔 청년 사업가였으나, 그동안 운전하지 못하는 차별을 당해야 했다. 법 시행일 하루 전날, 서울행 야간 기차를 타고 다음 날 아침 8시에 한남동 면허시험장 신체검사장을 찾았다. 오전 9시에 문을 여는데 벌써 8명의 장애인이 기다리고 있었다. 나보다 더 간절한 분들도 있다는 것을 확인하면서 아픔을 함께했다. 신체검사에서 운전 가능 확인증을 받아 광주 운전 면허시험장에 제출하고 일반인과 같은 운전면허 시험에 합격하여 면허증을 찾기까지 한 달 보름이 걸렸다. 이렇게 얻게 된 엔진 달린 발 운전으로 내 인생의 새로운 활력소는 이동의 핸디캡 극복은 물론이었고 활발한 사회활동, 사업경영과 인적 네트워킹에 큰 역할을 했다.

40년의 세월이 지났지만, 지금도 나는 엔진 달린 발로 운전하는 것을 제일 좋아한다. 출퇴근할 때도, 타지에 출장을 갈 때도, 지인들과 여행할 때도 내가 운전해야 한다. 이때가 가장 행복하고 즐겁고 엔도르핀이 펑펑 나오는지 피곤한 줄도 모른다. 엔진 달린 발에 속도를 높일 때면 전력을 다하는 마라톤 선수 같은 느낌을 나는 즐긴다.

2023년. 첫 달이 가기도 전에 올해 안에 운전면허증 갱신을 해야 한다는 통지서가 날아들었다. 1년 이내에 하면 된다는 안일한 생각으로 내 기억의 뒤편에 미루어 두었다. 그런데, 도로교통공단의 카톡 문자가 운전면허증 갱신을 자꾸 독촉한다. 마감일이 느긋하면 항상 미루는 나쁜 버릇이 있는 나는 뒤늦게 8월이 되어서야 마침내 운전면허증을 갱신했다. 막상 필요한 서류와 절차를 알아보니, 만 75세 전과 후로 구분이 되어있어 먼저 비애(?)를 느꼈다. 호적이 실제 나이보다 한 살이 더 많은 데에다 생일도 지났기에 만 75세 이상에 해당한다. 그 차이는 고령 운전자 교육 수료증 제출, 치매 검사결과지(소견서) 제출, 면허증 갱신 기간 3년(기존 7년)에 인터넷 접수 불가였다. 생일이 4월이었으니 그 전에 갱신했더라면 만 75세 전이므로 이런 차별을 당하지 않았을 텐데, 미루는 나쁜 습관 때문에 크게 한방 얻어터진 거다. 필요한 서류들을 챙겨 광양의 운전 면허시험장을 방문, 제출했다.

접수창구의 담당자가 운전면허증을 반납하면 해당 지자체에서 일정 금액을 교통비로 지급한다면서 "어르신은 의향이 없으시냐?"라고 물었다. 질문에 속상했으나 표정을 감추려고 애를 쓰며 "운전면허증 반납 의사가 있었으면 갱신하러 왔겠느냐!"라고 반문했다. 나는 수수료를 더 부담하면서 오히려 국제면허증을 추가로 발급해 달라고 신청했던 것이다. 20분 후, 새 면허증을 국제운전면허증과 함께 받았다. 나는 어르신의 면허증 반납 권유에 대해서, 나이 먹은 노인은 운전도 안전하게 못 한다는 불신이 그 안에 담겨 있는 인권 차별적 제도라고 생각해 왔다. 나는 본인이나 가족이 인지나 판단력, 신체활동이 운전에 부적합하다고 스스로 판단하여 결정할 때까지 면허증 반납을 권고해서는 안 된다고 생각한다. 혼자 사는 노인이라도 움직이면서 친구도 만나고 손주도, 사돈도 만나고 여행도 해야 한다. 더군다나 앉은뱅이로 살아야 했던 나에게 엔진 달린 발을 운전하지 못하도록 하는 것은 삶을 송두리째 빼앗는 것이다.

젊었던 시절, 나는 독일 하노버에서 뮌헨까지 570km, 미국 인디애나폴리스에서 필라델피아까지 700마일을 운전해 본 기분 좋은 경험이 있다. 물론 혼자가 아니라 현지 교포와 1, 2시간씩 교대로 했지만, 다시 해외여행 중에 운전할 기회가 주어진다면 지금도 기꺼이 길을 나서겠다.

나는 면허증 갱신을 하면서 나에게 가장 소중한 부분인 엔진 달린 발을 너무나 소홀히 관리하고 함부로 사용하면서 고마움을 잊고 살았음을 발견했다. 처음 운전하면서 가졌던 초심은 흔적도 없이 사라지고, 심지어 7년 된 고물차라고 업신여기며 함부로 대했다. 미안한 마음이 확 밀려와 나의 엔진 달린 발을 9개월 만에 차량정비소에 모시고 갔다. 오일교환부터 시작하여 일제 점검을 받고 기한이 지난 앞 타이어 2개를 교환했다. 2년 만에 세차와 청소도 하면서 자주 정비하지 못하고 아껴 주지 못했음을 반성했다.

때가 되어 운전면허증은 갱신하면서 내 마음의 운전면허증은 갱신한 적이 있는가 하고 뒤를 돌아본다. 마음을 운전하는 면허증은 어떻게 갱신해야 하는가? 본질적인 내 마음의 운전면허증 갱신이 더 중요함을 깨닫는 계기가 된 게 더 큰 소득이 아닌가 싶다. 3년 후에 다시 운전면허증을 갱신할 수 있을는지 나는 모른다. 하나, 내 마음의 운전면허증은 매년 갱신할 수 있음을 알았으니 매일 매 순간을 엔진 달린 발과 함께 열심히 살아야겠다. 몸이 늙어갈수록 마음을 더 젊게 사는 것이 세월을 이기는 길이 아닌가.

내 엔진 달린 발, 내 면허증! 수고했어, 고마워, 사랑해!

오늘, 1개월 동안 울던 40년 전을 추억하며, 그때가 그립고 고마워 코끝이 시려온다.

동부수필문학회 연혁 및 기본현황

한자 東部隨筆文學會

주소 여수시 신월로 561-8. 17-1001호(신월동 금호아파트)

전화번호 010-6547-0827

팩스번호

홈페이지주소

창립자 지도위원 임병식

창립회장 엄정숙, 창립회원 황동철, 송민석, 곽경자, 김권섭, 이희순, 양달막, 박주희, 이연화, 김수자(순천), 이임순(광양), 박지선(광양)

[정의]

전라남도 여수시에서 활동하고 있는 문학 동인회

[설립목적]

수필의 르네상스 시대를 맞아 지역 수필 문학의 저변확대와 질적 수준 향상을 통한 창작력 제고 및 동호인 간 교류와 우호 증진을 도모하기 위해 설립되었다.

[변천]

2010년 12월, 원로 수필가 임병식 외 12인의 여수, 순천, 광양 지역 수필인이 모여 임병식 지도위원, 엄정숙 회장, 양달막 총무 등을 선출하고 매월 한 번씩 모이고 있으며 현재 대다수 회원이 수필 작가로 등단하였고 〈한국수필〉 〈수필세계〉 〈그린에세이〉 〈에세이21〉 〈푸른솔문학〉 〈창작산맥〉 등 수필 전문지에 작품 기고, 각종 문학상 수상 등으로 중앙 수필 문단의 관심과 호평을 받고 있다. 2023. 4월, '법인으로 보는 단체' 등록

[활동 사항]

2015년 11월 동인지 〈동부수필〉 창간호, 2019년 10월 제2집을 출간하였고 매월 모임을 통해 회원 작품 합평 및 토론, 유명 수필가 초청 강연, 수필교실, 문학기행 등 활발한 활동을 전개해 오고 있으며 그동안 시인 등단 3명, 수필작가 등단 5명, 지역 문학상 수상 2명 중앙 수필전문지 작품 게재 50여 회, 개인 수필집 및 시집 출간 8회 등 괄목할 만한 성과를 거두는 한편 특히 임병식 지도위원의 작품이 중학교 2학년 국어 교과서에 실리는 쾌거를 이루기도 했다.

[현황] – 2023년 기준(11명)

지도위원 임병식, 회장 이희순, 총무 양달막, 회원 엄정숙, 곽경자, 윤문칠, 이선덕, 차성애, 박주희, 임경화, 김종호

매월 회비 및 기부금 등으로 경비 충당 및 동인지 출판

[의의와 평가]

현대는 시, 소설 등 문학의 대표 장르를 넘어 수필 전성기임에 비추어 우리 지역 최초의 수필 전문 문학회로 출범한 〈동부수필문학회〉는 12년의 짧은 연륜임에도 중앙 수필계가 주목할 만큼 활발한 문학 활동을 전개, 지역 수필 문학의 저변확대와 수준 향상에 독보적으로 기여하고 있다.

민들레 홀씨

…

동부수필 제3집

2023